Natur in Pastell

LOES BOTMAN

NATUR IN PASTELL

TIERE, BLUMEN, LANDSCHAFTEN:
VON ERSTEN SCHRITTEN ZUM SCHÖNEN BILD

CV

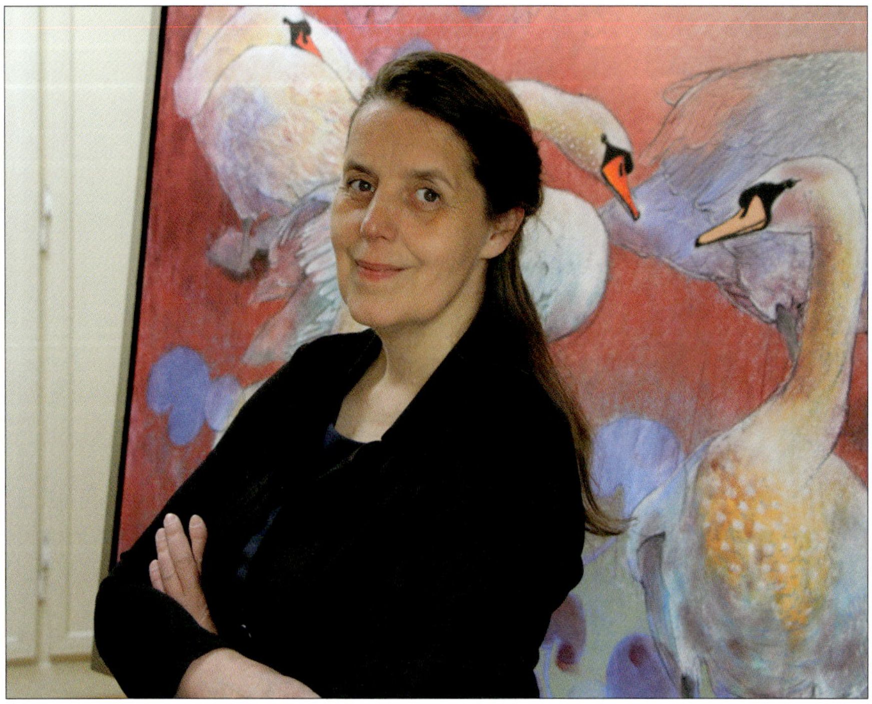

Loes Botman

Die international bekannte niederländische Pastellkünstlerin Loes Botman gibt Videokurse und Workshops für Anfänger und Fortgeschrittene, in den USA auch für professionelle Künstler. Sie veröffentlicht unter anderem in renommierten Fachjournalen und arbeitet in Deutschland seit Jahren eng mit dem Magazin Freude am Zeichnen & Malen zusammen. Botman ist Spezialistin für Tier- und Blumenporträts sowie Landschaftspastelle. Aus ihrer Praxis heraus verfügt sie über reiche Erfahrung bei der Vermittlung von Grund- und weiterführenden Techniken an Anfänger, Fortgeschrittene sowie an Künstler aus anderen Metiers. Derzeit arbeitet Loes Botman auch an einem umfangreichen Grundlagenwerk für Pastellkünstler. Mehr zur Künstlerin finden Sie auf www.loesbotman.nl.

Liebe Leserin, lieber Leser,

mit diesem Buch möchte ich Sie auf Ihrem Weg zum Pastell begleiten und meine Freude daran und die Erfahrungen aus vielen Jahren künstlerischer Arbeit mit Ihnen teilen. Die Natur liefert dafür wunderbare Inspirationen – und Pastelle sind ein fantastisches Medium, um die Schönheit und Farbenfülle von Tieren, Blumen und Landschaften ins Bild zu bringen.

Im Grunde ist der Umgang mit den Kreiden und Stiften recht einfach und macht von Anfang an Spaß. Denn Sie können auch ohne viel Theorie und Technik gut zur Sache kommen – so flink oder bedächtig, intuitiv oder planvoll, wie es Ihnen am liebsten ist.

Zunächst aber sollten Sie ungefähr wissen, wie Pastelle funktionieren und mit welchen Mitteln und Hilfsmitteln sich die typisch „pastellige" Wirkung erzielen lässt. Danach lade ich Sie dazu ein, die fantastischen Möglichkeiten von Pastellen in den beispielhaften Projekten Schritt für Schritt auszuprobieren und zu verwirklichen.

Die Techniken, die Sie dabei kennenlernen, sind gewiss nicht die einzig erfolgversprechenden – jeder Künstler hat so seine Vorlieben. Meine besteht darin, zunächst mit den Farben zu spielen und sie wirken zu lassen, um sich dann nach und nach der Bildidee zu nähern. Diese intuitive Methode motiviert in meinen Workshops gerade skeptische Anfänger, sich zuversichtlich auf Pastelle einzulassen – nach ersten Erfolgserlebnissen auch auf anspruchsvollere Bildmotive.

Doch nicht auf künstlerisch perfekte Ergebnisse kommt es an. Viel wichtiger ist die Freude am kreativen bildhaften Gestalten, am Eintauchen in die Wunderwelt der Natur – und der Pastelle. Umso erfreulicher, wenn dabei schöne Bilder entstehen.

Das wünscht Ihnen von Herzen Ihre

Loes Botman

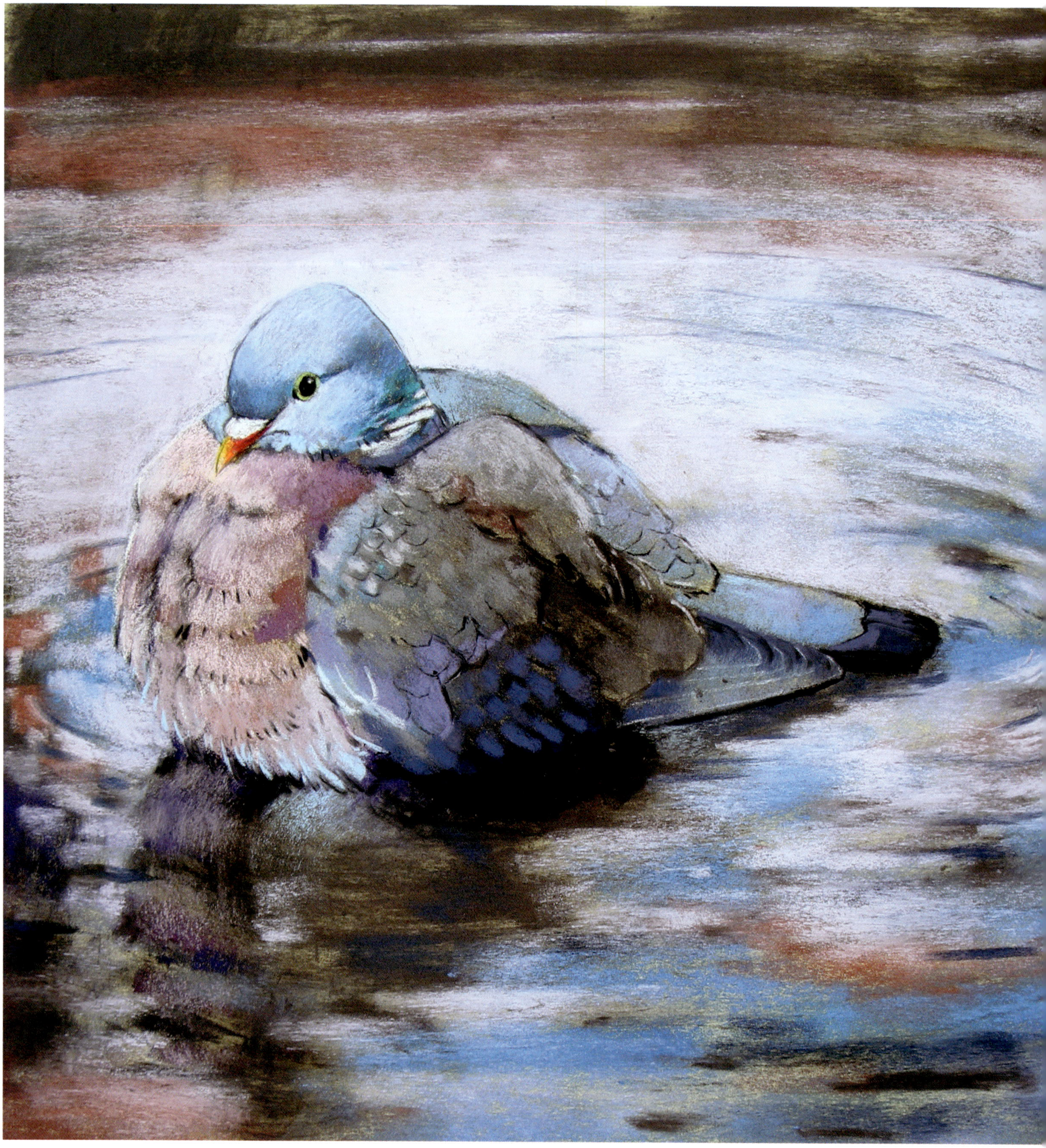

Inhalt

⊕ Videos

Blicken Sie Loes Botman über die Schulter! In den Begleitvideos zum Buch demonstriert die Künstlerin ihre Pastelltechniken am Beispiel von ausgewählten, oben gekennzeichneten Projekten. Die Kursvideos sehen Sie auf **https://natur-in-pastell.christophorus-verlag.de/** sowie auf der Künstlerseite **www.loesbotman.nl**.

Pastelle in der Kunst

Pastellkreiden bestehen aus pulverförmigen Pigmenten oder Farbteilchen, die mithilfe von Bindemitteln in die feste Form von Stäbchen oder Minen gepresst werden. Mit einem Stück Pastellkreide hat man mehr oder weniger pure Farbe in der Hand, die direkt auf den Malgrund aufgerieben wird. In diesem Sinne ist das Ergebnis – das Pastell als Bild – eine Zeichnung, die allerdings wunderbare malerische Effekte erlaubt.

Mit „pastelligen" Farbtönen hat Pastell weder als Wort noch als Erscheinungsbild zu tun. Die Bezeichnung hat einen profanen Ursprung. Bei der Herstellung, nämlich beim Vermischen der Pigmente mit zum Beispiel Gummi Arabicum, entsteht zunächst eine Art Teig, italienisch Pasta. Und was die Farbwirkung betrifft, können Pastellfarben so kraftvoll, leuchtend und farbstark sein wie kaum ein anderes Medium, und sie decken die ganze Palette von Farbtönen ab – die weichen, sanften, milchigen Pastelltöne sind dabei nur ein kleiner Ausschnitt.

Die Idee, bestimmte Mineralien zu zerreiben und in die handgreifliche Form von Stiften zu bringen, geht auf die Renaissance zurück; allerdings war die Farbpalette auf Schwarz (Ruß), Rot (eine Art Rötel) und weiße Kreide beschränkt. Michelangelo und Raffael nutzten solch frühe Pastellstäbchen für Skizzen – die Königinnen im künstlerischen Farbenreich waren allerdings die flüssig aufgetragenen Öl- und Wasserfarben.

Erst im 17. und 18. Jahrhundert und dank des Übergangs von der Alchemie zur wissenschaftlichen Farbenchemie blühten die Pastellfarben auf, vor allem in der Porträtmalerei: Die samtig-matte Oberfläche konnte die Hauttöne in besonders realistischen – sozusagen pastelligen – Tönen nachbilden. Die Künstler stellten ihre Farben selbst her oder ließen sie nach eigenen Rezepten in Farbenmühlen produzieren; als Bindemittel dienten beispielsweise Haferschleim, Gelatine oder Honig, später auch Gummi Arabicum. Die ersten standardmäßigen und in Serie gefertigen Pastellkreiden kamen erst vor knapp 150 Jahren auf den Markt. Zentrum der Pastellmalerei war Frankreich, später auch England und Amerika. Nach der französischen Revolution allerdings kamen Pastelle eine Zeit lang aus der Mode; mit ihnen verband man die Frivolität des alten Regimes. Das änderte sich, als eine neue Generation von Künstlern, allen voran Eugène Delacroix und Édouard Manet, die Pastellkreiden als ausdrucksstarkes, unkompliziertes (und auch kostengünstiges) Medium für sich und eine Vielzahl von Sujets entdeckten. Die Porträts und Akte, Landschaften, Genrebilder, Stillleben oder Naturstudien entstanden zunächst noch in den von der klassisch-akademischen Malweise abgeleiteten Stilen und Techniken. Zugleich luden die Pastelle gerade beim Zeichnen im Freien zur schnellen, intuitiven Linienführung und zum impressionistischen Spiel mit Farben und Stimmungen ein. Gegen Ende des 19. Jahrhunderts verlegte sich Claude Monet zunehmend auf Pastelle und leitete mit fast schon expressionistischen Ausdrucksformen zur Kunst der Moderne über – zur Pastellkunst etwa von Pablo Picasso und, in neuerer Zeit, Alfred Hrdlicka.

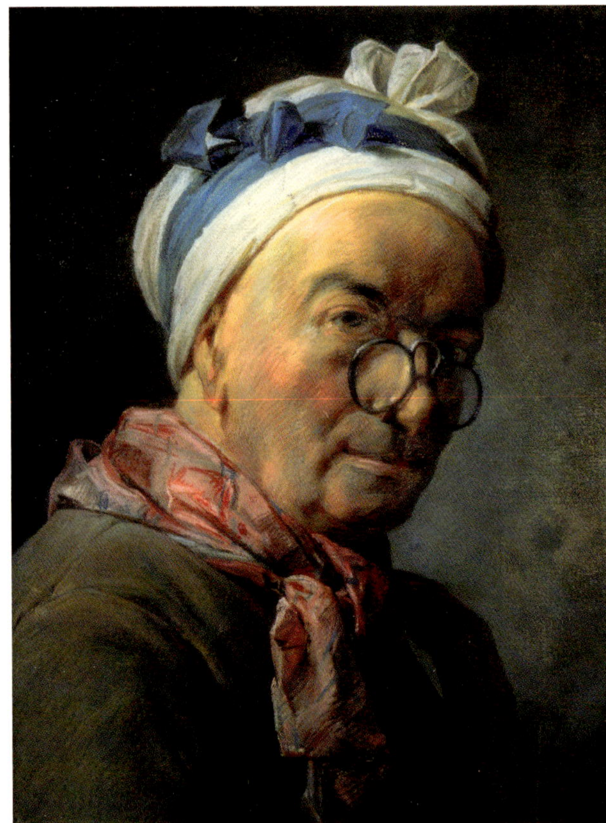

Abb.: wikipedia.org

Jean Siméon Chardin, Selbstporträt in Pastell, 1771

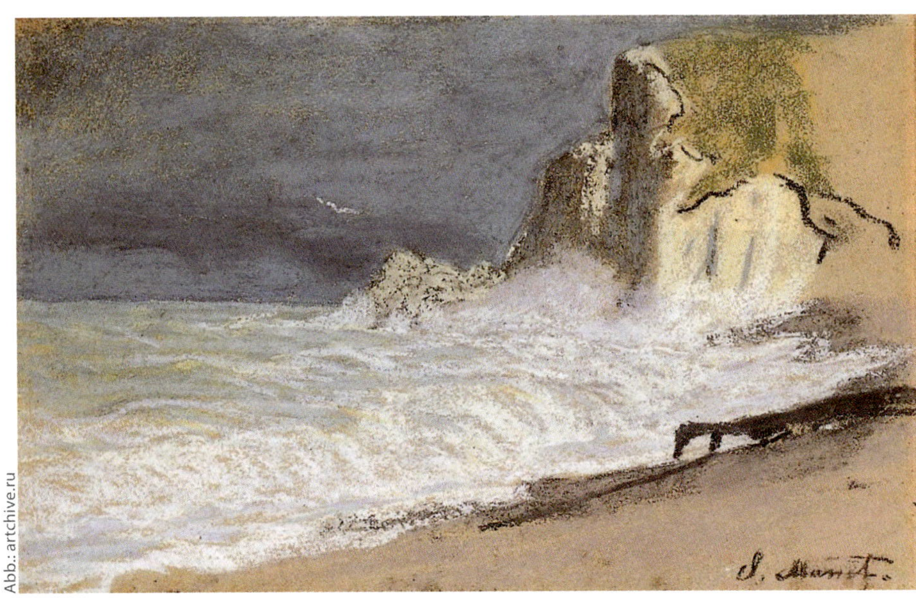

Abb.: archive.ru

Claude Monet, Pastellstudie auf Sperrholz, 1886

Meine Technik

Was Pastellkreiden zu einem so wunderbaren Medium macht, ist ihre Offenheit: nicht nur für ziemlich alle denkbaren Stilrichtungen, sondern auch beim Zeichnen selbst. Der Farbauftrag liegt nicht so fest wie bei Farbstiften oder einmal getrockneten Aquarell- oder Acrylfarben. Alles bleibt sozusagen im Fluss und ist offen für Veränderungen, Revisionen und neue Ideen – bis die Entscheidung fällt, das Bild zu fixieren.

Das mag anspruchsvoll klingen, wird jedoch schon bei ersten Versuchen zu einem farbenfrohen Erlebnis. Darauf baut auch meine Technik auf, die zunächst nur die Freude am kreativen Gestalten voraussetzt. Dafür sind Pastelle das ideale Medium. Erst kommen die Farben für eine bestimmte – oder auch unbestimmte – Bildidee, dann die ungefähren Konturen und schließlich die figurative Feinarbeit.

Schon ein Papierton kann eine Farbstimmung ins Bild bringen. Doch auch dann belasse ich das Papier nicht eintönig. Ich liebe ich es, die Bildfläche mit mehr oder weniger wilden und verwischten Farbflächen zu grundieren. Die Farben wähle und platziere ich ungefähr so, dass sie mit den Grundfarben des Motivs korrespondieren. Diese kreativen Farbenspiele beim Auftragen und Verwischen der Farben bringen oft schon interessante Ergebnisse. Das macht Anfängern viel Mut und nimmt ihnen die Scheu vor den angeblich so komplizierten Pastellen.

Erst jetzt folgt die Vorzeichnung – die mit dem Kohlestift gezeichneten Konturen des Motivs. Die äußere Gestalt der Blumen und Tiere, auch die großen Linien der Landschaft lassen sich gut von Fotos auf den fixierten Farbgrund übertragen. Und nun kommen erneut die erfreulichen Eigenschaften von Pastellen ins Spiel. Die Farben lassen sich Schicht für Schicht übereinanderlegen. Und weil sie bei kräftigem Farbauftrag gut decken, spielt die Reihenfolge kaum eine Rolle. Zarte Lasuren erzeugen Zwischentöne. Die Farben lassen sich verwischen, verblenden und miteinander verschmelzen. Und wieder abnehmen, sodass man das Bild auch bei der schlussendlichen Fein- und Detailarbeit kaum verderben kann.

Loes Botman, Apfelblüten, 2016

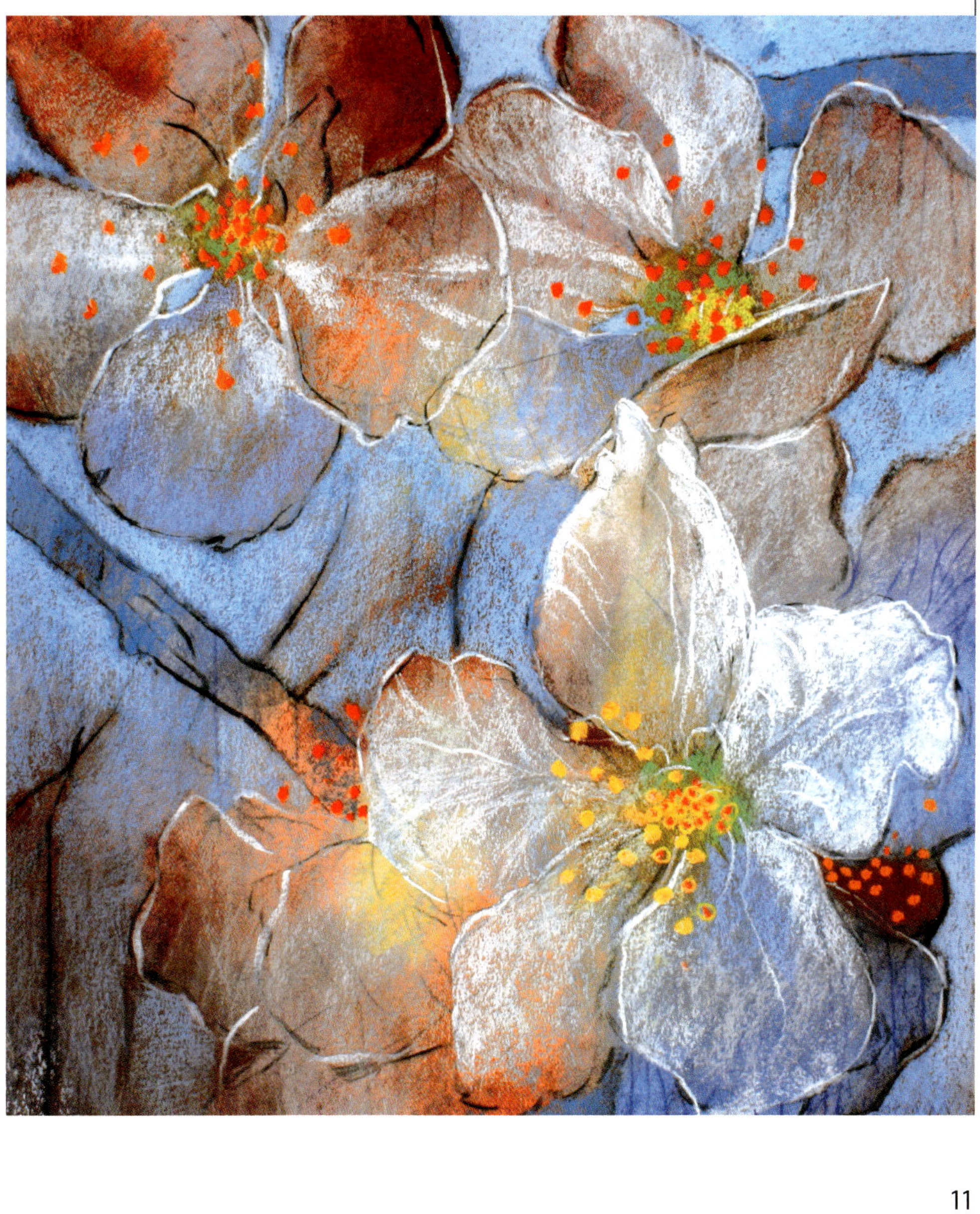

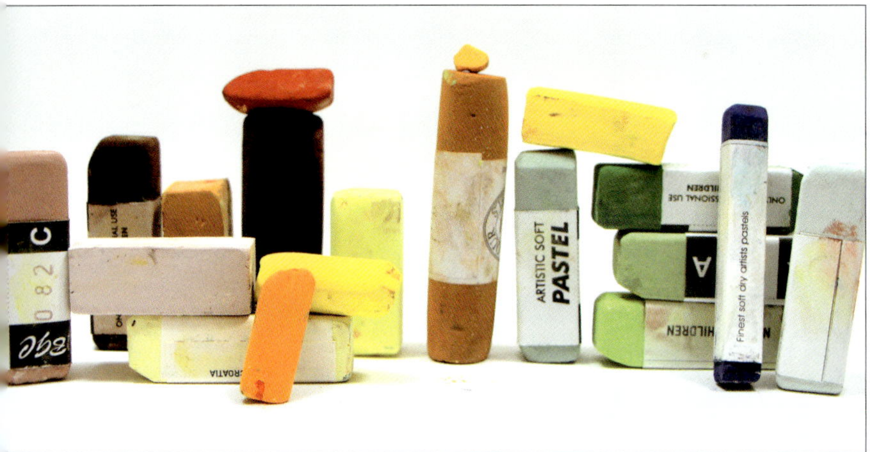

Die Pastellkreiden

Eckig und rund, kurz und lang, hart und weich, als Stäbchen, Stift oder Pulver: Pastellkreiden gibt es in vielen Sorten, Formen und Marken. Hier ein erster Überblick mit Tipps und Empfehlungen für Anfänger.

Pastellkreiden und Papier: Mehr brauchen Sie nicht. Hilfreich sind außerdem der Kohlestift zum Vorzeichnen, Pastellstifte für Linien und ein Tuch zum Verwischen. Ausgelegtes Zeitungspapier, wenn Sie auf dem Zeichentisch arbeiten, ein Lappen zum Säubern der Hände und zuletzt gegebenenfalls Fixierspray, um die Farben mit einem transparenten Film auf dem Papier festzuhalten und zu schützen.

Hart oder weich?

Pastellkreiden gibt es je nach Hersteller in harten, mittelharten und weichen (soften) Sorten. Die harten gehen naturgemäß eher in Richtung Schraffur und Zeichenstrich, die weichen Kreiden lassen sich satter, deckender und sozusagen malerischer auftragen – ideal für die letzte Phase mit lichten Tönen. Die mittelharten Kreiden von Rembrandt sind eine Empfehlung für Anfänger.

Ultraweiche Pastelle

Neben den Stiften und Stäbchen gibt es auch ultraweiche Pastellfarben im Näpfchen (von PanPastel), die mit den dazugehörigen Werkzeugen (Spachteln und Schwämmchen) glatt, flächig und transparent aufgetragen werden können.

Pastellstifte

Die Pastellstifte sehen aus wie dickere Farbstifte. Die Mine besteht aus gepresster Pastellkreide, der Unterschied liegt in der Strichstärke: Stifte für Linien, Stäbchen für Flächen. Zum Anspitzen von Pastell- und Kohlestiften gibt es spezielle Spitzer. Zeichenkohle hat ähnliche Eigenschaften wie Pastell und lässt sich daher prima mit den Kreiden verbinden. Farbstifte hingegen haben ölige Bindemittel und lassen sich daher mit Pastellen nicht kombinieren – die Kreide würde darauf ausrutschen.

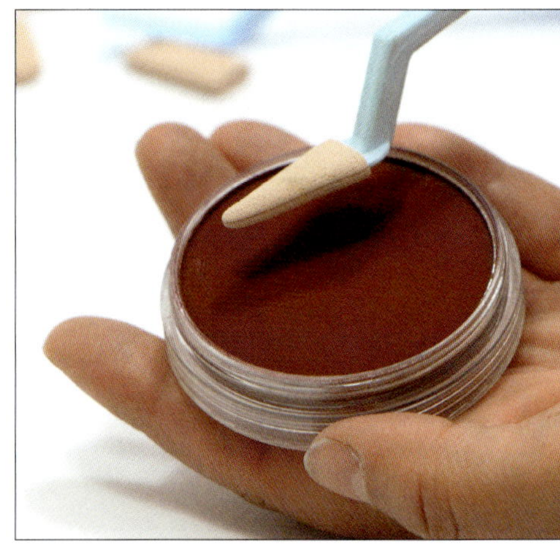

PanPastel im Näpfchen mit Werkzeug zum Auftragen der Farbe.

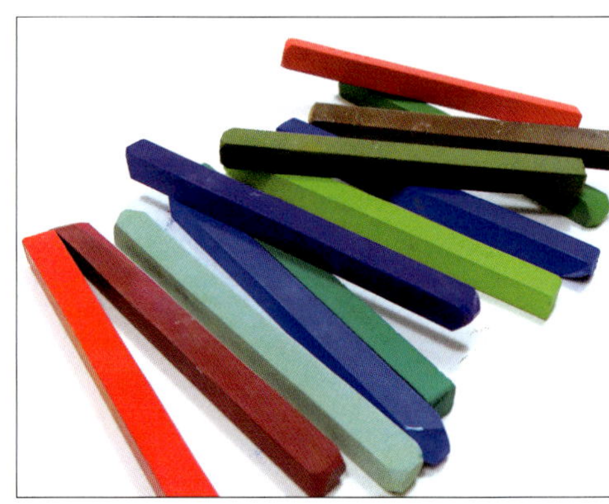

Lange rechteckige Kreidestäbchen

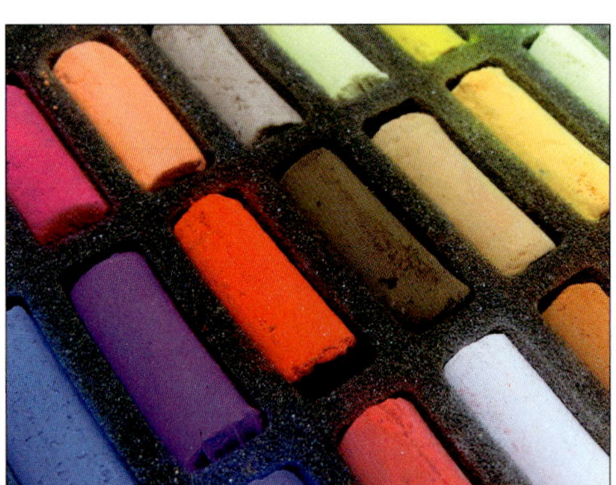

Kurze Halbstäbchen im Kasten

Pastellstifte in diversen Farben

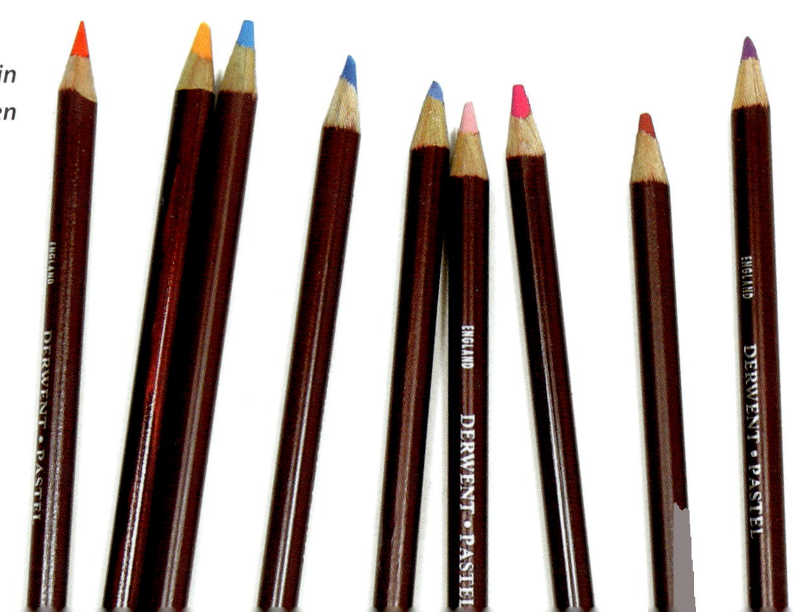

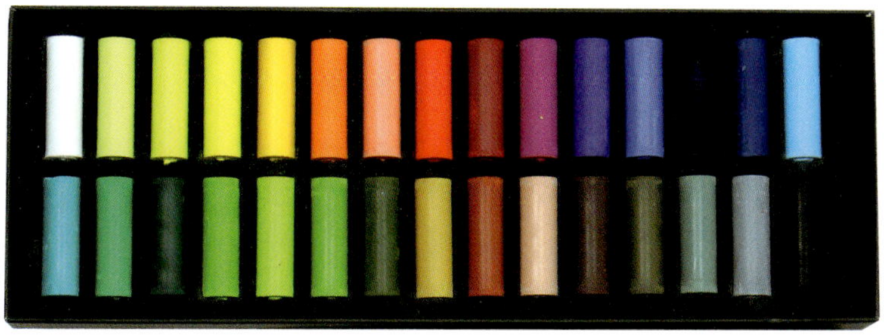

Kurz, praktisch und vielfarbig: Kasten mit 30 Tönen

Lieber eine große Palette

Anders als Malfarben lassen sich Pastellfarben nicht vorweg auf einer Palette mischen. Zwischentöne ergeben sich erst beim Lasieren und Verblenden auf dem Papier. Deshalb empfehle ich Ihnen einen Kasten mit mindestens 30 Farben. Hier haben Sie viele Optionen und Nuancen im Blick. Am besten dran sind Sie mit kurzen (halben) Kreidestäbchen. Fürs gleiche Geld erhalten Sie eine doppelte Anzahl von Farbtönen. Ohnehin werden Sie mit der Zeit vermutlich mit halben Längen und Stummeln arbeiten – nicht nur weil die Stäbchen, besonders die weichen Sorten, leicht brechen, sondern weil die Stücke oft besser in der Hand liegen.

Hier einige Marken, mit denen ich selbst gerne arbeite und die im Fachhandel erhältlich sind.

Weiche Pastellkreiden:
Artisan Pastellier, Schmincke, Sennelier

Mittelharte Kreiden:
Rembrandt, Girault, Terry Ludwig, Unison Colour

Harte Pastellkreiden:
NuPastel, Jaxell, van Gogh, Conté, Faber-Castell

Pastellstifte:
Derwent (hart), Stabilo (mittel), Caran d'Ache (weich)

Die Papiere

Eigentlich stellen Pastellkreiden keine besonderen Ansprüche an das Papier. Nur zu glatt darf es nicht sein, sonst haftet die Kreide nicht und rutscht sozusagen aus.

Pastellpapiere Mi-Teintes Touch von Canson

Für den Anfang – und oft auch später noch – reicht Zeichenpapier mit leichter Körnung, also einer etwas griffigen Oberfläche. Ideal ist ein Papier oder Karton mit einer Grammatur von etwa 200 g/m^2. Auf starkem Papier oder Karton kann man beim Farbauftrag auch kraftvoll andrücken. Praktisch ist ein Zeichenblock im Format A3, auch wenn die Zeichnung nicht bildfüllend ist. So haben Sie ringsum Spielraum und werden sich nicht eingeengt fühlen.
Darüber hinaus gibt es eine Vielzahl von speziellen Pastellpapieren in vielen interessanten Farbtönen und unterschiedlichen Eigenschaften:

- Das **Sennelier Pastelcard** hat die Stärke eines dünnen Kartons und nimmt auch harte Kreiden gut an.

- Das Papier **Mi-Teintes von Canson** eignet sich für weiche Kreiden besser als für harte und hat eine schwach sichtbare Textur. Wenn Sie das stört, nehmen Sie einfach die Rückseite.

- Das **Mi-Teintes Touch**, ebenfalls von **Canson**, fühlt sich wie feines Schleifpapier an. Die Kreiden reiben stark ab, was zu einer direkten Art des Zeichnens einlädt. Allerdings geht das nachträgliche Verblenden, Glätten und Verwischen nicht ganz so gut.

- Das zarte, weiche **Pastellpapier** von **Hahnemühle** erlaubt schöne Schattierungen und Verblendungen, verträgt allerdings keinen robusten Auftrag mit harten Kreiden.

- **Velourspapier** ist samtweich. Mit weichen Pastellen gelingen delikate und naturalistische Texturen etwa im Fell von Tieren. Für harte Kreiden ist das Papier zu empfindlich, radieren ist kaum möglich.

- **Clairefontaine Pastelmat** ist ein schwerer (360 g/m^2) Karton, auf dem sich detailliert und vielschichtig zeichnen lässt, besonders gut auch mit Pastellstiften.

Hinweis

Auf Zeichenpapier und den meisten Pastellpapieren kann die Zeichnung mit dem Fixierspray problemlos fixiert werden. Problematisch ist das allerdings bei Velourspapier und bei Pastelmat von Clairefontaine. Auf diesen Papieren bildet der Fixierfilm kleine Tröpfchen.

Farbe auftragen …

Wie fühlt sich das Zeichnen mit Pastellen an? Alleine schon das farbige Füllen von Flächen bereitet Freude, macht Sie mit den Kreiden vertraut und lässt Sie den Unterschied zu anderen Zeichen- und Malwerkzeugen erleben. Probieren Sie es aus und scheuen Sie nicht vor Farbe an den Händen zurück!

Schraffieren

Die klassische Zeichentechnik wie mit Farbstiften: Mit der Ecke der harten Kreide oder mit dem Pastellstift zeichnen Sie die Linien mit schneller Bewegung mehr oder weniger dicht neben- oder übereinander. Im Wechsel der Farben entstehen lasierende Übergänge und Zwischentöne. Die Striche bleiben als Struktur stehen oder werden verwischt.

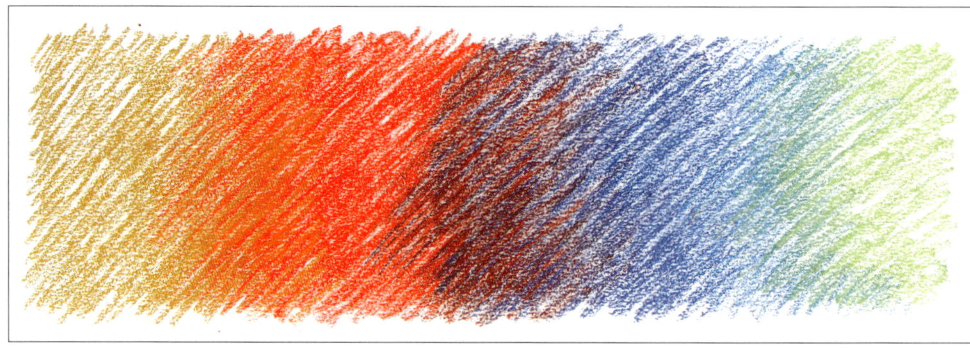

Parallelschraffuren mit der Ecke oder Kante der harten Kreidestäbchen

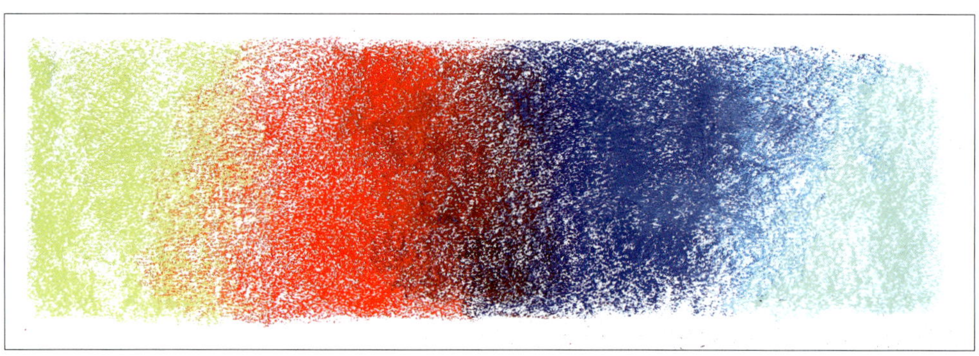

Flächiger Farbauftrag mit der Breitseite eines weichen Kreidestummels, dann mit der stumpfen Spitze verdichtet.

Flächen

Wenn Sie die vordere Kante des Stäbchens auflegen, wird der Strich breiter. Für größere Flächen legen Sie ein Stück Kreide mit der Breitseite auf und ziehen es quer über das Papier. Mit wenig Druck entstehen interessante gebrochene und gesprenkelte Strukturen, die Sie mit weiteren Farbschichten und mit der Spitze des Stäbchens verdichten können – das Ergebnis hängt natürlich vom Papier und von der Kreidehärte ab.

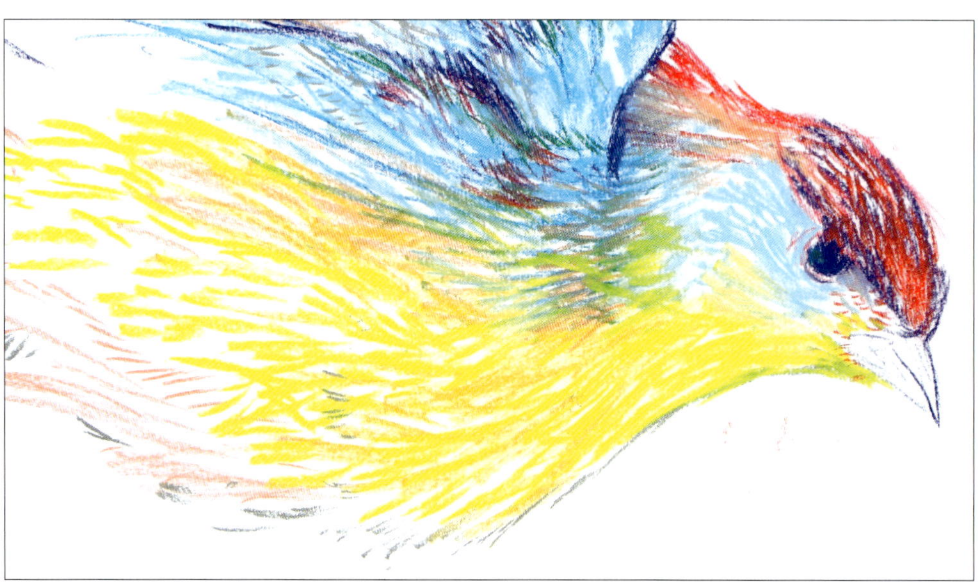

Dynamische Formschraffuren mit Stäbchen und Pastellstiften.

... und bearbeiten

Aller Anfang ist schön, jedenfalls bei Pastellen. Die Farben nach Lust und Laune aufzutragen und gleich zu sehen, wie sie miteinander harmonieren, verschmelzen, Kaskaden von Tönen bilden, das ist schon der Eintritt in eine wahre Zauberwelt.

Mehr als andere Medien sind Pastelle sozusagen körperlich erfahrbar. Mit den Stäbchen und Stummeln haben Sie die Farben selbst in der Hand. Beim Verwischen und Aufreiben kommt der Finger mit dem Bild in direkte Berührung und man kann daher auch sehr feinfühlig arbeiten. Wenn man die Scheu vor farbigen Fingern überwunden hat, ist das gerade für Anfänger ein großes Erlebnis. Bei manchen Papieren mit scharfkörniger Oberfläche, etwa bei Mi-Teintes Touch von Canson oder Senneliers Pastelcard, kann das allerdings unangenehm sein. Hier hilft der Papierwischer weiter, mit dem Sie noch mehr ins Detail gehen können. Er besteht aus dicht gerolltem Papier, daher der Name. Mit der Breitseite des Kegels an der Spitze verzieht und verdichtet man die Farben, mit der Spitze lassen sich Einzelheiten präzise „zeichnen".
Bei größeren Flächen nehmen Sie zum Verwischen oder zum Abnehmen von Farbe einfach ein Kosmetiktuch – oder ein Baumwolltuch, das Sie waschen und mehrfach verwenden können.

Auch mit dem Radierer lässt sich Farbe abnehmen. Der Radiergummi reibt die Farbe ab, was nur auf robusten Papieren zu empfehlen ist. Der Knetgummiradierer geht sanfter zu Werk und nimmt die Farbe mit einer Wischbewegung auf. Das Farbpulver bleibt auf ihm kleben und wird wieder eingeknetet. Dabei lässt sich der Knetgummi beliebig, also auch zur Spitze formen – ideal für kleinere Bereiche, etwas gezielt abzutupfen oder um den Farbton abzuschwächen.

Der Finger als Zeichenwerkzeug: ideal zum Verwischen und Verreiben auf „sanftem" Papier (A).

Der Papierwischer für Detailarbeiten (B).

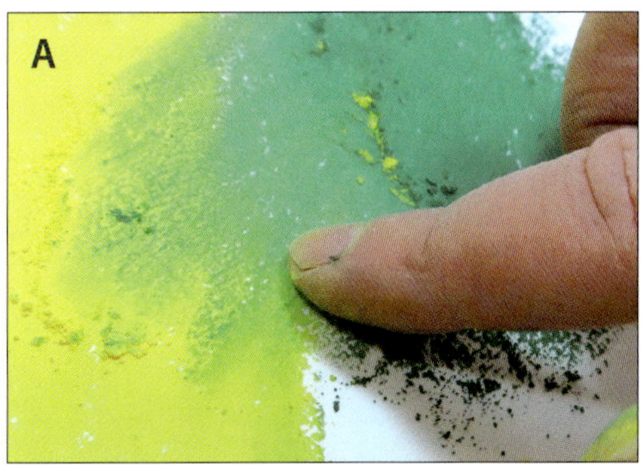

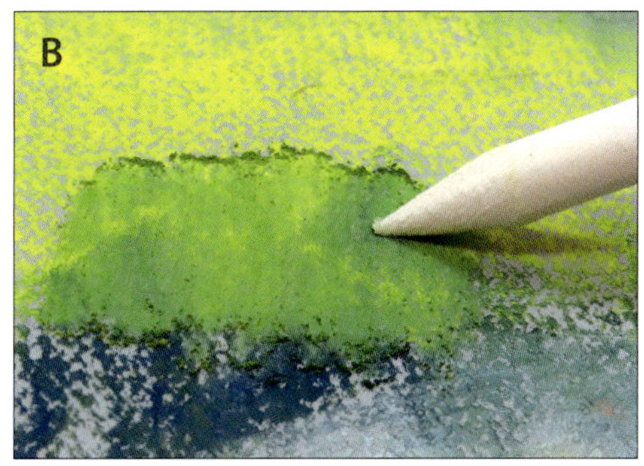

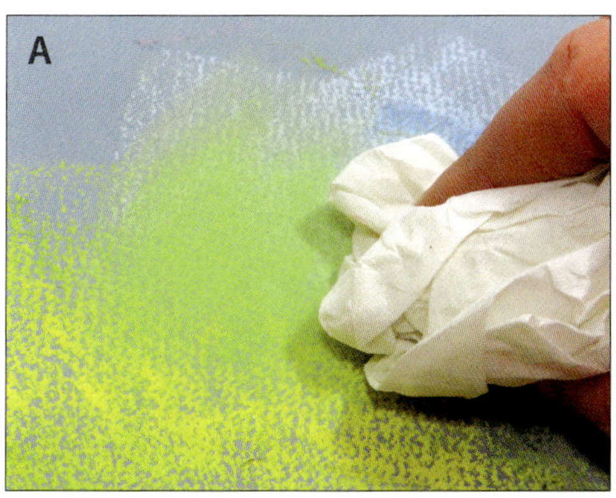

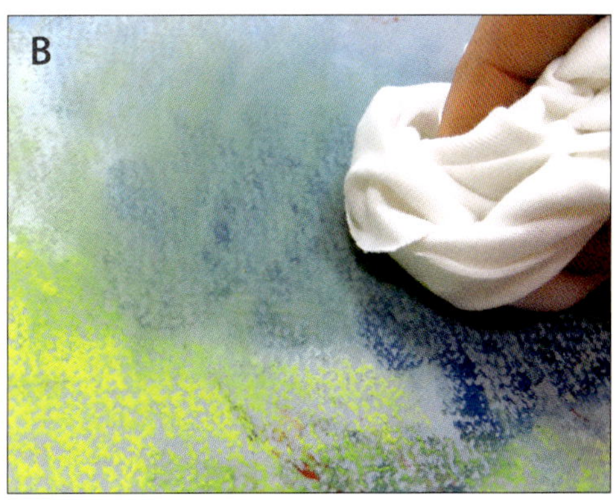

Für größere Flächen: Kosmetiktuch zusammenknüllen (A).

Oder Sie nehmen zum Verwischen oder Abwischen der Farbe ein Baumwolltuch (B).

Der Radierer reibt die Farbe ab und ist nur für starkes Papier geeignet (A).

Der weiche Knetgummiradierer nimmt das Farbpulver auf, ideal bei empfindlichen Papieren (B).

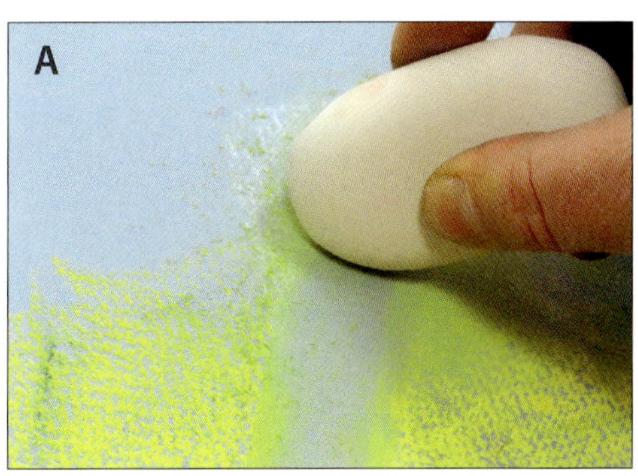

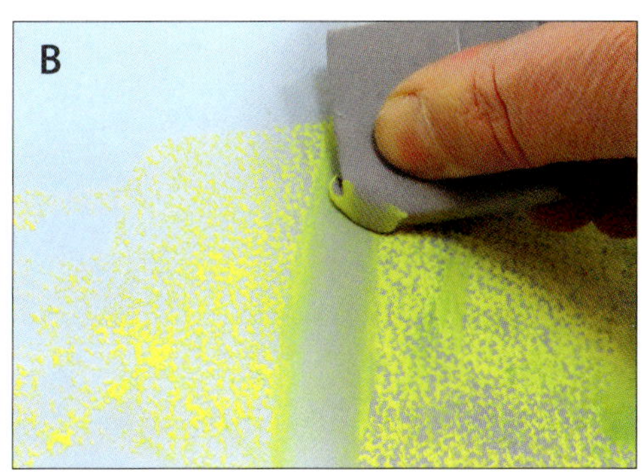

Ein farbiges Schwarz

Eine einzige Farbe in Ihrem Pastellkasten werden Sie selten brauchen: das Schwarz. Zum Schattieren und Abdunkeln eignen sich dunkle Blau- und Brauntöne. Selbst schwarzes Fell oder Gefieder verdient eine farbige Note.

Ein reines Kohlrabenschwarz findet sich in der Natur kaum, immer spielen die Umgebungsfarben und das Licht mit. Hier gibt es dem Federkleid den bläulichen Schimmer. Selbst die tiefsten Schatten sind niemals ganz schwarz.

Beim farbigen Zeichnen empfiehlt es sich ohnehin, auch den dunkelsten Partien zumindest einen Hauch von Farbe mitzugeben. Wenn Sie dabei mit kräftigen und sozusagen unrealistischen Farben arbeiten, können Sie das Motiv zu besonders künstlerischer Wirkung bringen – siehe hier die Kuh und die Schwalben im Bild auf der nächsten Seite. Für tatsächlich schwarze Kleinigkeiten nehmen Sie lieber Zeichenkohle.

Auch zum Abdunkeln sollten Sie das Schwarz vermeiden. Nehmen Sie lieber Dunkelblau und Dunkelbraun. Daraus resultiert ein tiefer, lebendiger und fast leuchtender Schwarzton, gut zu sehen unten in den Beispielen bei Rot und Gelb.

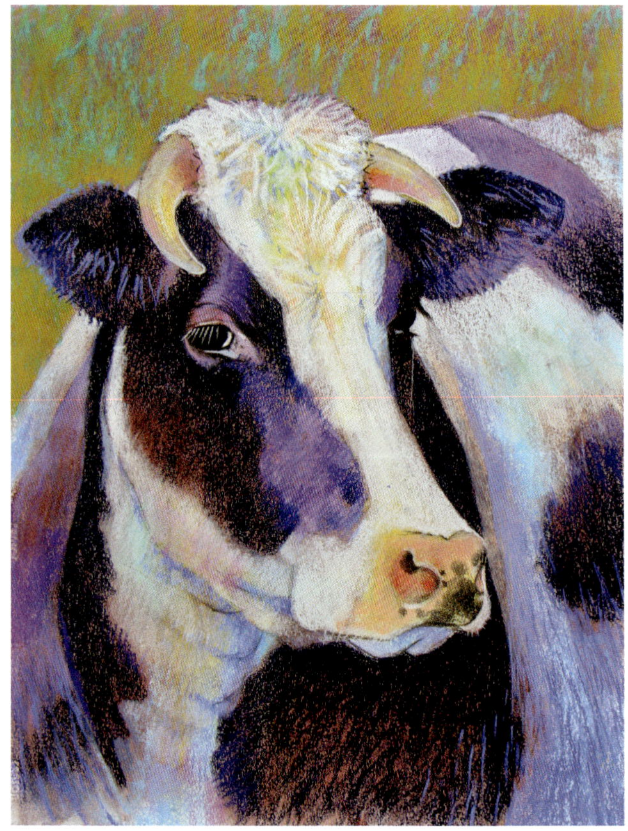

So wird's freundlicher: statt Schwarz dunkle Töne in Braun, Dunkelblau und Violett.

Abdunkeln mit …

… Dunkelblau

Das Blau erzeugt auf Rot einen sehr tiefen, auf Gelb einen grünlich schimmernden Schwarzton.

Blau auf Rot

Blau auf Gelb

… Braun

Mit Braun erhalten Sie besonders warme Schattentöne.

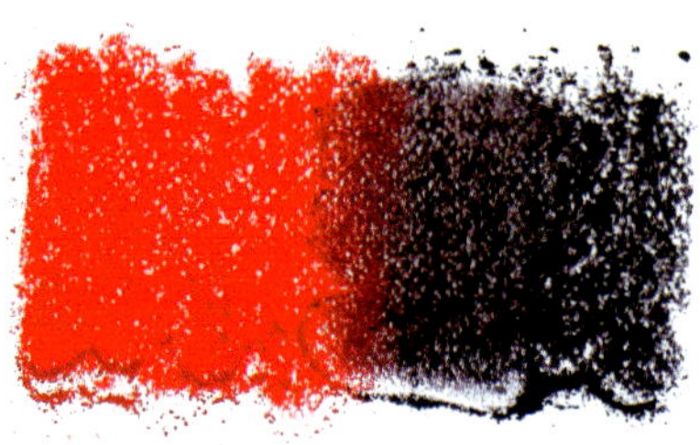

Braun auf Rot

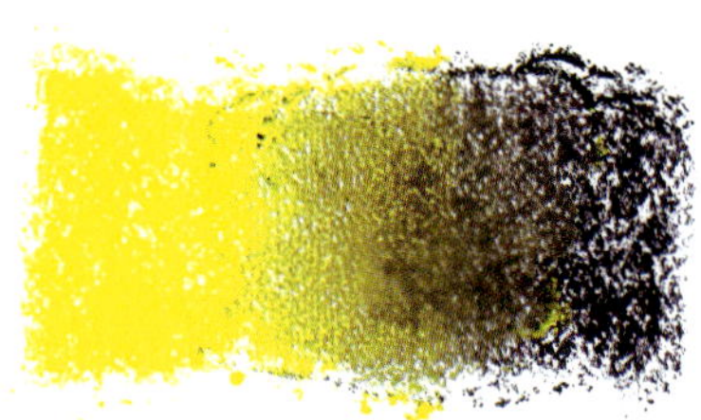

Braun auf Gelb

… Schwarz

Das stufenweise mit Schwarz übermalte Rot oder Gelb wirkt leblos.

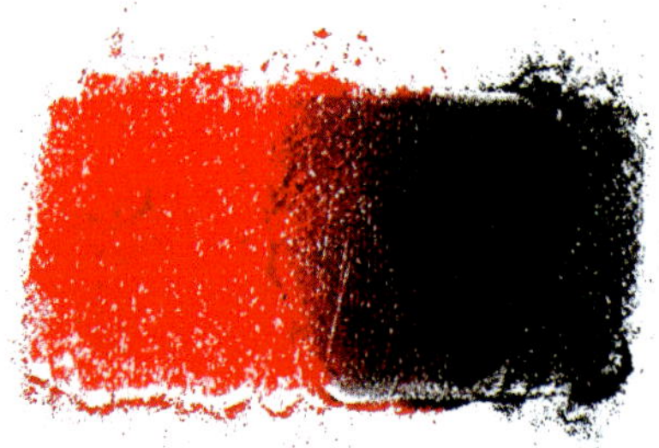

Schwarz auf Rot

Schwarz auf Gelb

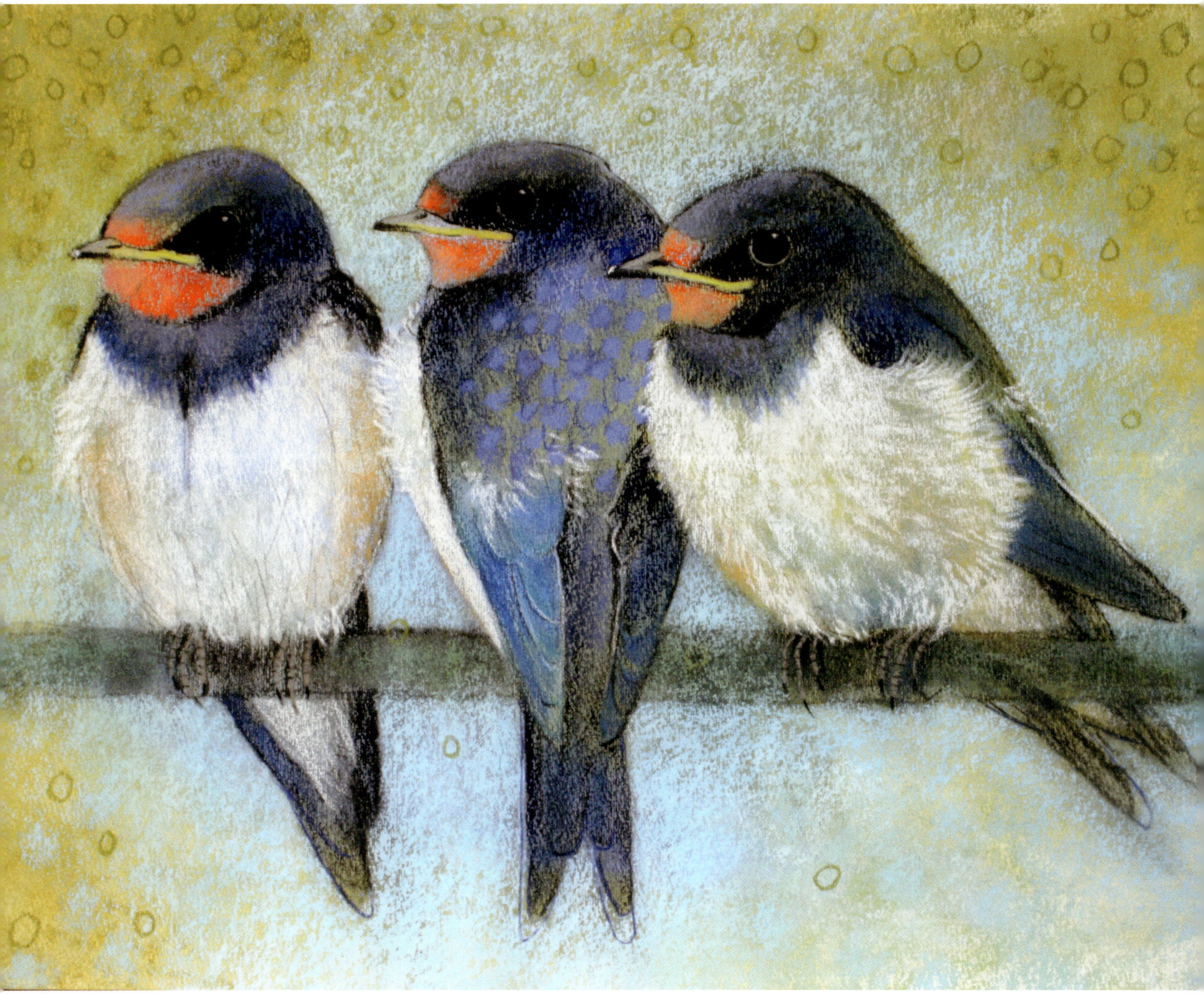

Natur und Kultur: Drei Jungschwalben vor einem dekorativen Hintergrund, der durch den Verlauf von der hellblauen Mitte ins ornamentale Ocker und Gold dennoch räumlich wirkt. Der Farbgrund spielt auch im Schwarz des Gefieders (aus Dunkelblau und Dunkelbraun) mit. Im weißen Flaum wiederum finden sich auch Ockertöne wieder. Die tatsächlich schwarzen Konturen etwa bei den Schnäbeln und Krallen werden mit dem Kohlestift gezeichnet. Mit ihm zeichne ich auch die Augen. Das Glanzlicht tupfe ich mit dem weißen Pastellstift auf.

Vom Foto zur Vorzeichnung

Video
Siehe S. 9

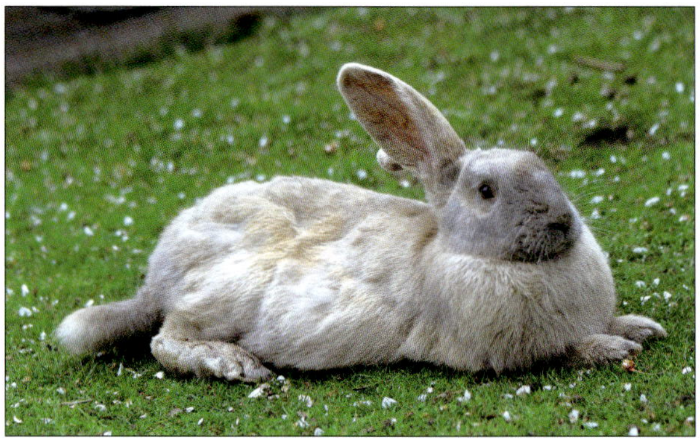

Hinter jedem gelungenen Bild steht eine Vorzeichnung oder zumindest eine gute Skizze, an der man sich beim Ausarbeiten orientieren kann.

Ein Foto als Vorbild liefert dafür beste Dienste. Schließlich hat man ja die meisten Motive nicht lebensecht vor sich – allenfalls Blumen, vielleicht auch Hund oder Katze. Zudem machen gute Fotos das Abzeichnen der Konturen um vieles leichter, auch die Verteilung von Licht, Schatten und Farben ist gut ersichtlich. Mit genug Übung und dem Blick aufs Foto können Sie das Motiv gleich mit dem Kohlestift vorzeichnen; etwas heikler ist die Sache auf einem Farbgrund. Besser, Sie machen sich mit dem Motiv erst mit Skizzen auf Schmierpapier vertraut.

Vielleicht zählt das freie figurative Zeichnen nicht zu Ihren Stärken. Dann können Sie die Konturen vom Foto auf das Zeichenpapier übertragen. So haben Sie eine Vorzeichnung mit stimmigen Proportionen – wichtig besonders bei Tierdarstellungen, wo Zeichenfehler schnell auffallen.

Am einfachsten geht das Übertragen mit Karbon-Transferpapier, das auf der Rückseite mit Kohle oder Kreide beschichtet ist. Normales Durchschlagpapier ist fettig, stößt die Kreide ab und ist deshalb ungeeignet. Drucken Sie das Foto im gewünschten Format aus oder ziehen Sie davon eine Kopie. Legen Sie das Transferpapier auf das Pastellpapier und darüber das ausgedruckte oder kopierte Foto. Pausen Sie die wichtigsten Konturen durch und ziehen Sie die Linien mit dem Kohlestift nach. Bei einem sehr dunklen Farbgrund nehmen Sie weißes Transferpapier und zum Nachzeichnen den weißen Pastellstift.

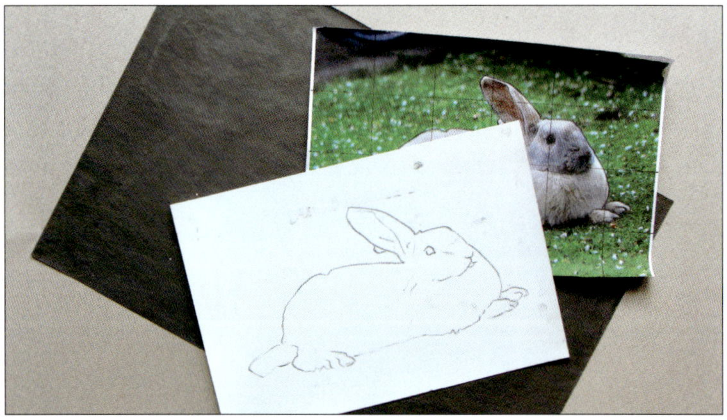

Das Foto, schwarzes Transferpapier und schließlich die durchgepauste Vorzeichnung.

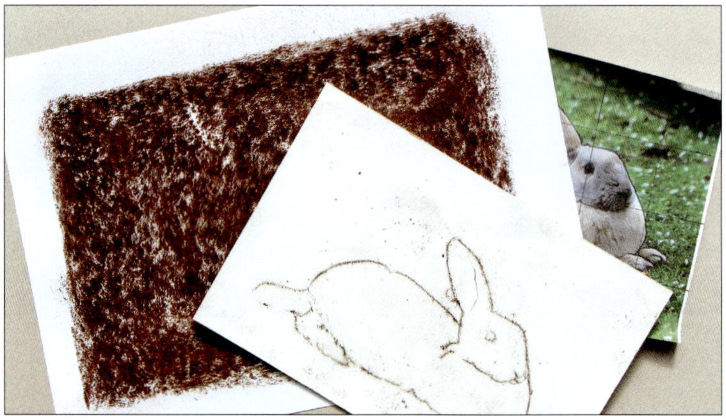

Eine Art Transferpapier können Sie auch gut selbst herstellen, indem Sie ein Blatt mit weicher Pastellkreide kräftig einfärben. Das hausgemachte Transferpapier können Sie – so wie das gekaufte – natürlich mehrmals verwenden.

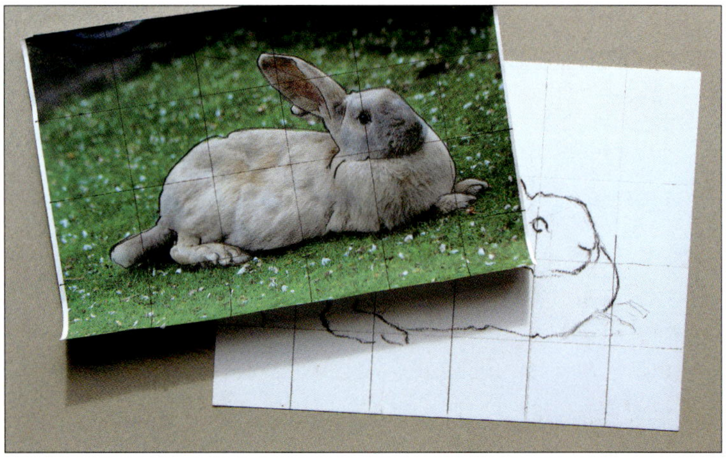

Die Rasterlinien auf dem Foto machen es leicht, die Konturen Stück für Stück in das gleiche Gitter auf dem Zeichenpapier zu übertragen. Das Raster kann man proportional nach Belieben vergrößern oder verkleinern, also auch ein kleines Foto nehmen. Mit dieser Methode haben Künstler seit jeher ihre Skizzen auf große Leinwände übertragen.

Zuletzt fixieren

Die Wandelbarkeit der Pastelle bedeutet aber auch, dass Sie den Schlusspunkt selbst setzen müssen, um sich nicht in einer unendlichen Geschichte zu verlieren. Es ist ein wunderbares Erlebnis, vom Fluss (oder Flow) des Zeichnens weitergetragen zu werden. Doch allzu leicht ist man versucht, des Guten zu viel zu tun und zu zeichnen. Da hilft es, das Ergebnis einen oder zwei Tage ruhen zu lassen und dann mit frischem Blick zu entscheiden, was noch getan werden sollte – oder ob das Bild fixiert werden kann.

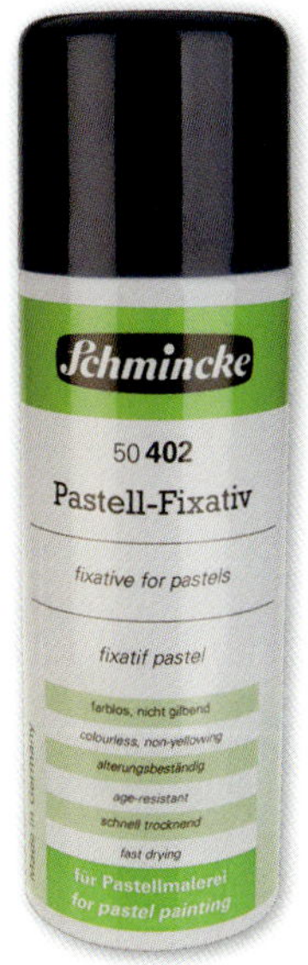

TIPP

Manche Fixiersprays enthalten Lösungsmittel, bedenklich vor allem für Allergiker. Wählen Sie lieber Pastellfixative auf Alkohol- und Spiritusbasis zum Beispiel von Schmincke. Atmen Sie auch hier den Sprühnebel nicht ein: einfach kurz die Luft anhalten.

Pastellwäsche

Pastellkreiden färben das Papier, das ist ihr Lebenszweck. Sie färben auch auf die Finger ab, was man akzeptieren muss. Beim Zeichnen und wenn die Kreiden neben- und durcheinanderliegen, verteilt sich das Farbpulver auch auf den Stäbchen und Stummeln. Mit der Zeit verdeckt ein schmutziger Grauschleier die zuvor brillanten Farben. Da hilft eine Pastellwäsche im Reisbad: Weißen Reis (keinen Vollkornreis) zusammen mit den verschmutzten Stummeln und Stäbchen in eine Schüssel geben und mit den Händen tüchtig umrühren. Der Staub und Schmutz legt sich auf die Reiskörner, die Pastelle tauchen einigermaßen farbfrisch wieder auf. Noch sauberer werden die Stäbchen, wenn man sie einzeln mit Papier abreibt. Schön zu sehen, was man alles an Farben hat!

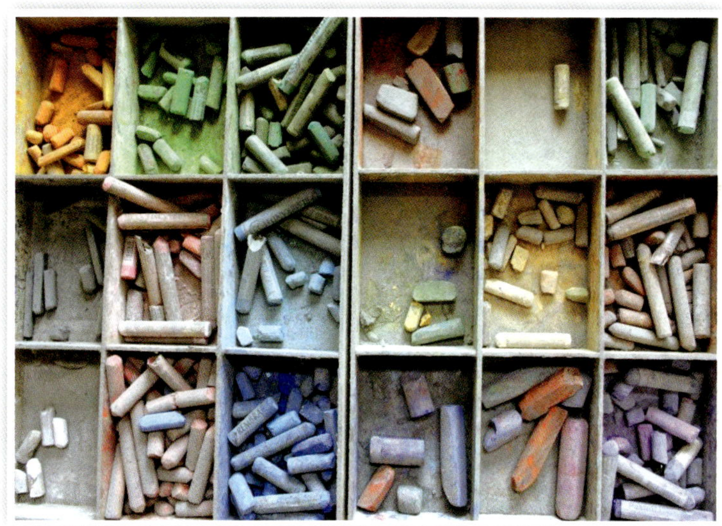

Mit einer Sortierbox behält man einen guten Überblick über seine Farben.

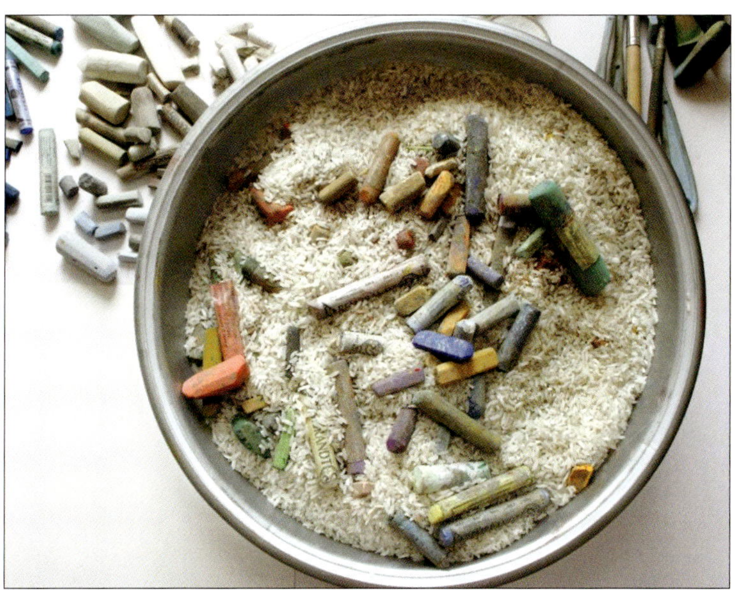

Eine Schüssel Reis als Waschtrommel für verstaubte Kreiden. Funktioniert wunderbar!

TIPP

Beim Auftragen der Farbe entsteht unvermeidlich Pastellstaub, den Sie keinesfalls wegpusten sollten. Er würde sich ringsum verteilen. Bequemer haben Sie es beim Zeichnen auf einer Staffelei. Dann sammeln sich die überschüssigen Pigmente unten in der Ablage und können von dort weggesaugt werden.

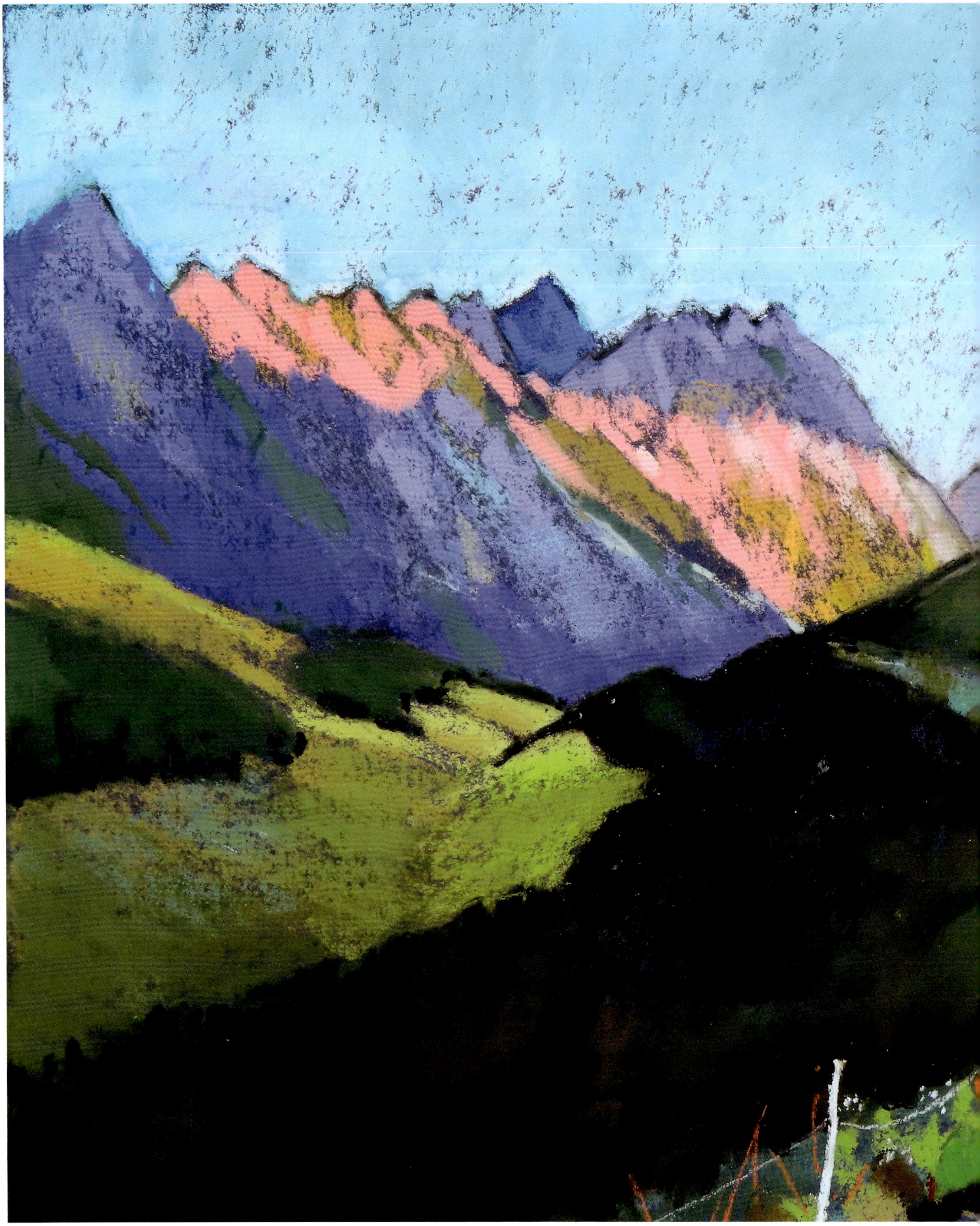

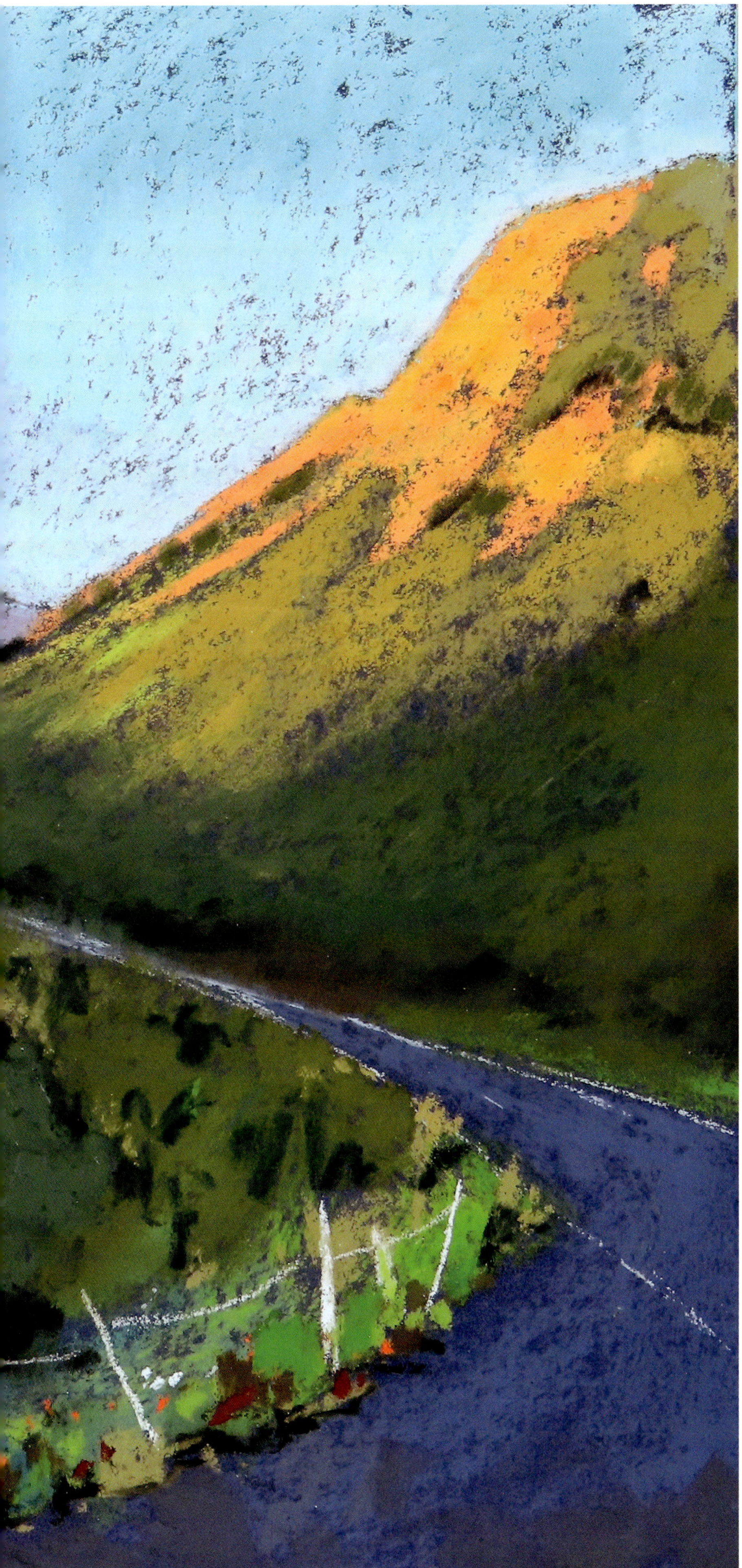

Berg und Tal

Eine malerische Fahrt ins Blaue und Grüne, Orange und Rosa der Tiroler Berge: Im Morgenlicht leuchten Felsen und Hänge auf, im Tal liegen tiefe Schatten. Harte Kontraste und Konturen sorgen für ein stimmungsvolles Gesamtbild.

Die einfache Komposition aus Linien und Flächen lädt dazu ein, mit den Pastellen kraftvoll zuzulangen. Schicht für Schicht entstehen weich modellierte Wiesen und Wälder, darüber die schroffen Texturen der nackten Felsen – nur im Vordergrund erscheinen die wenigen Details. Das gibt dem Bild einen realistischen wie auch plakativen Charakter; der Stil erinnert ein wenig an die symbolistische Landschaftsmalerei der Wende zum 20. Jahrhundert.
Wollte ich den hohen Himmel und das weite Land meiner niederländischen Heimat gegen die überwältigende Kraft und Majestät der Alpen tauschen? In der Wirklichkeit des Lebens nur sporadisch, im Atelier immer wieder mit dem größten Vergnügen!

⊕ Video

Siehe S. 9

Das Foto als Erinnerung an eine Reise ins Tirol – ein gutes Vorbild für die kraftvollen Linien, die das Bild bestimmen.

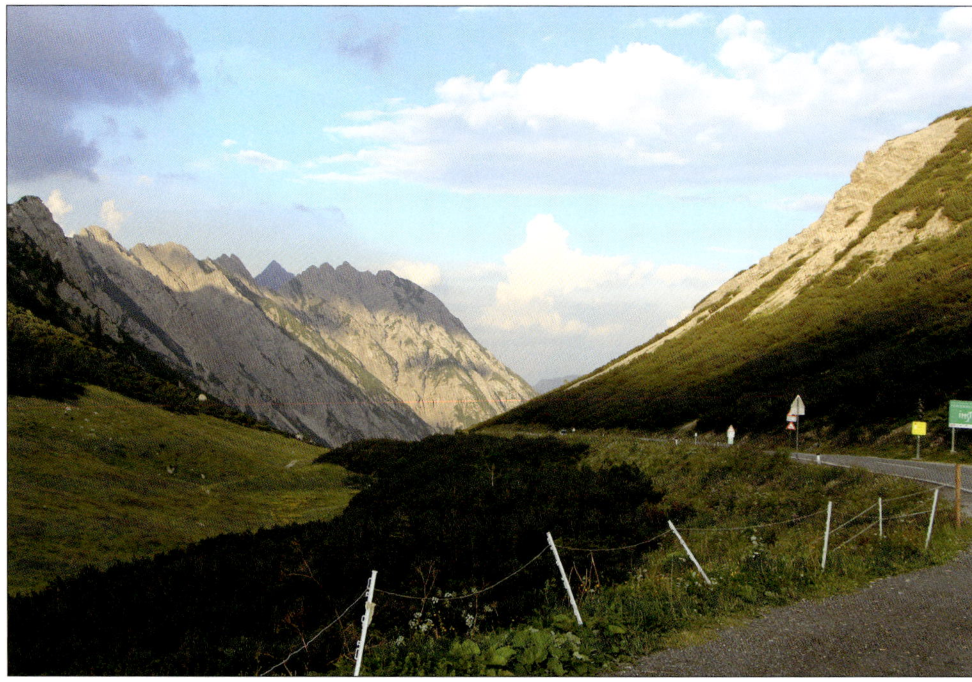

Mein Material:

- *dunkelblaues Papier, feine Körnung (Mi-Teintes Touch von Canson), A3*
- *Farben siehe Tipp*

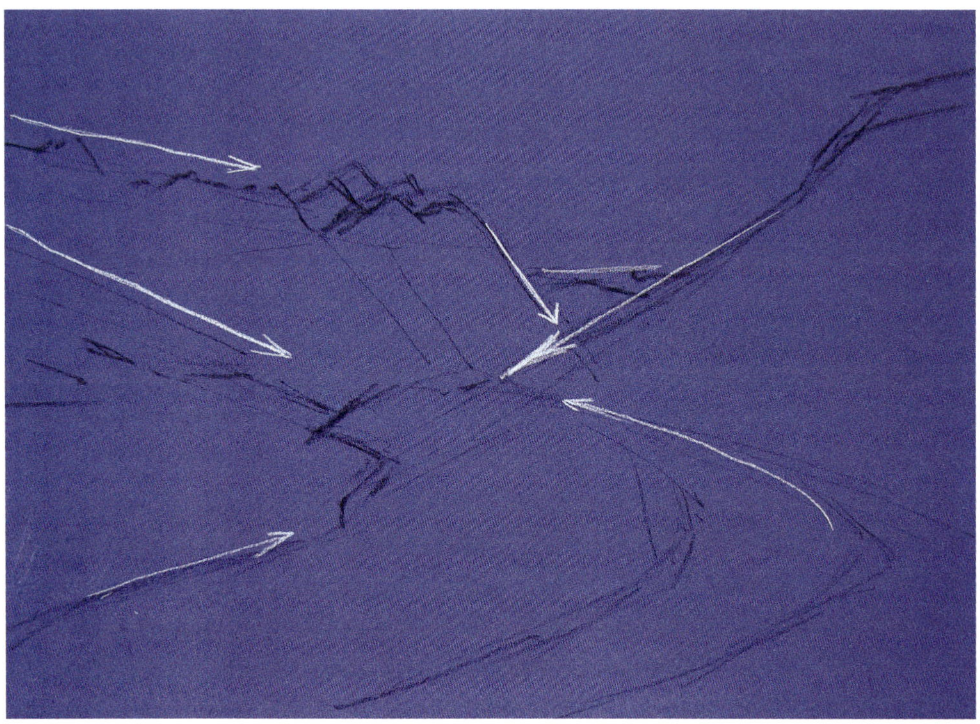

▲1

Die Skizze mit dem schwarzen Kohlestift. Hier halte ich mich ans Foto, allerdings erhöhe ich den linken Gebirgsstock, der deshalb näher heranrückt. Ansonsten gibt es an der vorbildlichen Blickführung nicht viel zu rütteln. Schon die Komposition sorgt für Spannung und Räumlichkeit. Die Straße führt den Blick schwungvoll ins Bild. Die Diagonalen staffeln die Berge nach Art von Kulissen. Links und rechts schließen schroffe Gipfel und die Bergflanke das Bild ab, dahinter rückt noch ein ferner Berg ins Bild. (Die weißen Pfeile verdeutlichen die Linienführung.)

Tipp

Mit einer großen Farbpalette sind Sie besser dran, um zum Beispiel mit den Mitteln der Farbperspektive Tiefe ins Bild zu bringen. Beim Blick in die Landschaft erscheinen die Farben mit zunehmender Entfernung heller und bläulicher, weil die Rotanteile im Licht vom Dunst und Staub in der Luft herausgefiltert werden – das Grün erhält einen kühlen Blaustich. Die Grüntöne in der Nähe enthalten mehr warmes Gelb. Wenn Sie diesen natürlichen Effekt künstlerisch nutzen, also für den Vordergrund ein wärmeres Grün nehmen, rücken diese Bildteile optisch heran.

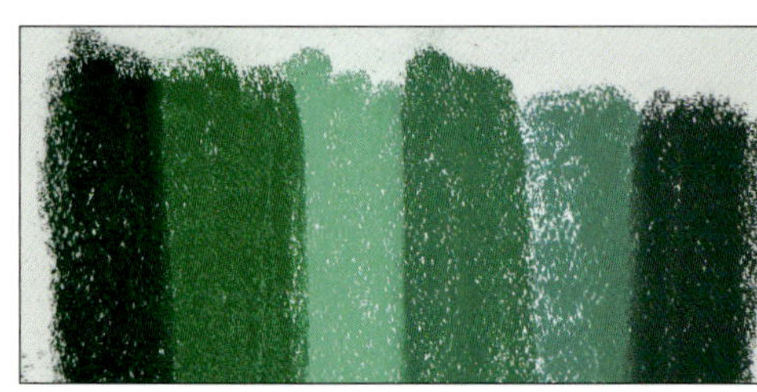

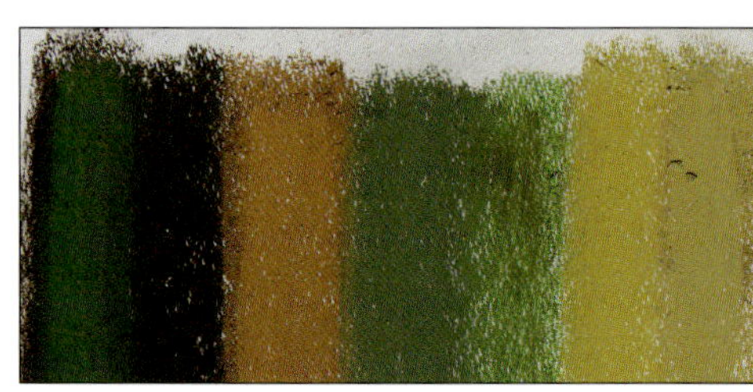

Hier Beispiele für kühle Grüntöne, die Distanz schaffen (oben), und wärmeren Tönen für die Nähe.

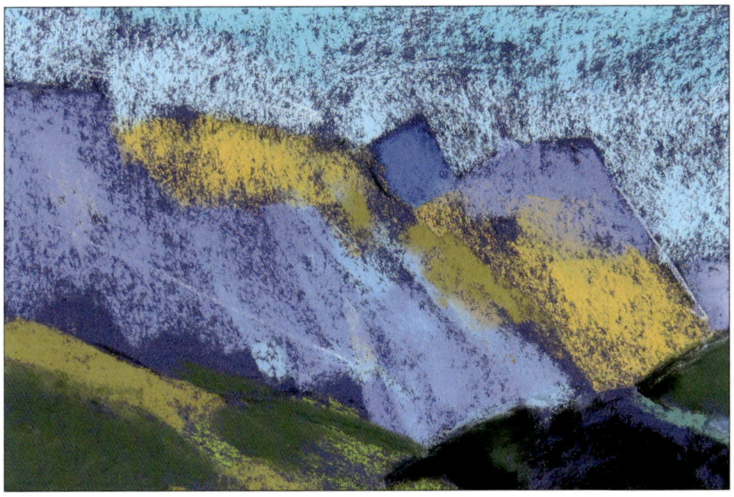

◀ 2

Für die im Schatten liegenden Bereiche des hinteren Gebirgsstocks liefert schon der Papierton die Grundierung, die ich mit weißen Strichen belebe.
Mit der Breitseite der Kreidestücke schichte ich entlang der Kanten die ersten Farben auf und ziehe sie talwärts, was auch schon die sanften und steilen Hänge modelliert. Die einzelnen Felder fülle ich mit Gelb, Ocker und hellen Grüntönen für die im Licht liegenden Flanken. ▼

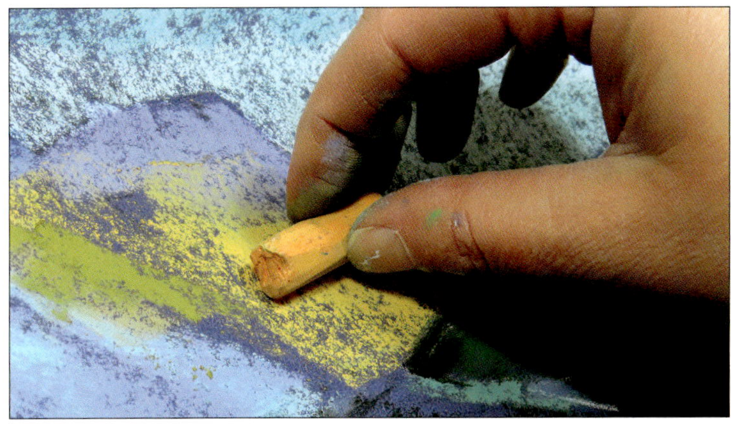

Tipp

Sie können ein Bild mit kühnen Farben beginnen, die Sie, wenn alles zu bunt wird, nach und nach beim Verwischen (oder Abwischen) und Überzeichnen auch wieder dämpfen. Oder Sie lassen es gemäßigt angehen – so wie in diesem Beispiel – und werden unterwegs mutiger und farbenfroher (siehe nächste Seite). Lassen Sie sich einfach von der Bildidee leiten.

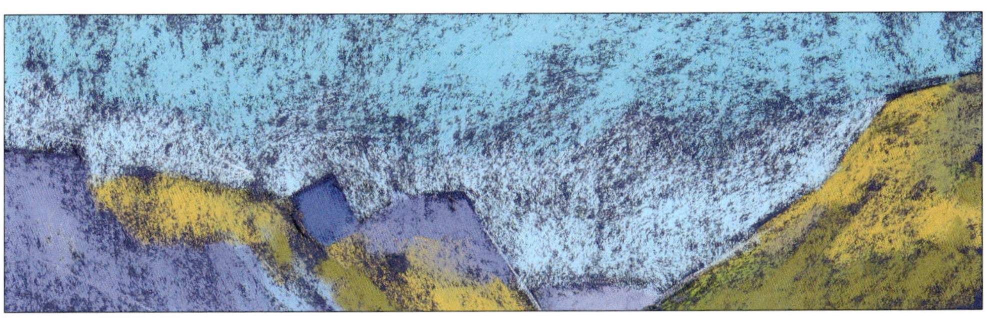

◀ 3

Über den Himmel ziehe ich helle Blautöne mit wenig Weiß – die dunklen Sprenkel kommen vom Papierton.

4 ▶

Unten nehme ich für die tiefen Schatten im Tal ein sehr dunkles Grün, das fast ins Schwarz spielt. Rechts ziehe ich die Straße durchs Tal und begrüne die Bankette. Im Moment sieht das alles noch ein wenig düster aus. Das Bild braucht Stimmungsaufheller: Farben mit Mumm.

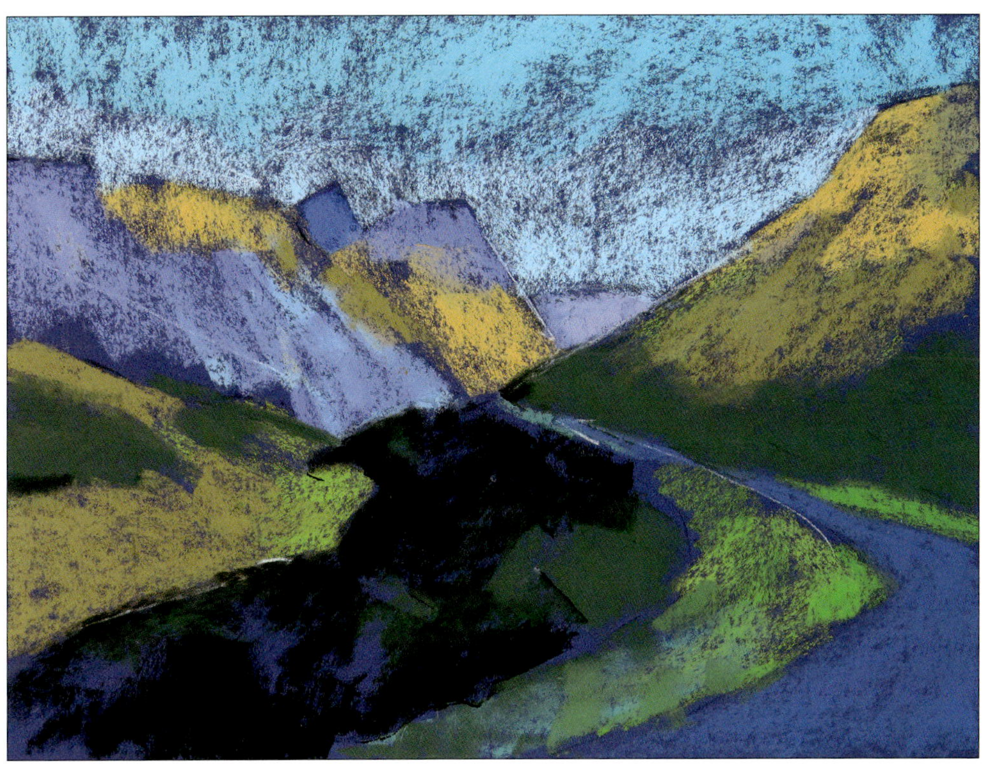

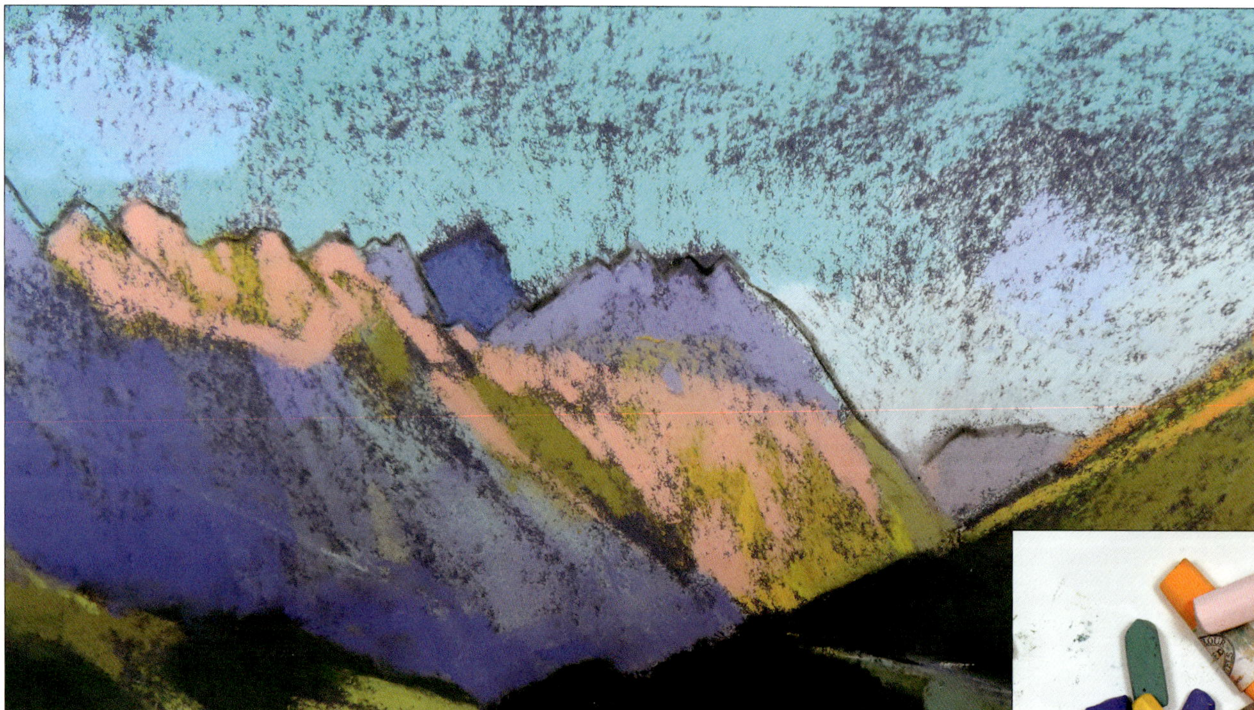

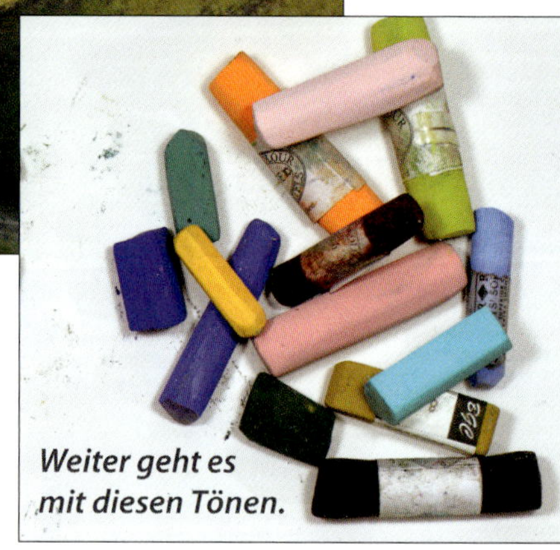

▲5

Im Licht der tief stehenden Sonne leuchtet im nackten Fels ein Streifen in hellen Rosatönen auf. Dabei drücke ich nur schwach an, sodass die unteren Farben als Sprenkel, Risse und Spalten durchscheinen und die felsige Struktur schön wiedergeben.

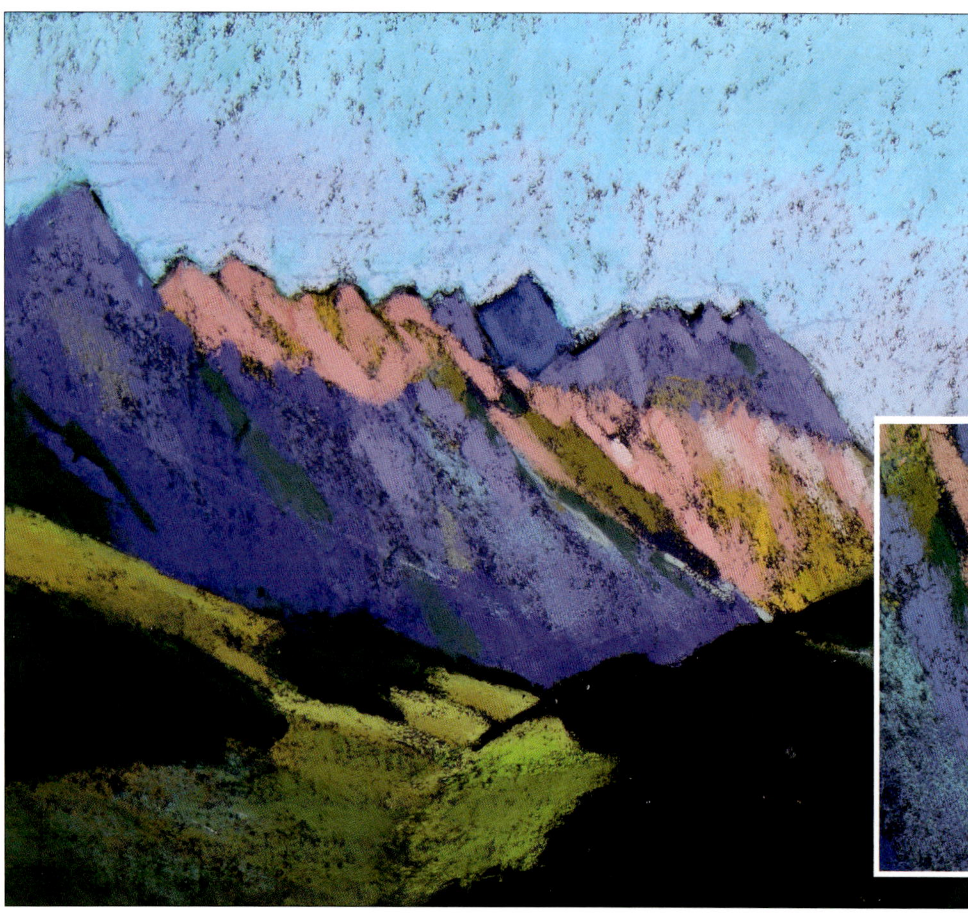

◀6▼

Den bisher wild gesprenkelten Himmel überzeichne ich dicht und kräftig mit der stumpfen Spitze der blauen Kreide. So treten die Berge sehr viel klarer und kontrastreicher ins Bild.
Auch anderswo belebe ich den Fels mit kräftigen Farbkontrasten und ziehe die Bergkämme kräftig nach.

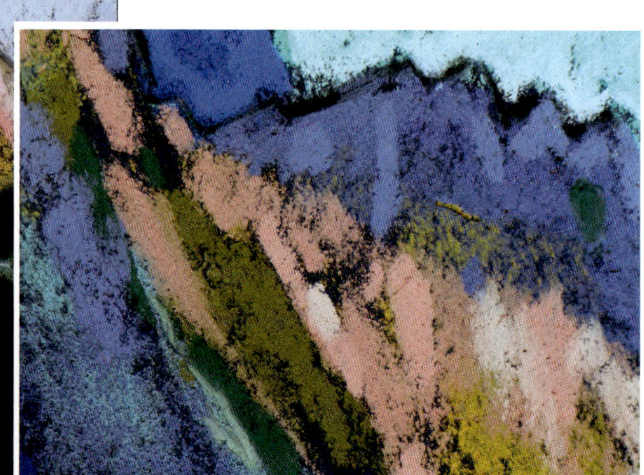

7 ▶

Auf der Bergflanke rechts liegt warmes Sonnenlicht in ebenso warmen Orangetönen, die noch das Grün aufhellen und unten im Schatten verschwinden. Ein spektakulärer Kontrast zum Rosa links auf den beleuchteten Felsen.

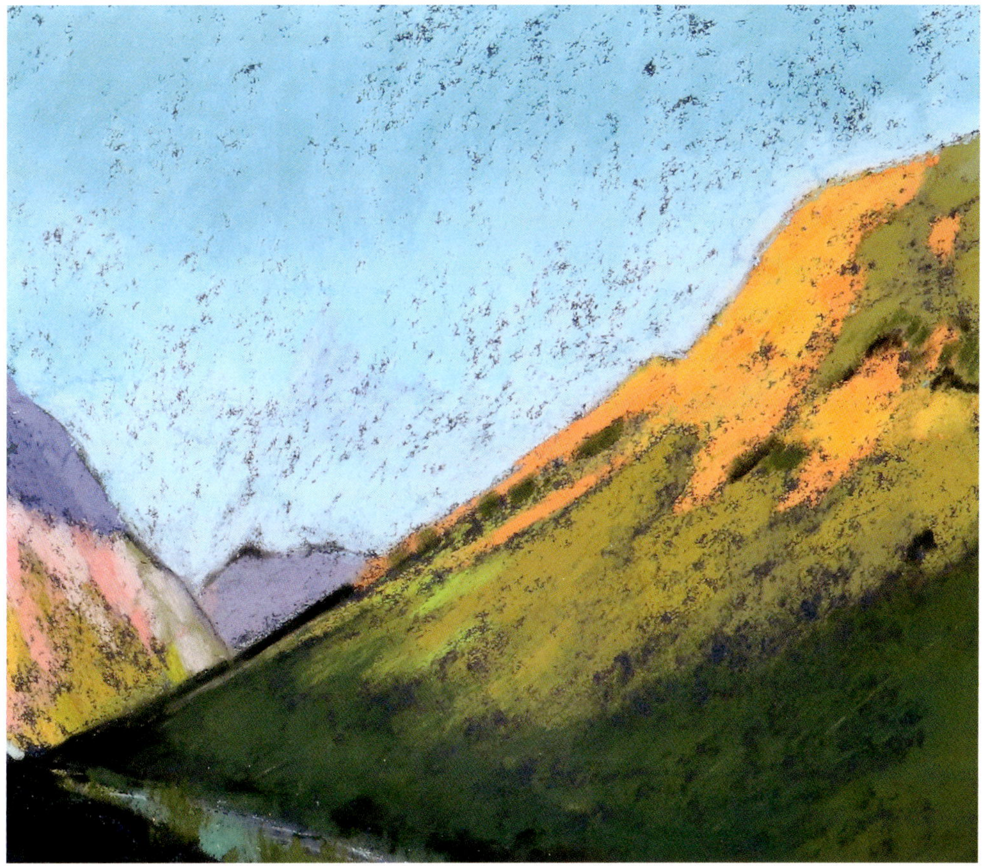

▼8

An die wenigen Details im Vordergrund mache ich mich erst, wenn das Bild im Großen und Ganzen steht. Hier ist das der in der Kurve hellgrüne Bewuchs mitsamt den weiß und dunkelrot aufgetupften Blumen und zuletzt – das Weiß kommt immer zuletzt – die Kreidestriche für den Zaun und die paar Markierungen auf der Straße. Fixieren!

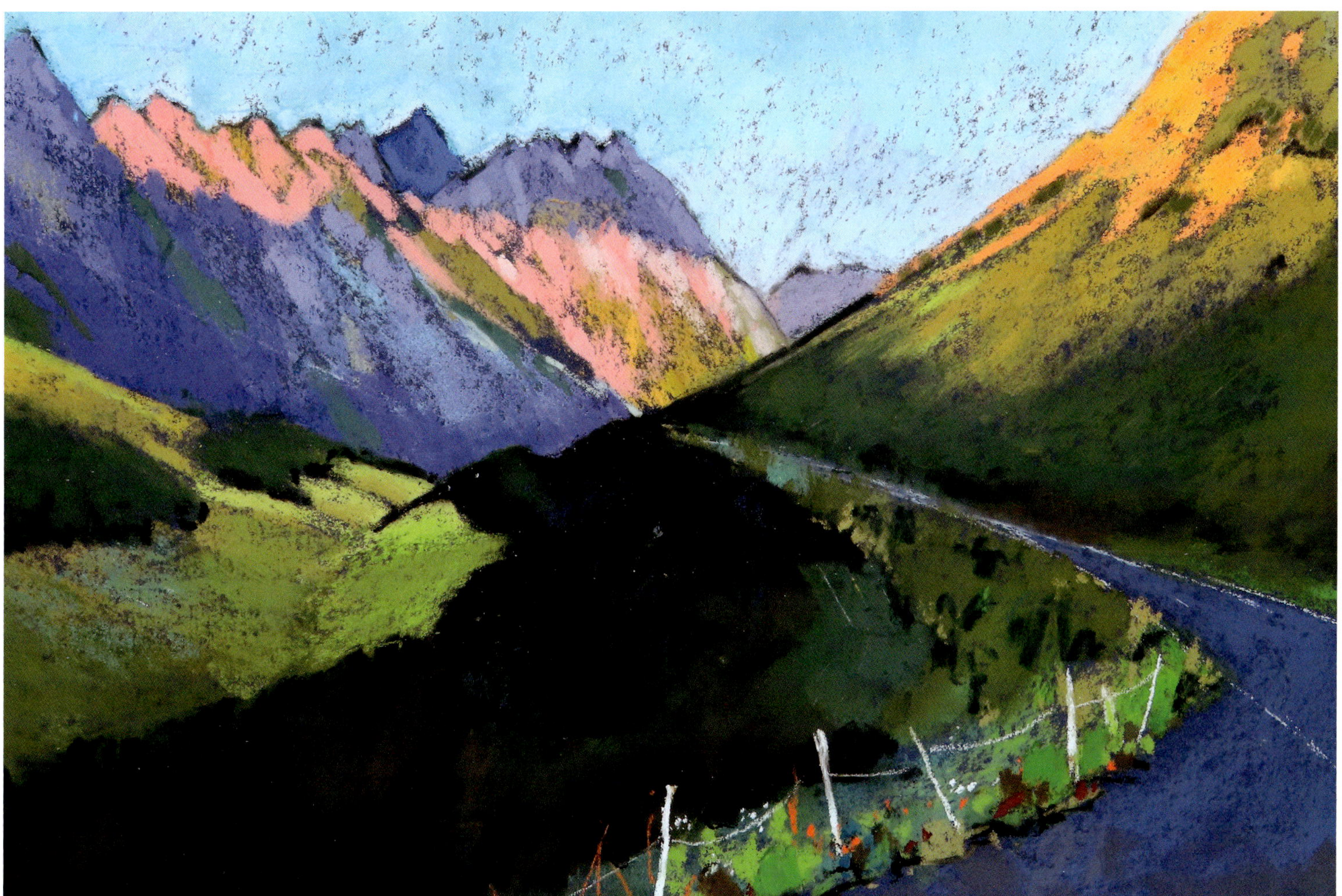

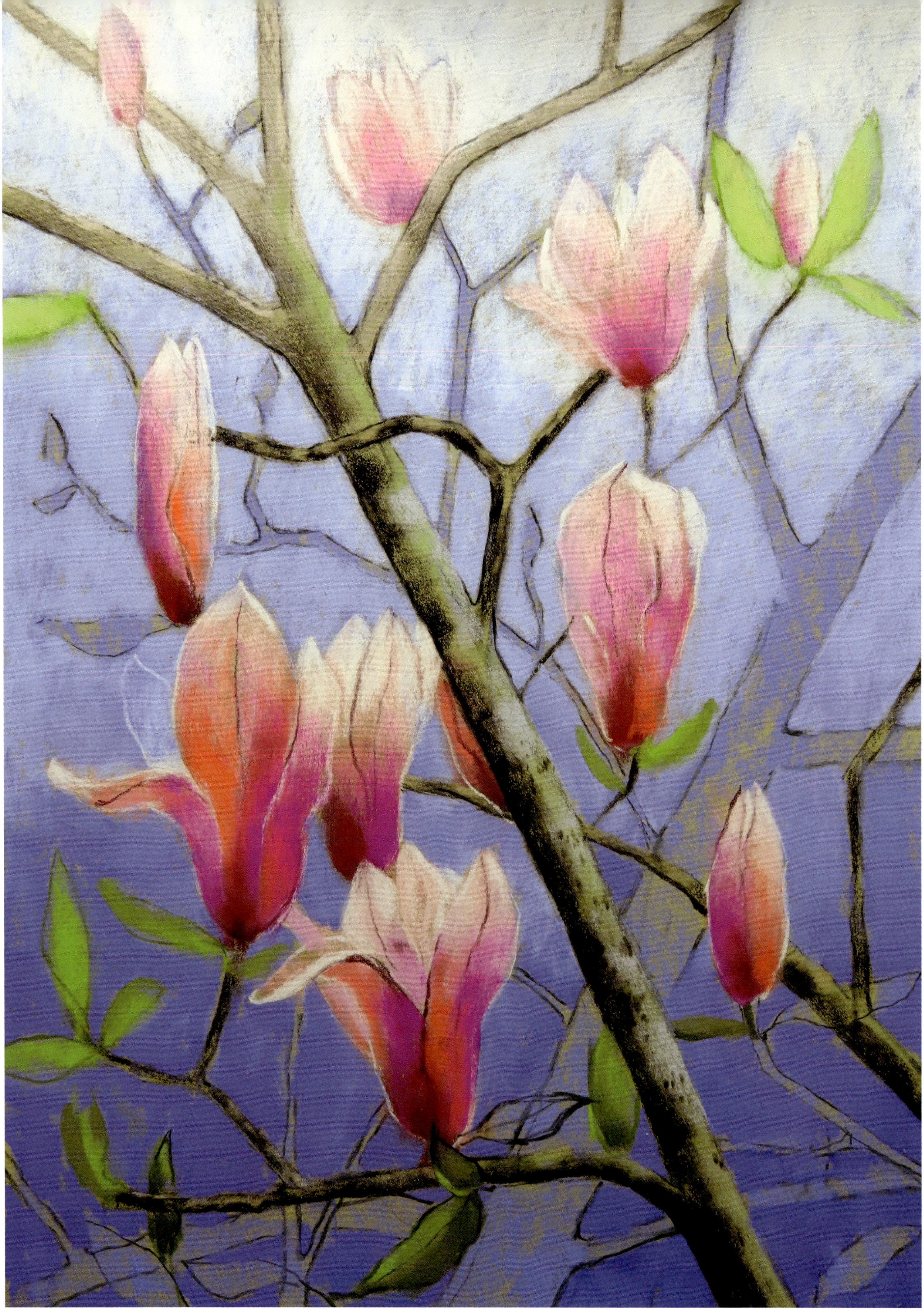

Magnolien

Der Frühling blüht auf und bleibt mit leuchtenden Pastellen in schöner Erinnerung. Farbverläufe, plastische Formen, Bildtiefe: Was zunächst so kompliziert wirkt, wird nach und nach zum einfachen Vergnügen.

Wie sind die Blüten geformt, wie sitzen sie auf den Zweigen und wie streben die Ästchen und Zweige in einem Magnolienbaum auseinander? Im Foto lassen sich die typischen Details recht gut erkennen. Dieses labyrinthische Gewirr sollte Sie freilich nicht entmutigen. Mit dem großen Ast, ein paar Abzweigungen und den entsprechend verteilten Blütenfarben haben Sie schon ein gutes Gerüst, das Sie Schritt für Schritt mit weiteren Zweigen füllen.

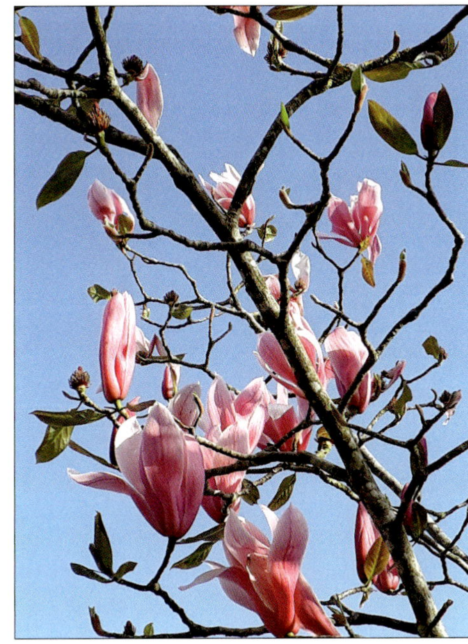

Das Foto als Vorbild für Blüten und Geäst

Mein Material:

- *Pastellkarton in Weiß (Pastelcard von Sennelier, 65 x 50 cm)*
- *Kohlestift, Pastellstift in Weiß, Pastellkreiden*

Video

Siehe S. 9

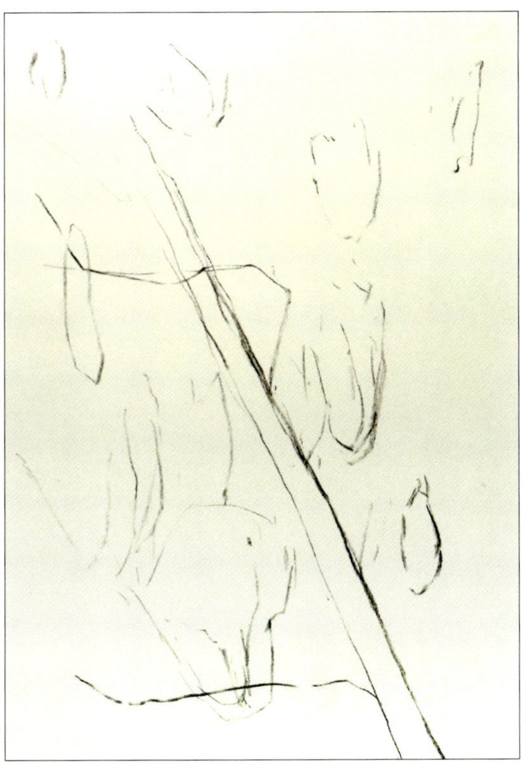

▲1

Die Skizze mit dem Kohlestift gibt erste Hinweise. Der Hauptast ragt schräg ins Bild und wird ringsum von den Blütenformen begleitet.

2 ▶

Den Ast zeichne ich nach, dann die Zweige weiter zu den künftigen Blüten, die ich mit den Kreiden gelb grundiere und rosa überzeichne. Dazwischen trage ich das Blau des Hintergrundes auf: unten kräftig und im Verlauf nach oben als helleres Himmelblau. Die Zweige fülle ich in Gelb.

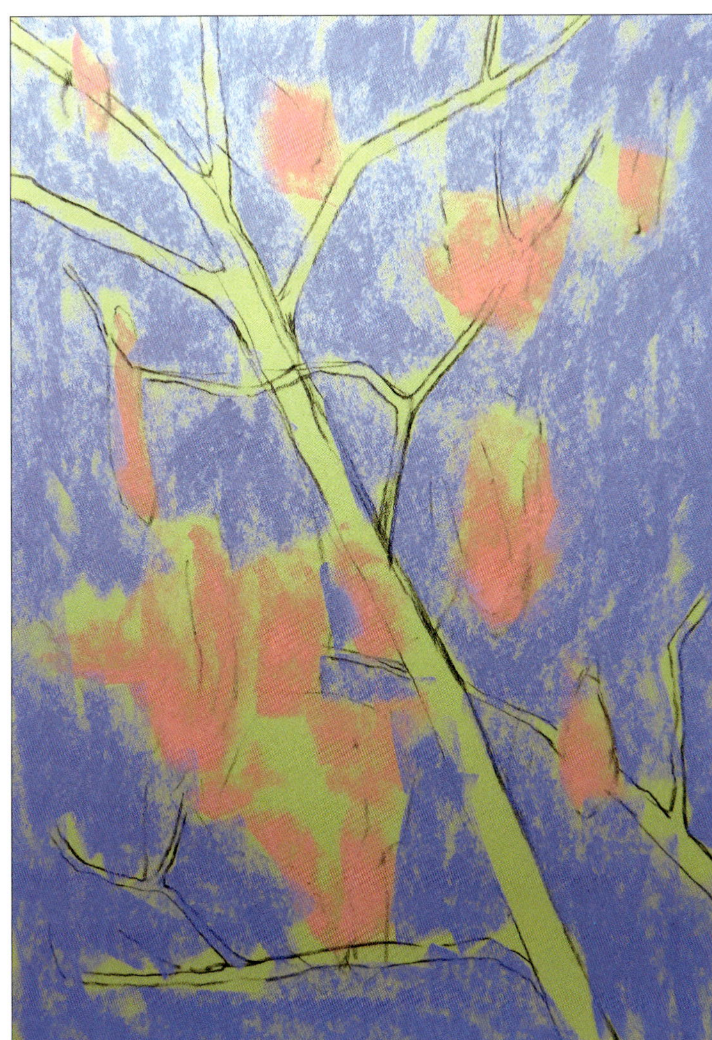

3

Weiter hinten zeichne ich weitere Zweige und Stängel sowie Blätter, die ich grün ausmale und – auch hier – unten kräftiger als oben. Das Licht kommt von rechts oben. Also schattiere ich im Vordergrund die linke und untere Seite der stärkeren Zweige. Die Blüten umrande ich mit dem weißen Pastellstift; innen fülle ich sie vom Stängel bis zur Spitze mit dunklem und hellem Rosa; von oben zeichne ich etwas Weiß hinein. Wiederum trage ich die Farbe der unteren Blüten kräftiger auf. Oben erscheinen sie als helle, undeutliche Formen, die nur noch dank der Lichtkonturen Gestalt annehmen.

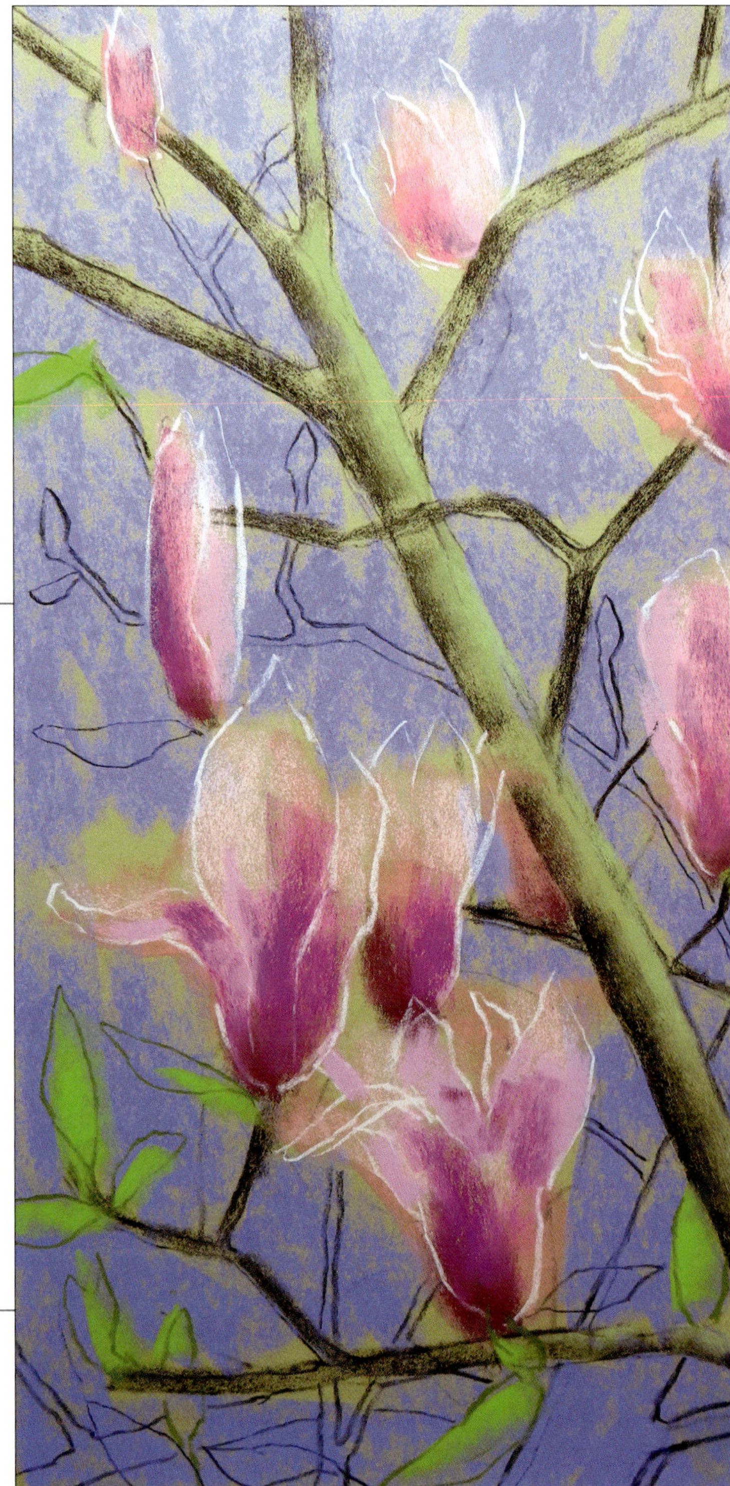

Tipp

Mit einer einheitlichen Farbfläche wirkt der Hintergrund, wenig erstaunlich, flach. Lassen Sie die Farbe jedoch nach oben hin nach und nach verblassen, so bringen Sie sogleich einen Hauch von Räumlichkeit ins Bild. Die kräftige Version einer Farbe kommt uns sozusagen entgegen, die helle zieht sich zurück. Und wenn Sie dafür noch ein Blau nehmen, ist der Effekt noch stärker: Der unten kräftige Ton wird oben im Himmel zum lichten Himmelblau.

Die Blütenfarben in dunklem und etwas hellerem Rosa. Beim Verdichten und Verblenden entstehen glatte Flächen.

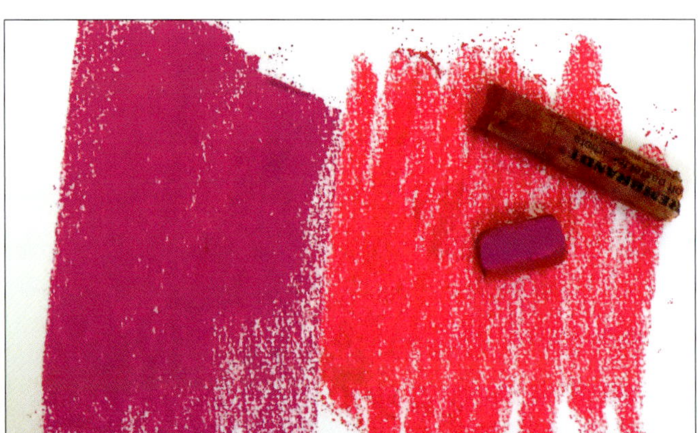

Tipp

Auch wenn es Sie reizen würde, erst einmal die eine oder andere Blüte oder einen Ast fertigzustellen: Springen Sie zwischendurch von Element zu Element. So bringen Sie das Motiv in allen Teilen gleichzeitig zur Reife (und die Blüten zum Blühen). Und Sie behalten jederzeit den Überblick über die Verteilung von Schatten und Farben: Was könnte dort noch fehlen? Was gibt es hier zu verstärken oder abzuschwächen, damit sich ein harmonisches Gesamtbild ergibt?

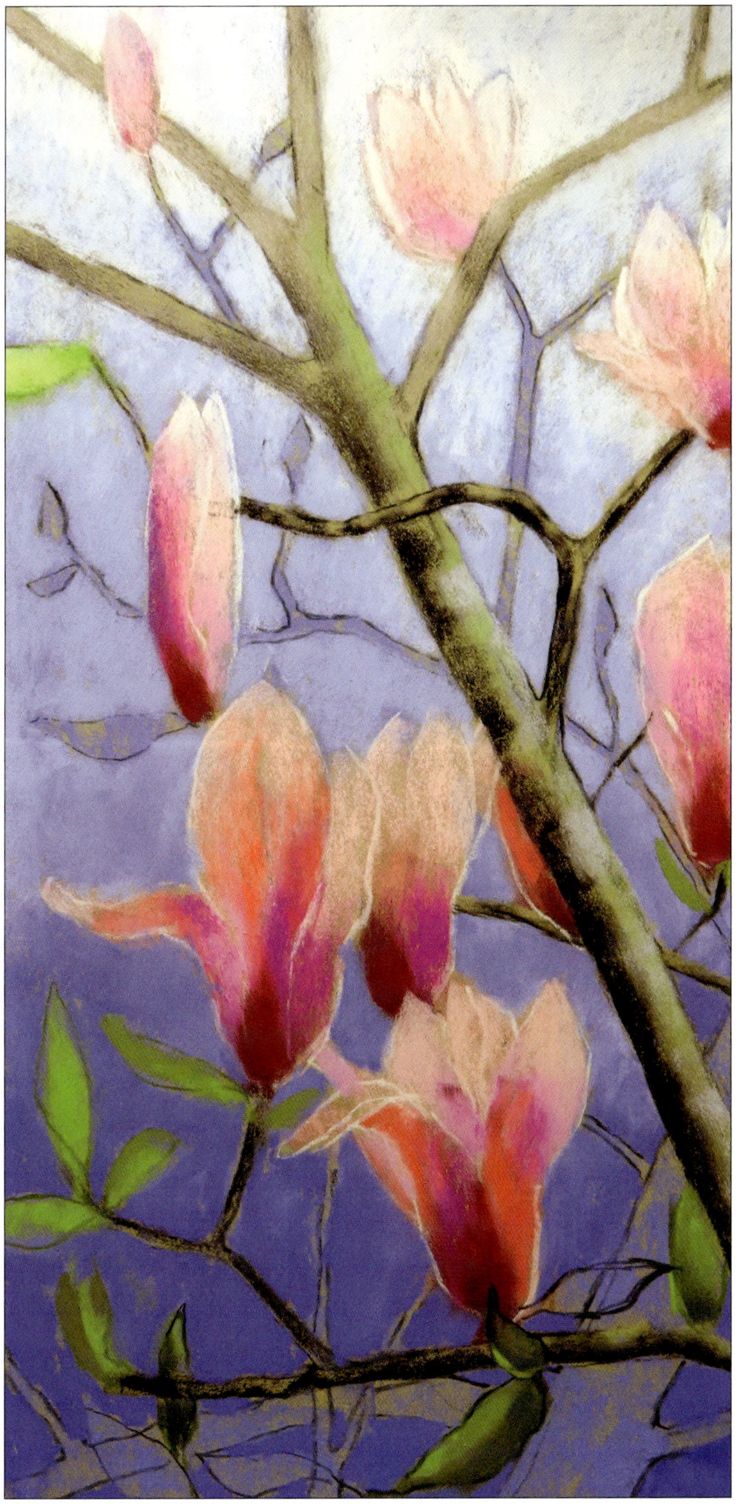

◀ 4

Hinten füge ich weitere dünne Zweige mit am Ende verdickten Knospen hinzu. Im Hintergrund male ich die Zweige flächig in Blau aus, also ohne sie zu schattieren. So rücken diese Bildteile in den Hintergrund. Hingegen treten die dunkel und detailreich ausgearbeiteten Zweige stärker nach vorne, denen ich beim Glätten der Rinde Volumen gebe. Auch die einzelnen Blütenblätter werden stellenweise mit Rottönen aufgefrischt.

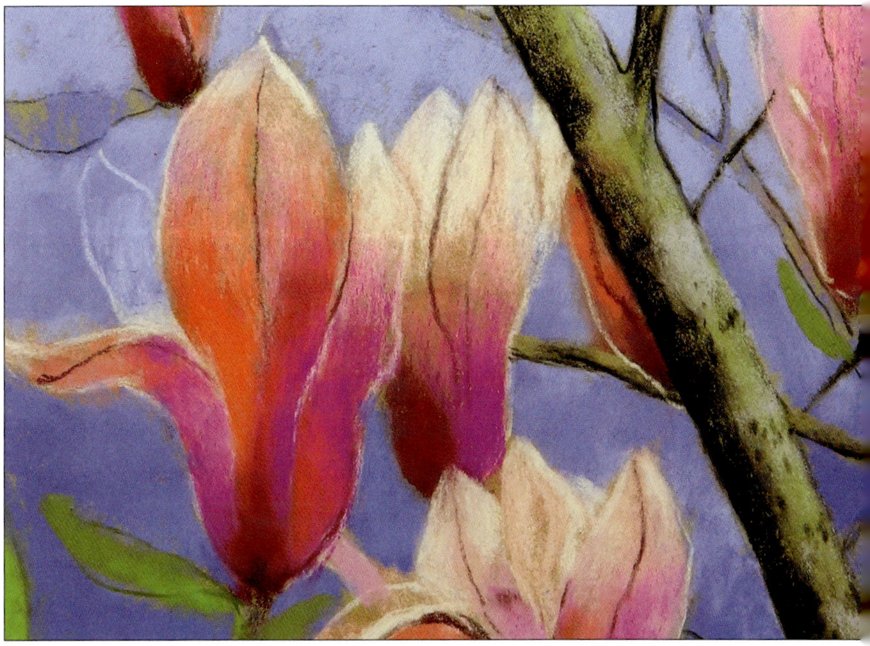

▲5

In den letzten Schritten arbeite ich Details nach. Für dünne Linien nehme ich den Pastellstift, für stärkere die Ecke des Stäbchens und zum Tönen von Flächen einen Kreidestummel. Da und dort lasse ich noch ein Blatt hervorlugen oder modelliere einzelne Blütenblätter mit Licht und Schatten nach. Fertig? Fixieren!

▶

Mit einem kleinen Kreidestück sind es nur kurze Wege von der Hand zum Bild. So lässt sich sehr direkt und präzise zeichnen.

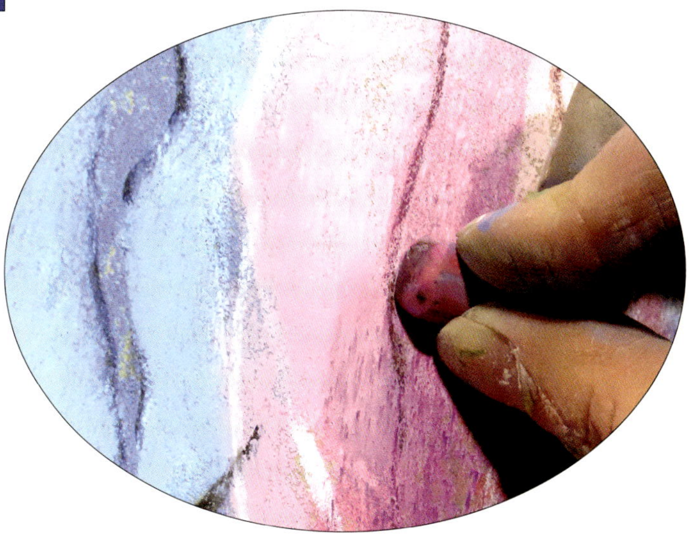

Sommer!

Eine verträumte Sommerlandschaft in Pastell – eigentlich nicht spektakulär, doch besonders stimmungsvoll und fast impressionistisch.

Hier liefert die Natur selbst (und das Foto) eine ebenso einfache wie wirkungsvolle Bildkomposition: Der Baum als Blickfang ist etwas rechts aus der Mitte gerückt. Der Weg zieht den Blick diagonal durchs Bild und in die Ferne, wo er sich im Wald verliert. Die vorne warmen und hinten kühlen Farben verstärken die Tiefenwirkung.

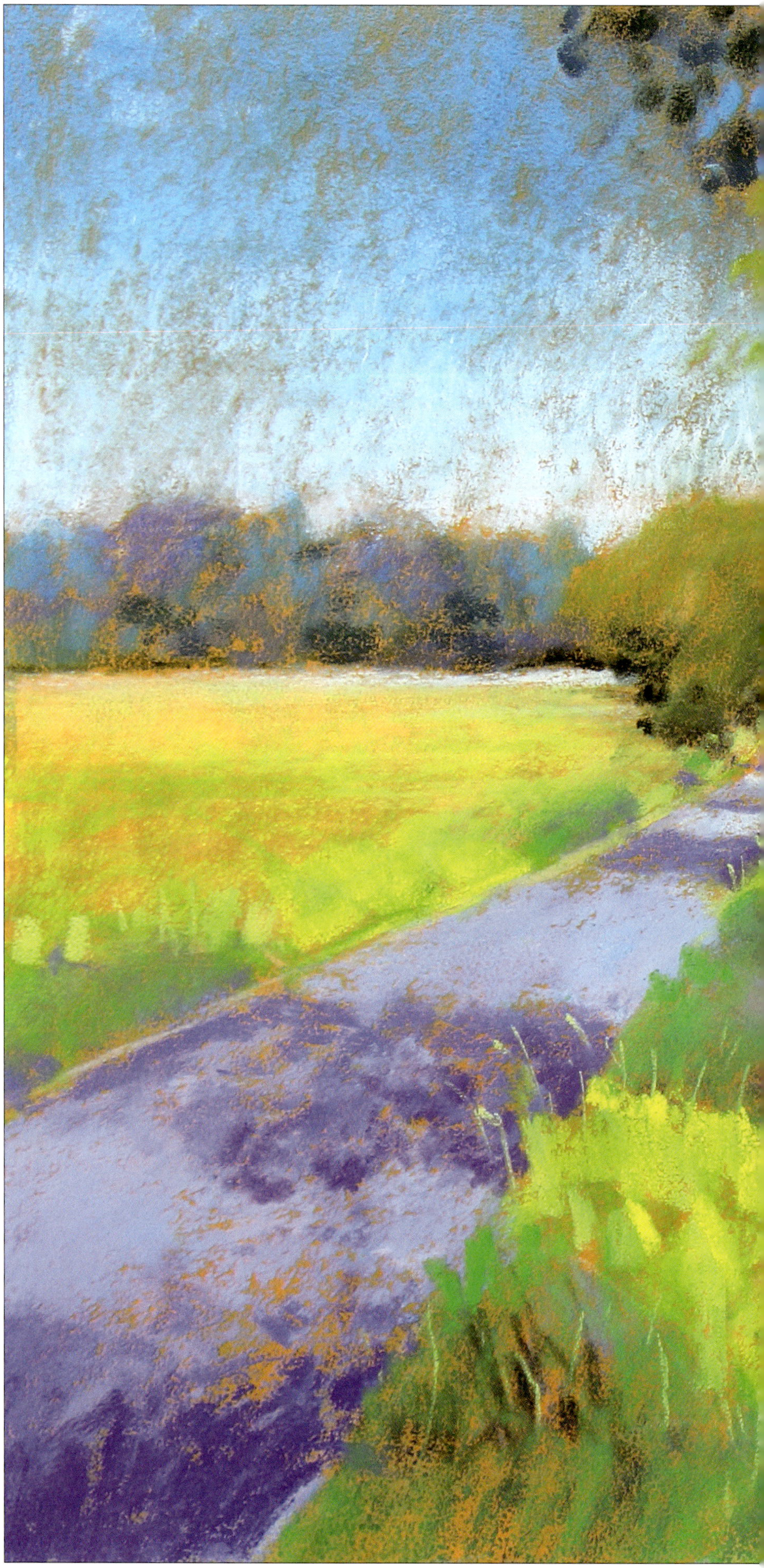

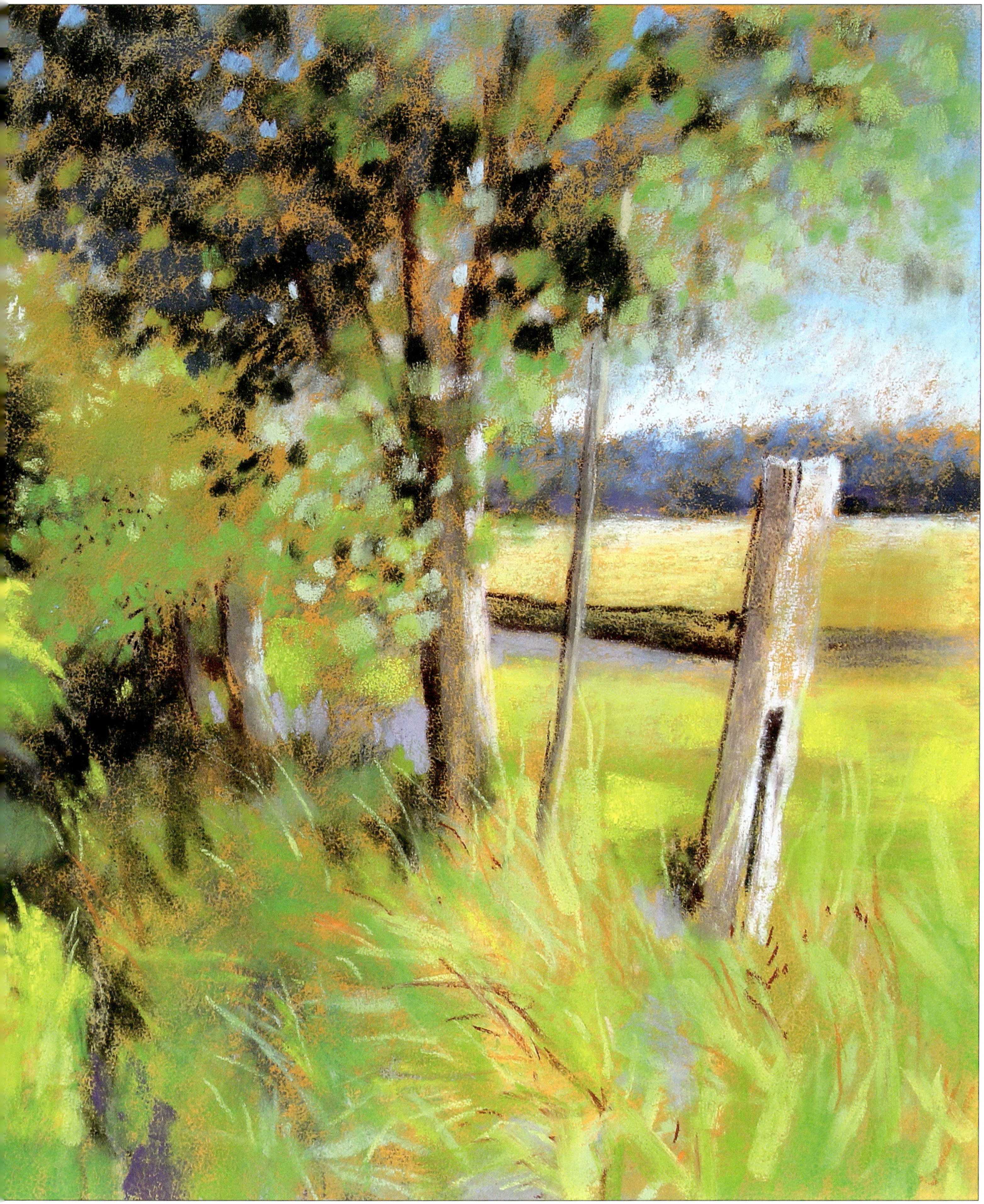

Mein Material:

- *Pastellpapier in Blaugrau, Mi-Teintes Touch von Canson*
- *Pastellkreiden*
- *Pastellstifte*
- *Pinsel*
- *Alkohol (96 %) oder Ethanol*

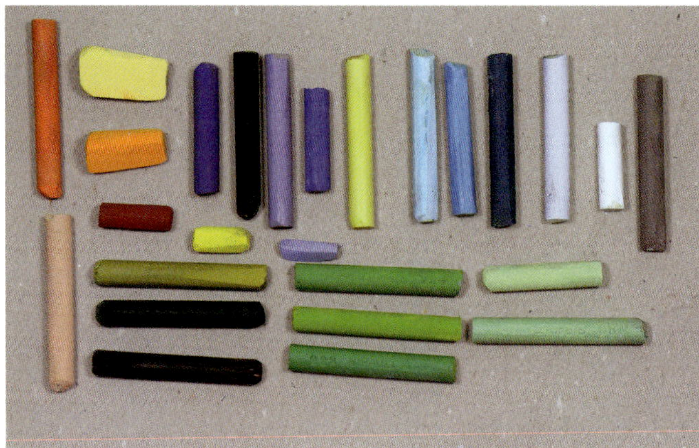

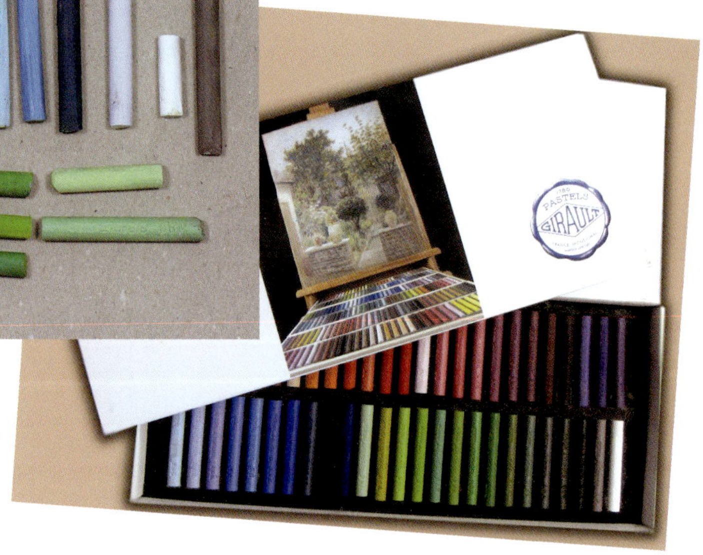

⊕ Video
Siehe S. 9

In diesem Bespiel verwende ich die Pastellfarben der französischen Firma Girault, mit denen sich wunderbar malerisch zeichnen lässt. Die französische Firma stellt ihre Pastelle seit 250 Jahren her. Es ist ein spannender Gedanke, dass schon die Impressionisten mit diesen Farben gearbeitet haben.

Viel anders als hier mögen Landstraßen auch damals nicht ausgesehen haben, damals vielleicht mit tiefen Wagenspuren und nicht glatt asphaltiert. Das Foto entstand allerdings nicht in Frankreich, sondern in Deutschland bei einem Familienpicknick auf dem Weg nach Weimar. Das Pastell fertigte ich wenig später im heimatlichen Atelier an.

Die Pastellkreiden von Girault. Es macht Freude, mit vielen verschiedenen Tönen zu arbeiten!

1 ▶

Das Motiv verdient eine sonnige Grundierung. Auf dem graublauen Pastellpapier deute ich mit der orangefarbenen Pastellkreide die groben Landschaftsformen an und verwische sie etwas. Sodann vermale ich die Flächen mit dem Pinsel und reinem Alkohol (96 Prozent) oder Ethanol. So entsteht ein malerischer Hintergrund.

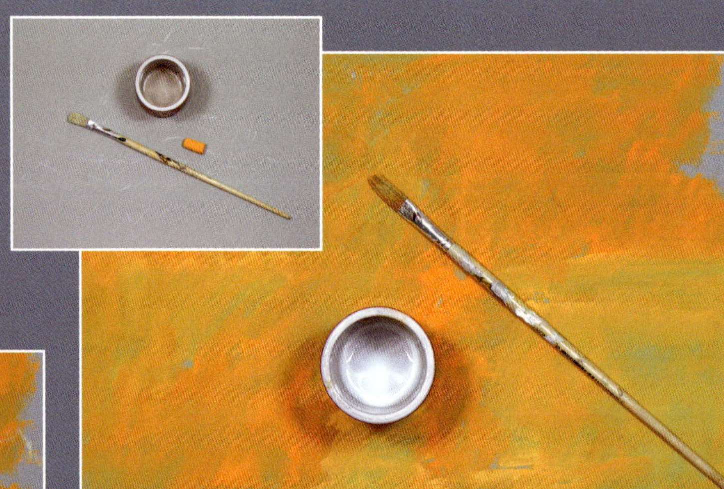

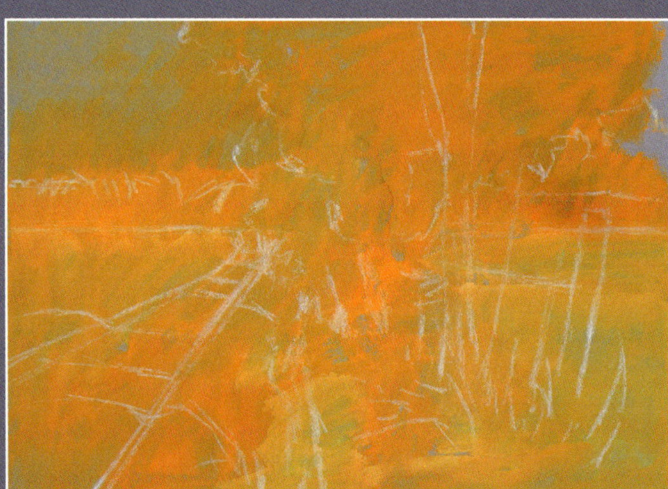

◀ 2

Das Papier (Canson Mi-Teintes Touch) verträgt die Feuchtigkeit gut. Der Alkohol verdampft schnell, sodass ich sogleich weiterzeichnen kann. Mit dem weißen Pastellstift skizziere ich flüchtig den Weg, die Stämme und die ferne Baumkulisse.

Das Foto liefert dazu Anregungen, lässt mir aber natürlich alle kreativen Freiheiten. Das Pastell soll ja keine Kopie, sondern etwas ganz Eigenes werden!

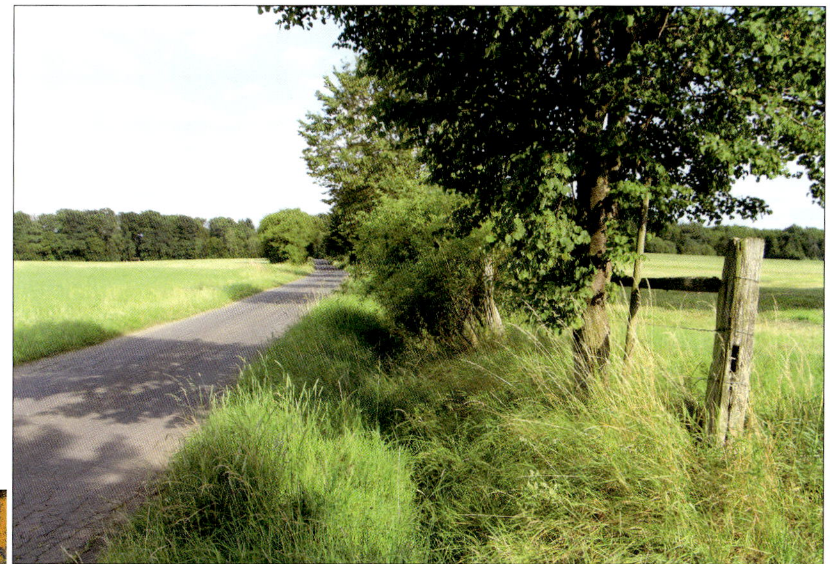

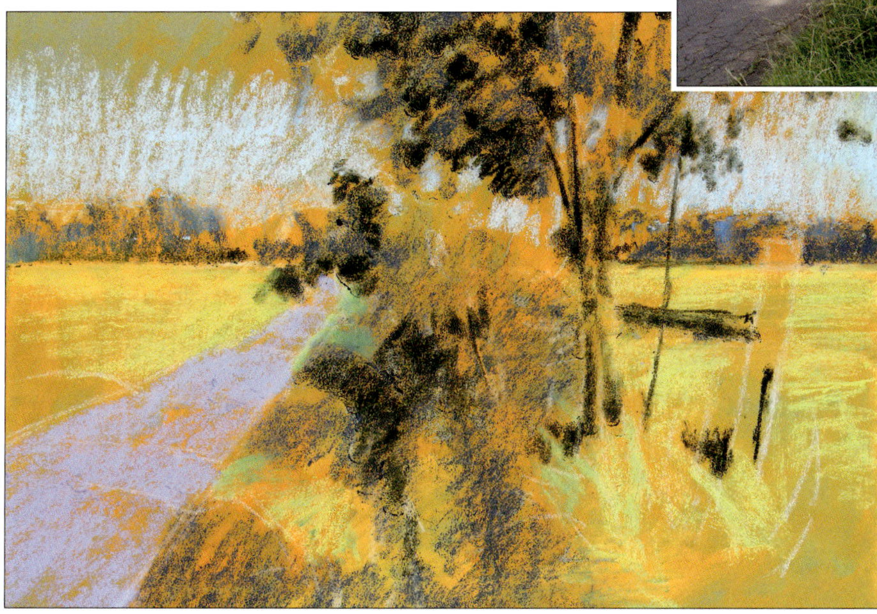

◀ 3

Nach und nach werden die dunkelsten und hellsten Elemente gezeichnet. Das Licht fällt von rechts ein, also liegen die Schatten links. Der starke Kontrast und die orangefarbene Grundierung bringen Frische und eine besondere Lichtstimmung ins Bild: Strahlende Sommersonne liegt auf der Landschaft!

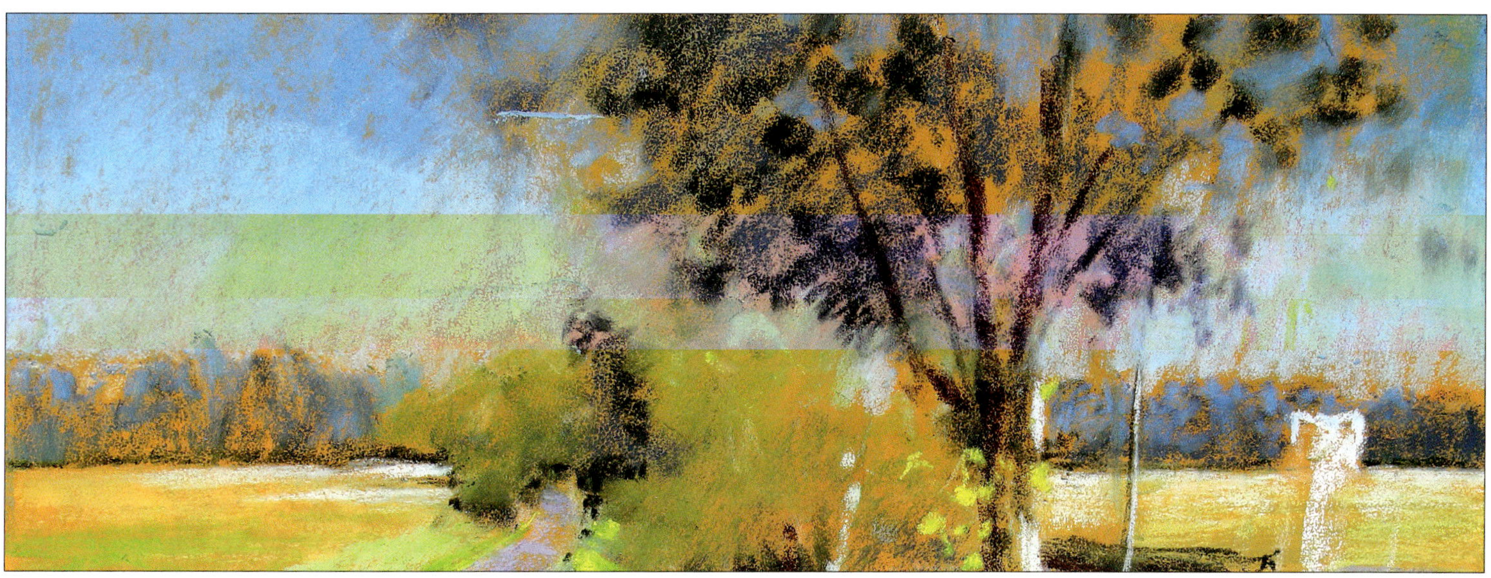

▲ 4

Am Himmel übertöne ich das Orange mit unten hellen, nach oben hin dunkleren Blautönen. So erscheint der Himmel nicht als Fläche, sondern wölbt sich über die Landschaft, wo ich nun viele verschiedene Grüntöne einfüge: kühles Blaugrün für die Ferne, warmes Grün mit einem Hauch Gelb im Vordergrund. In ähnlicher Weise verändern sich die Grüntöne auch beim Blick in die „wirkliche" Landschaft, was wiederum auch Tiefe ins Bild bringt.

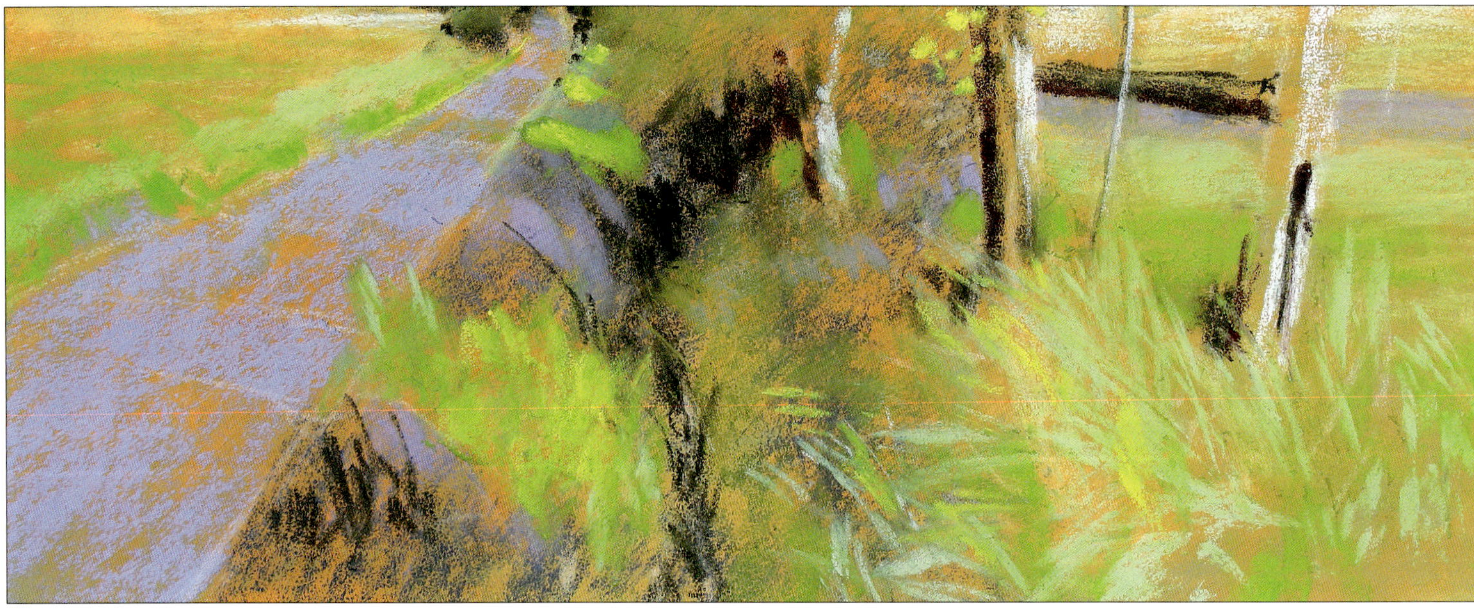

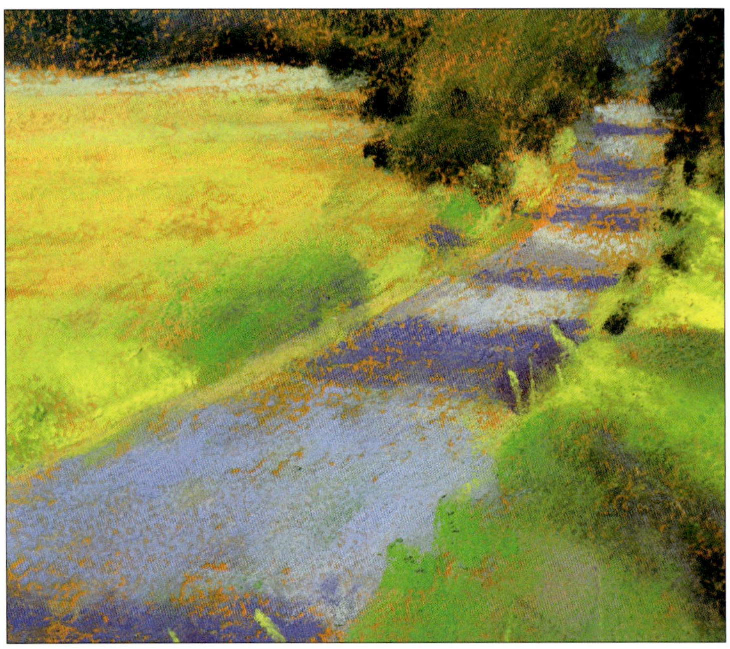

▲5

Beim Ausarbeiten wechsle ich immer wieder zwischen den verschiedenen Bildteilen. Hier lege ich den Vordergrund an …

◀ 6

… und zeichne auf den Weg die Baumschatten, wo unter dem Blau immer noch das Orange durchblitzt.

▼7

Auch im Grün und Gelb der Wiese und Sträucher am Wegrand spielt die Untermalung mit und gibt alldem seinen sonnigen und lebendigen Charakter. Die Halme wogen nach Art von flüchtigen Pinselstrichen malerisch im Wind – fast impressionistisch!

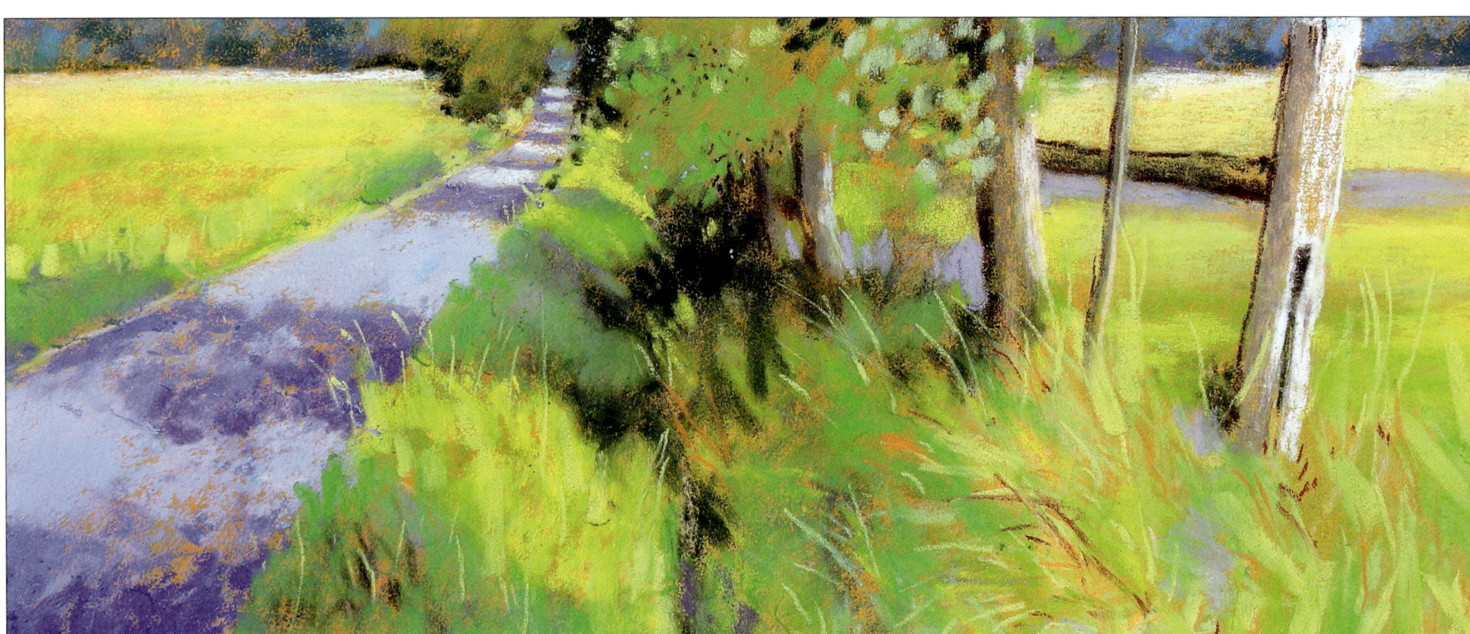

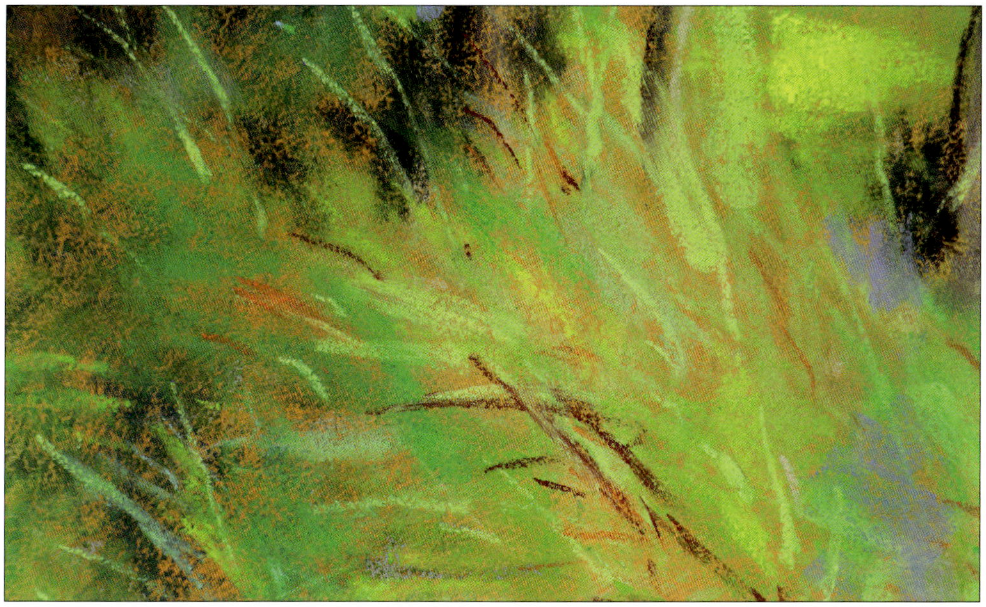

◀ 8

Im hohen Gras wechseln sich dünne und breite, dunkle und helle Striche ab. Das geht ein wenig kreuz und quer, aber generell immer mit der Windrichtung.

9 ▶

Im Gebüsch und in der Baumkrone verstärke ich die Kontraste. Die dunklen und weißen Flecken bringen Bewegung ins Laub und setzen es in ein flirrendes Licht. Mit Licht und Schatten werden auch die Pflöcke, Stämme und Äste modelliert.

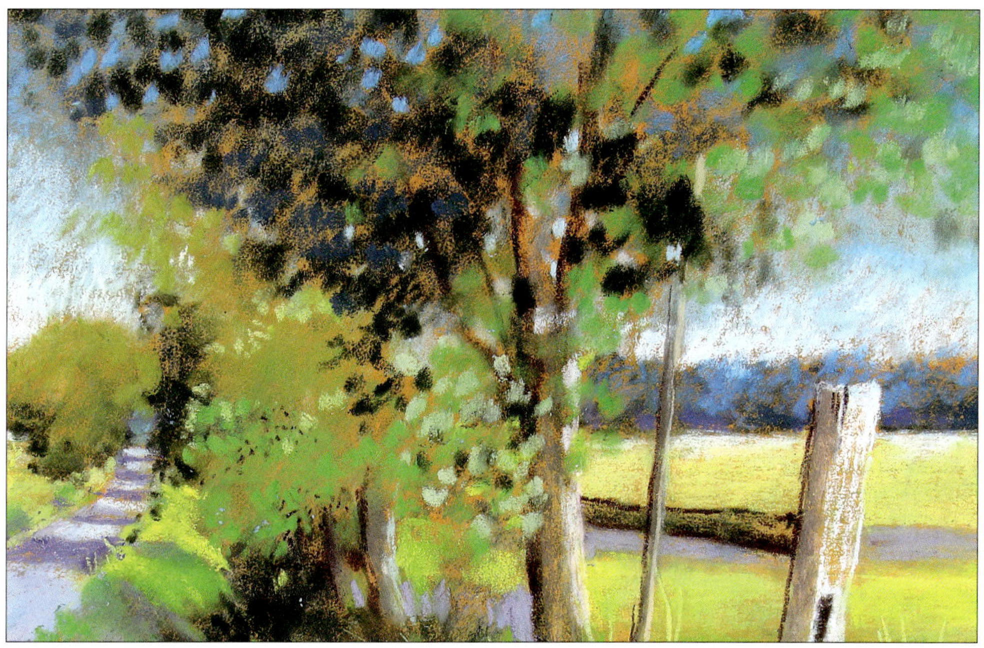

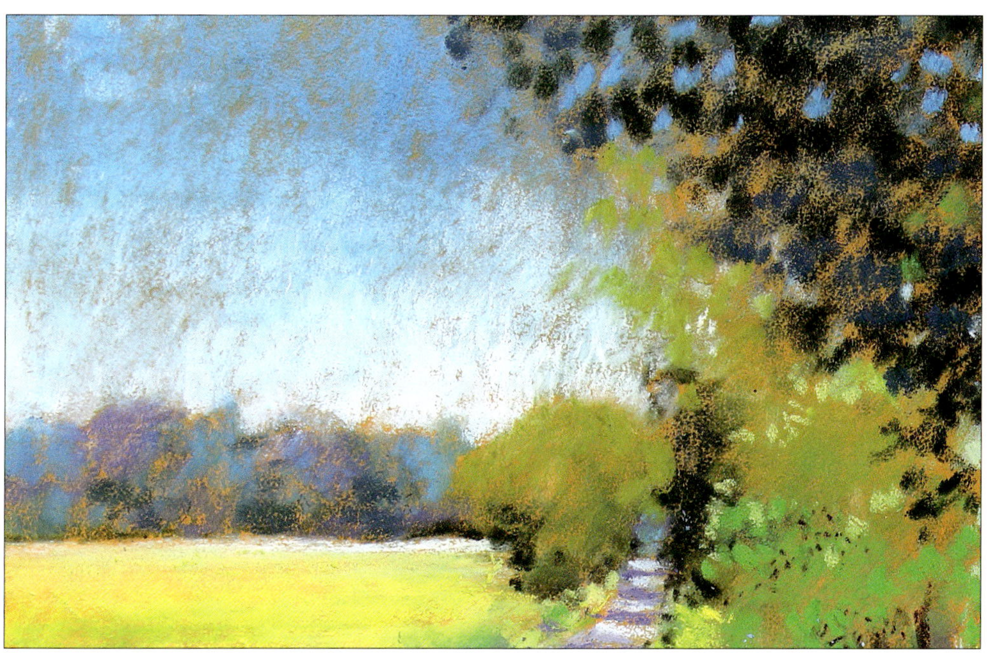

◀ 10

Ein letzter Blick: Am Himmel fehlen noch ein paar Federwölkchen. Die Wiese links wird hinten aufgehellt. In der Ferne setzt sie sich mit weißen Strichen von der Baumreihe ab, die ich dann noch verdeutliche. Fertig!

Ente im Porträt

Köpfchen zwischen die Flügel, dazu eine illustrative Umgebung: So wird aus dem Porträt ein dekoratives Gesamtbild.

Natürlich kann man auf den Hintergrund immer auch verzichten und zum Beispiel der Ente den Charakter einer Tierstudie geben. Mir persönlich macht es viel mehr Freude, das Motiv mit kräftigen Farben und Strukturen zu begleiten – Pastelle sind dafür wie geschaffen. Gerade für einen abstrakten Hintergrund ergeben sich fantastische Möglichkeiten, mit flächigen Formen und Texturen zu spielen. Mit Hintergrundfarben kann ich die Töne im Federkleid hervorheben und Muster wiederholen, bis sich daraus ein einheitliches Gesamtbild ergibt.

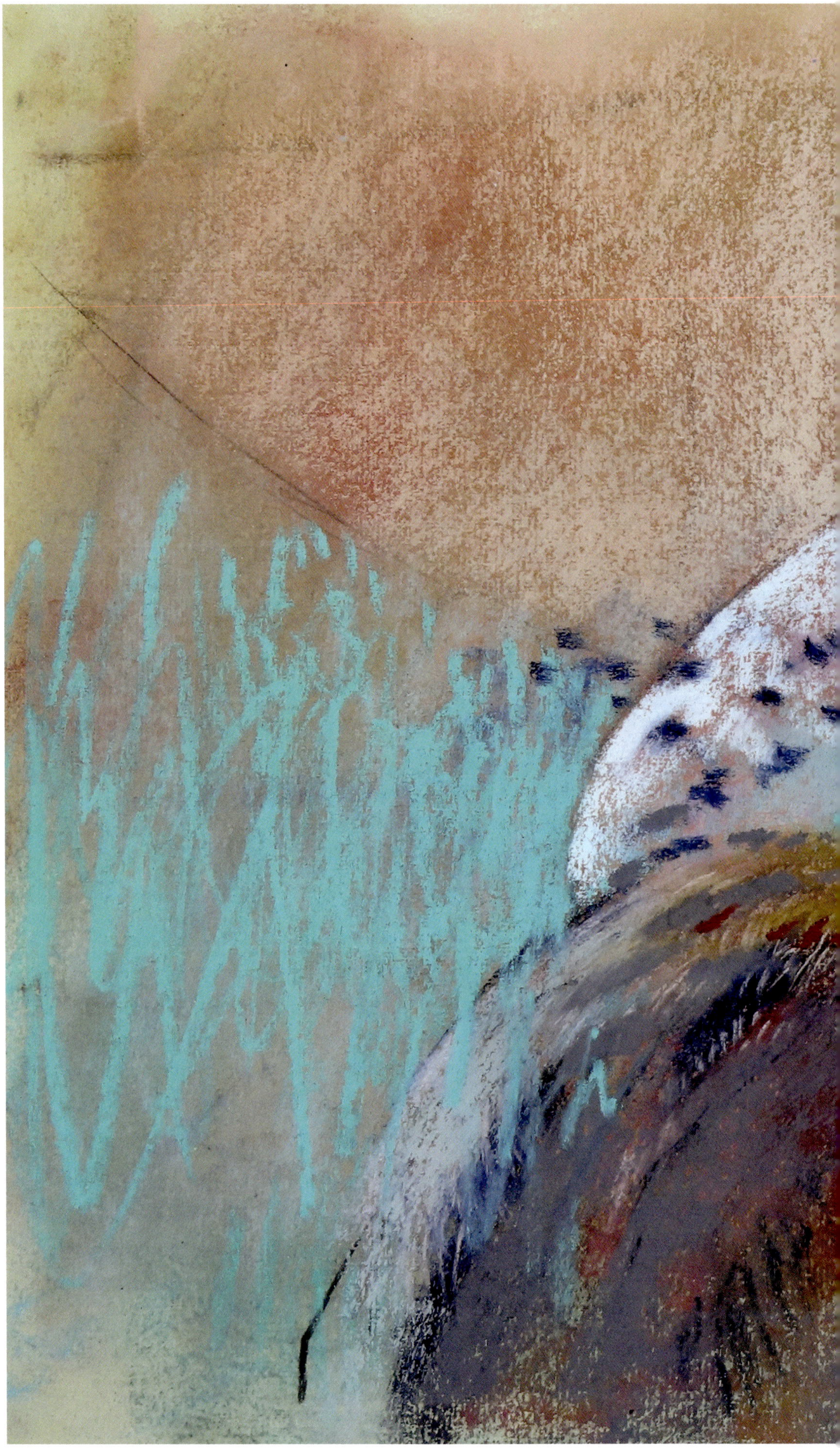

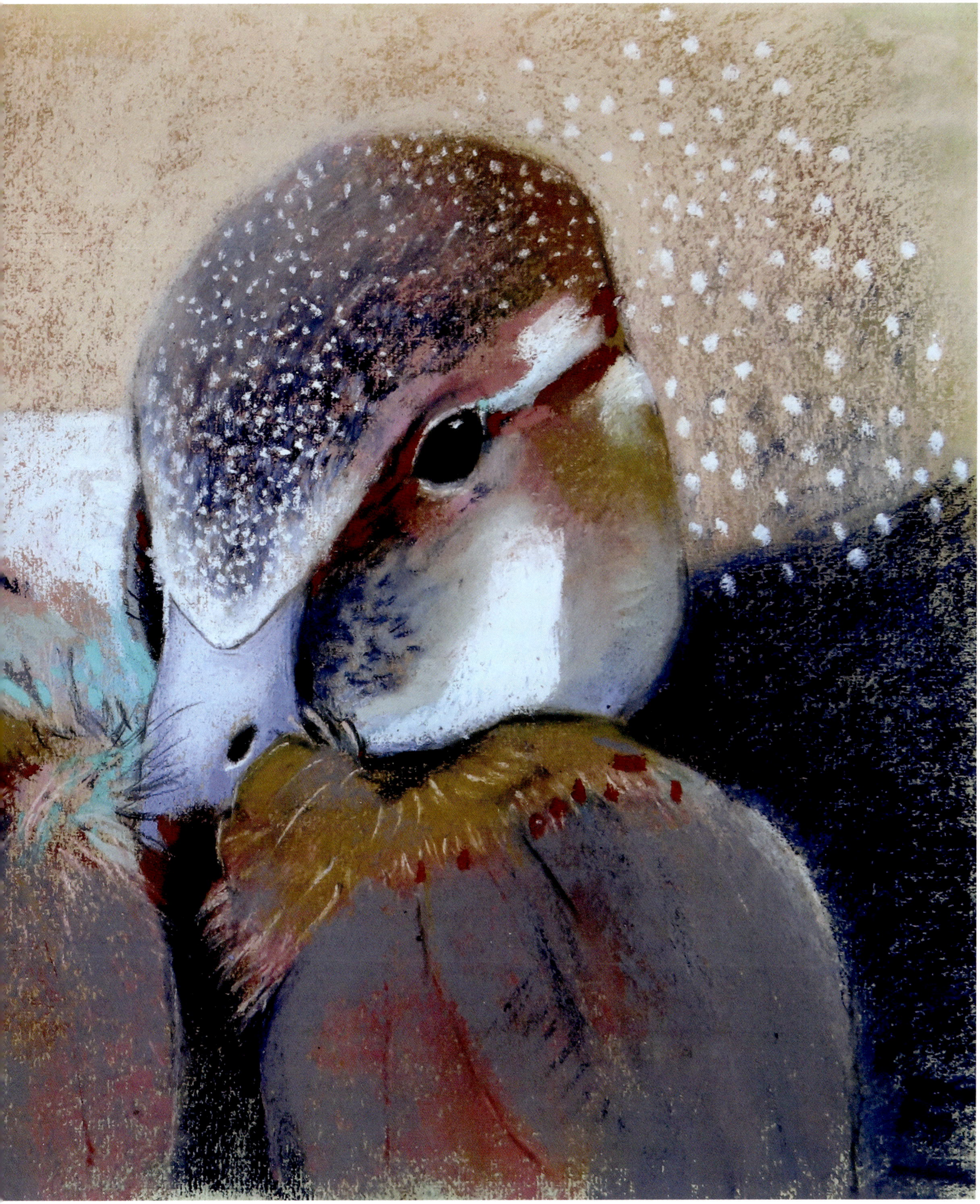

Themenwechsel …

Das ist eine der vielen schönen Seiten an der Pastellmalerei: Man kann sich per Versuch und Irrtum einem Motiv oder einer Bildidee nähern und alles, was dann doch nicht zufriedenstellend ausfällt, verwerfen – wegwischen, übermalen, umfärben. Und sogar unterwegs abbiegen und einen neuen Weg zu einem neuen Motiv einschlagen. Nichts ist fix, solange nicht alles fixiert ist. Dann können Sie nichts mehr löschen, allerdings auch auf dem aufgesprühten Fixierfilm immer noch prima weiterzeichnen.

Wenn Sie also das sichere – oder mulmige – Gefühl haben, dass aus einem bestimmten motivischen Vorhaben nichts wird, dann wird vermutlich auch nichts draus. Jedenfalls mir geht es so, und dann lehrt mich die Erfahrung (und hier das Ferkel), dass ich mich an einem solchen Projekt nicht verbeißen soll, sondern eine radikale Entscheidung treffen muss.

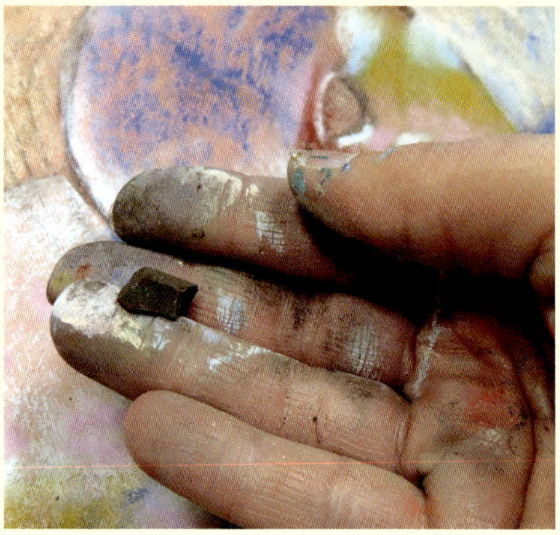

Manchmal zerbricht ein Pastellstäbchen beim Zeichnen. Macht nichts. Meistens lässt sich mit dem Stummeln sogar besser zeichnen (weshalb ich Stücke oft absichtlich abbreche). Bei Detailarbeiten liegen sie gut in der Hand, und wenn Sie den Stummel mit der Breitseite auflegen, haben Sie größere Flächen schnell eingefärbt. Bewahren Sie auch kleine Stücke in einem Behälter auf, vielleicht werden sie zu Rettern in der Not!

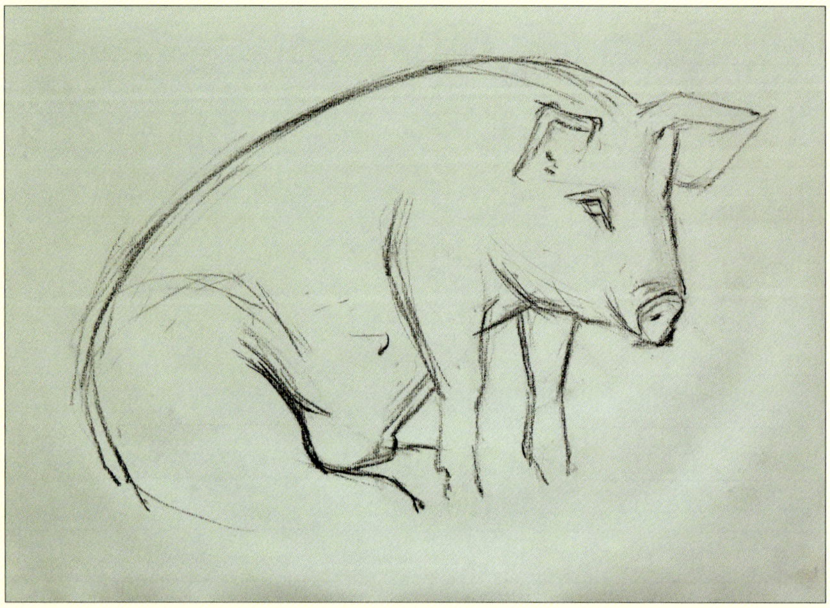

Dieses Ferkel also habe ich zunächst auf grauem Ingres-Pastellpapier mit dem Kohlestift skizziert.

Material

- *Ingres-Pastellpapier (von Hahnemühle)*
- *Kohlestift*
- *Pastellkreiden*
- *Pastellstift in Weiß*

Danach habe ich die passenden Farben gesucht, mit weichen Pastellkreiden aufgetragen und mit dem Tuch verwischt: den Boden und die Rückenpartie in Ocker- und Rottönen, darüber Türkis. Einerseits war ich damit unzufrieden, also weg damit. Andererseits bin ich ein sparsamer Mensch; gutes teures Papier (hier das sanfte Ingres-Pastellpapier von Hahnemühle) mitsamt dem Farbgrund zu entsorgen kam nicht infrage. Manchmal hilft es, ein Bild zu drehen: unten nun bläulich, oben rötlich. Und dazu fiel mir das Foto einer Ente ein, die den Kopf zwischen die Flügel steckt.

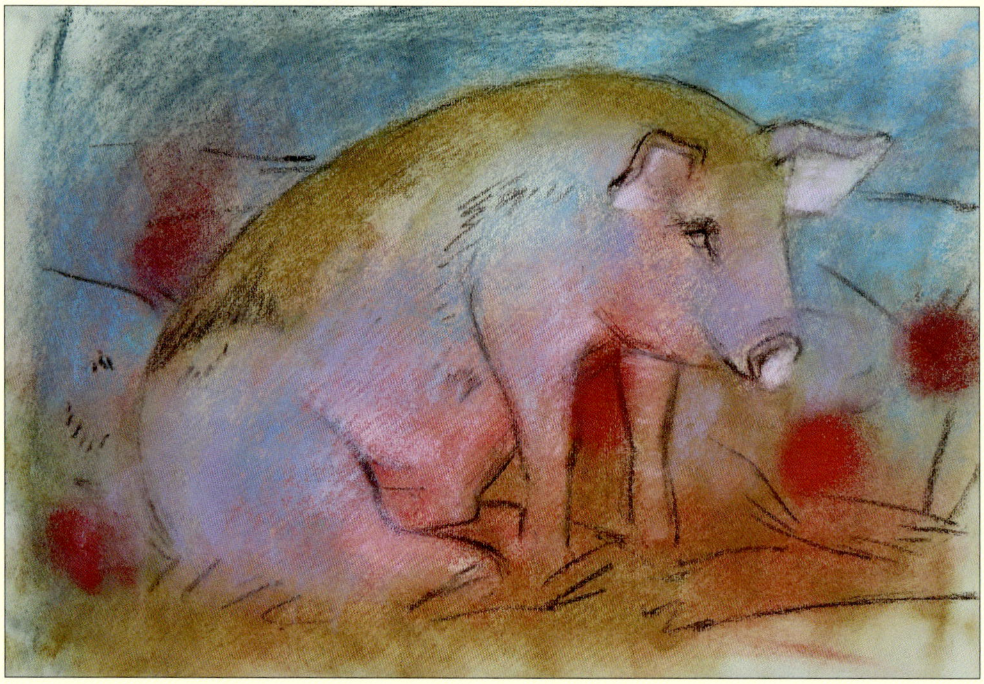

Und hier sehen Sie, wie aus dem zweifelhaften Ferkel links eine unzweifelhaft hübsche Ente werden konnte.

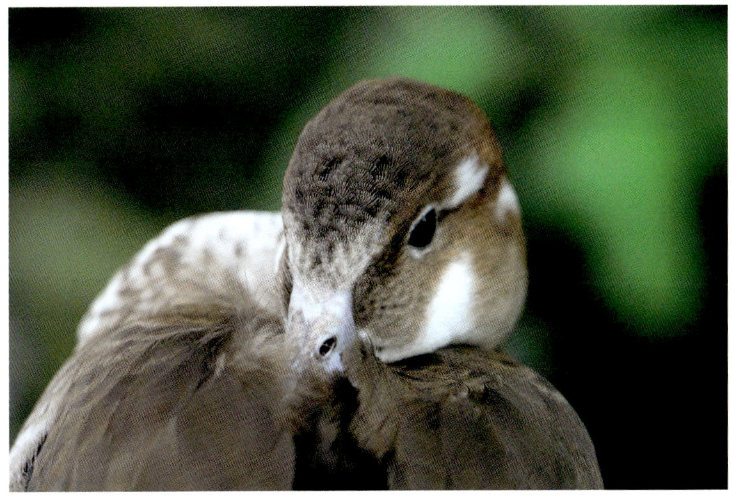

Tipp

Kümmern Sie sich beim Untermalen wenig um die zoologisch korrekten Farben des Federkleides – die Ente im Foto ist farblich ohnehin nicht besonders interessant. Halten Sie sich an die Gestalt und nehmen Sie sich ansonsten so viel künstlerische Freiheit, wie es Ihnen gerade gefällt. Greifen Sie beherzt zu den Pastellen, die Harmonie und Spannung ins Erscheinungsbild bringen. Und probieren Sie die Wirkung aus, später kann sich farblich noch allerhand ändern.

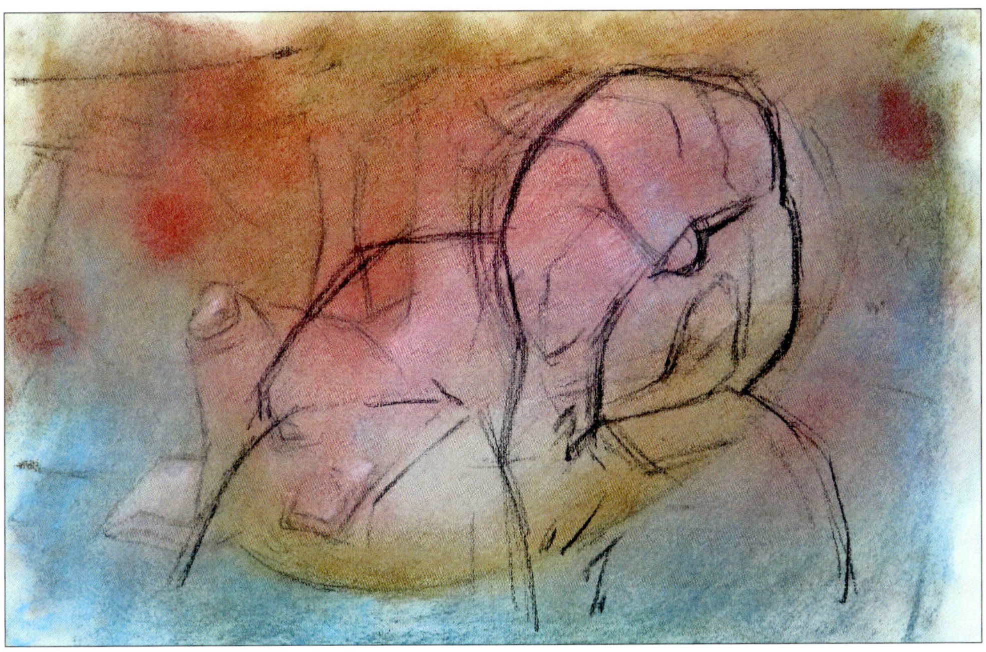

⊕ Video

Siehe S. 9

◀ 1

Die Skizze mit kräftigen Kohlestrichen auf dem wiederverwerteten Farbgrund. Das vorläufige Ferkel habe ich verwischt, im Hintergrund zeichnet es sich schwach ab – besser zu sehen, wenn Sie das Buch verkehrt aufschlagen. Später verschwindet die „falsche" Zeichnung unter den Pastellfarben. Die kräftigen Konturen der Ente hingegen bleiben stellenweise sichtbar.

2 ▶

Mit der flachen Seite der Kreidestummel trage ich weitere Farben auf. Dabei teile ich den Hintergrund in drei Farbfelder auf: oben im großen Bogen mit Weiß über das ursprüngliche Rot und Blau. Links wird das ein helles Türkis, rechts ziehe ich kurze und kräftige blaue Striche vom Kopf weg. Das Flügelpaar vorne färbe ich in mehreren Schichten aus Rot-, Blau- und Ockertönen, die sich deutlich vom Kopf und Rücken absetzen. Der Schnabel erhält ein glatt aufgetragenes helles Türkis, der Kopf wird mit Blau, Ocker und Weiß modelliert und ausgearbeitet.

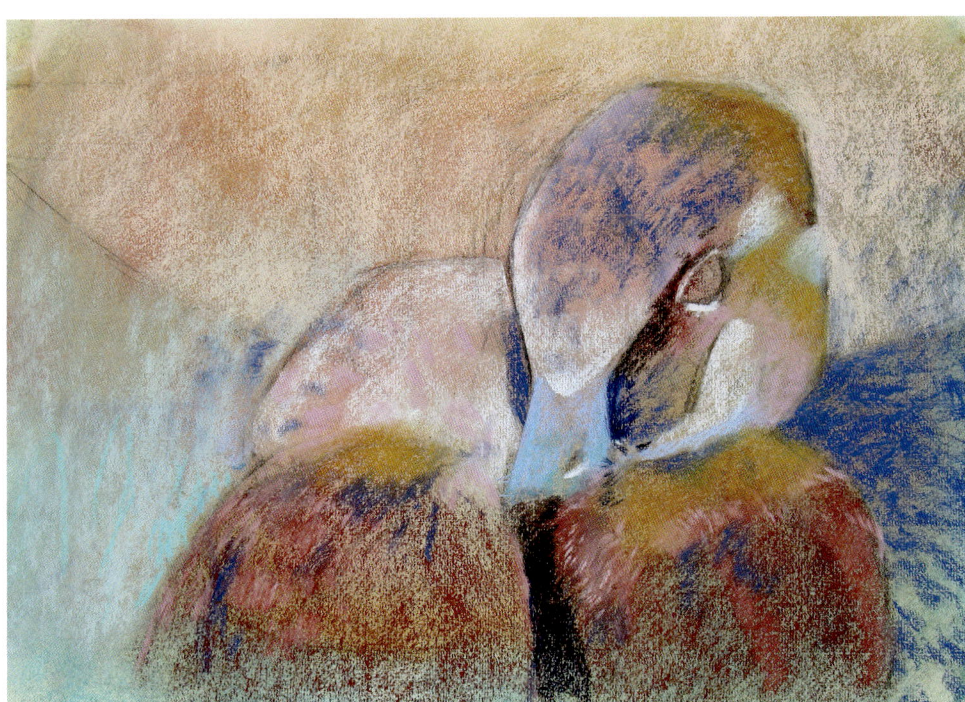

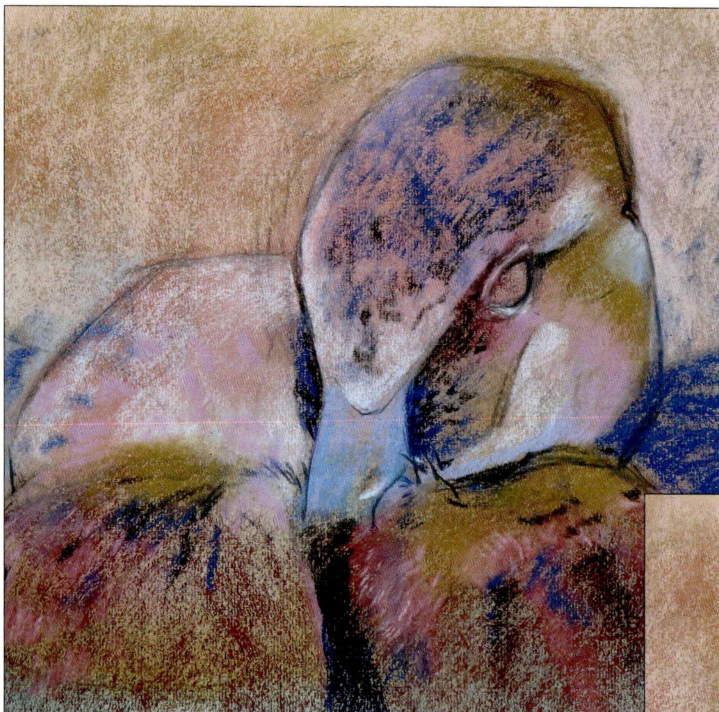

◀ 3

Die Farbigkeit passt im Großen und Ganzen. Nun geht es um die Feinheiten und um die plastische Ausarbeitung. Dabei arbeite ich zunächst die Farben – Flächen, Konturen, Schraffuren – kräftig nach und verstärke die Schatten.

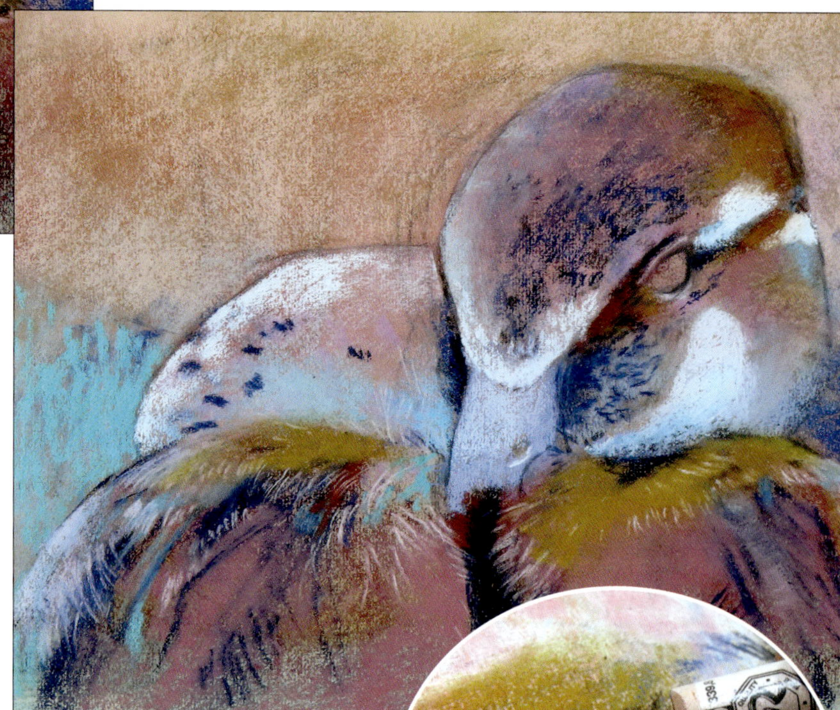

4 ▶

Umgekehrt helle ich die im Licht liegenden Partien mit Weiß auf und töne sie stellenweise wieder ab. Das helle Türkis schafft eine schöne Verbindung zum linken Hintergrund. Die Farben im Flügelpaar verwische ich und zeichne dunkle und weiße Federn auf, mit dünnen Strichen und harten Kreiden auch den feinen Flaum.

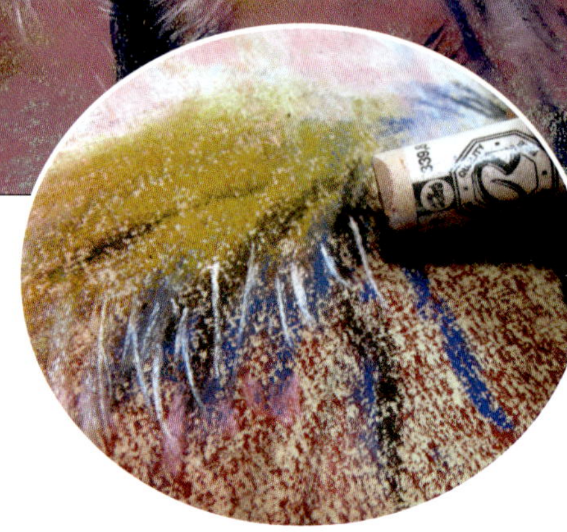

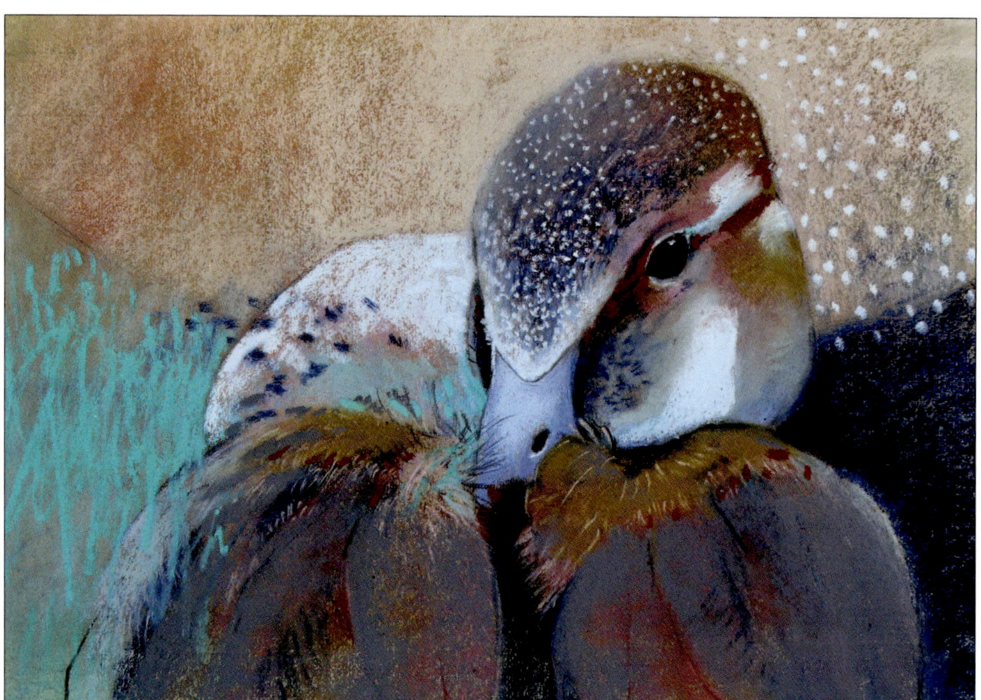

◀ 5

Die Kontraste verstärke ich mit einem rechts dunkleren, links helleren Hintergrund. Die Flügel vorne überzeichne und glätte ich wieder. So erhält der Kopf mehr Präsenz, den ich mit dunkleren (Schatten-)Tönen deutlicher modelliere. Mit dem weißen Pastellstift setze ich ein winziges Glanzlicht auf das schwarze Auge. Zuletzt beleuchte ich den Rücken und betupfe den Kopf und rechts den Hintergrund mit weißen Punkten.

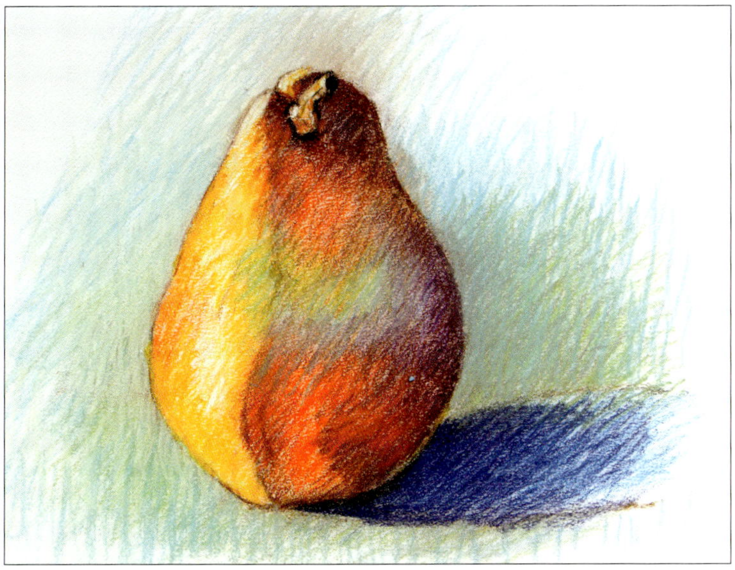

Die Birne im Stil einer Zeichnung mit harten Pastellen oder …

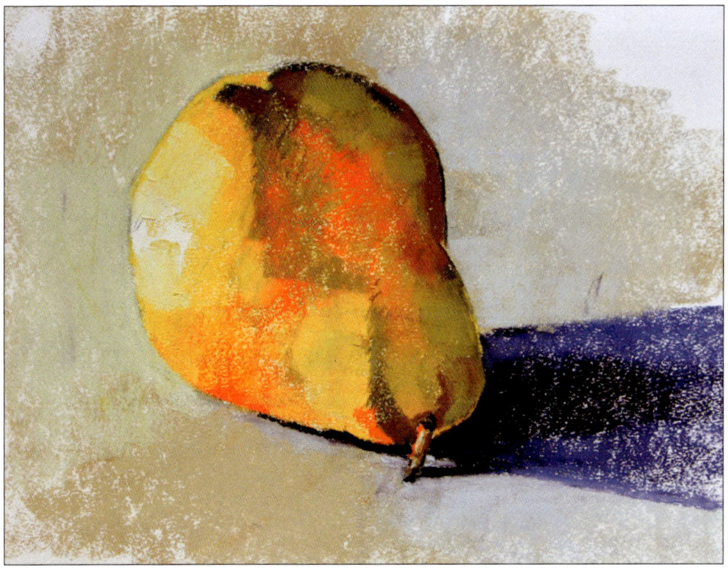

… mit weichen Pastellkreiden für eine malerische Darstellung.

Hart und weich

Womit nicht die Birnen gemeint sind, sondern die Kreiden: eine Birne mit harten Strichen als Zeichnung, die andere als weiche Pastellmalerei.

Mit Pastellkreide der härteren Sorte (hier von Conté à Paris) geben Sie dem Motiv den Charakter einer Zeichnung. Mit den Ecken und Kanten der Stäbchen ziehen Sie feine oder kräftige Linien und füllen die Flächen mit Schraffuren. Im Unterschied zum Farbstift können Sie mit der stumpfen Spitze oder der Breitseite des Stummels auch breite Striche ziehen und Flächen füllen.

Ich selbst verwende in meinen Bildern meistens sowohl harte wie weiche Pastelle. Hier und auf den folgenden Seiten zeige ich, was sich jeweils mit nur der einen oder andern Sorte besonders gut machen lässt.

In meiner Studienzeit habe ich oft tagelang Birnen gezeichnet, ohne ihrer überdrüssig zu werden. Form, Farbe und Textur – bei genauerer Betrachtung hat jede Birne, im Unterschied zu Äpfeln oder Bananen, so etwas wie eine eigene Persönlichkeit. Und das macht sie zu einem interessanten Übungsmodell für grafische oder malerische Studien.

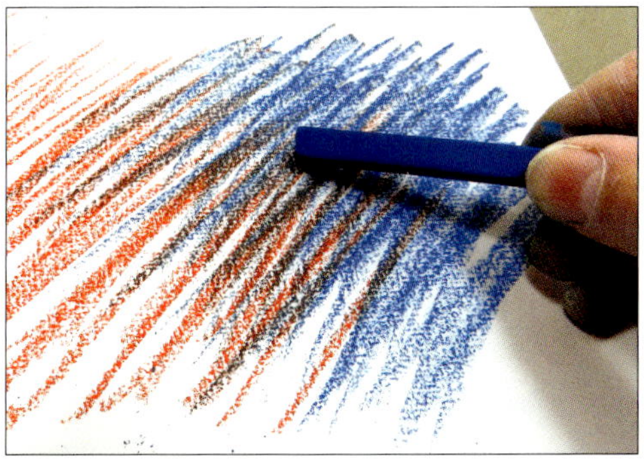

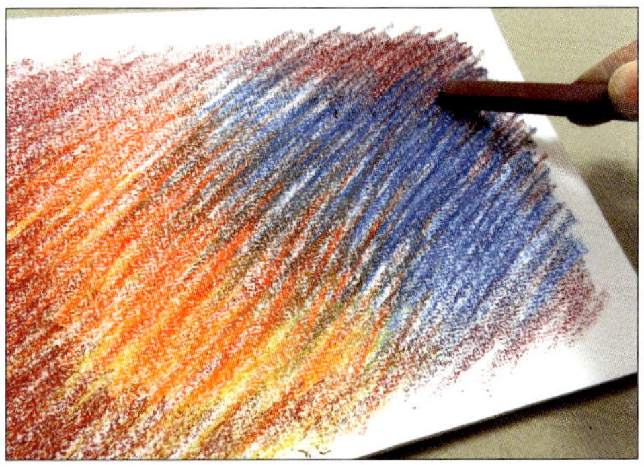

Probieren Sie es aus: Mit den harten Typen entstehen Zwischentöne, Schattierungen und Farbverläufe durch verschiedenfarbige Schraffurschichten, die Sie natürlich wieder verwischen und verblenden können.

Video
Siehe S. 9

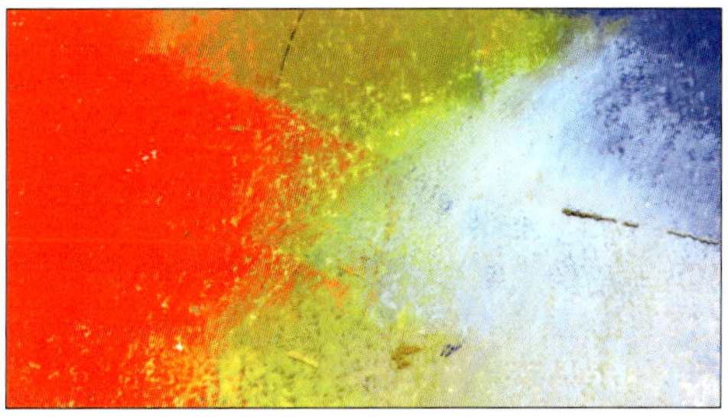

Weiche Pastelle reiben besser ab als harte und sind damit ideale Kandidaten für glatte, weiche und malerisch verwischte Farbverläufe. Es macht Freude, mit den Farben zu spielen, sie zu verziehen und damit einen Farbgrund zu gestalten, der zugleich das Motiv farblich grundiert.

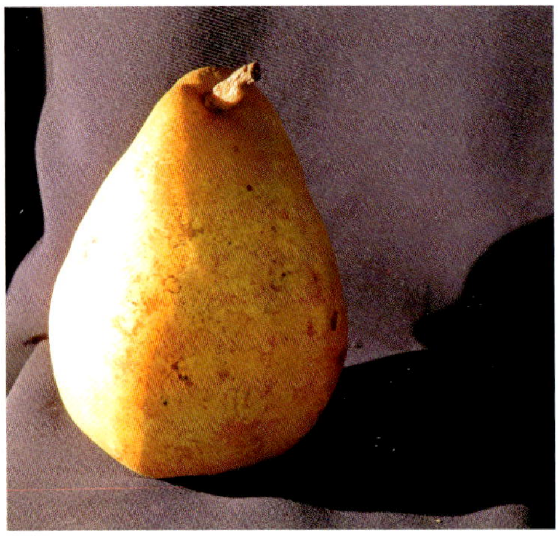

Nehmen Sie als Modell keine perfekt formvollendete, sondern lieber eine leicht verbeulte Birne mit fleckiger Haut. Das macht sie interessanter. Ein Foto mit Seitenlicht lässt den Schattenverlauf besser erkennen.

Kontur und Schraffur

Die Umrisse grenzen die Birne vom Hintergrund ab, die Farbschraffuren geben ihr Farbe und mit Licht und Schatten plastische Gestalt. Dabei verwenden Sie die harten Kreiden ähnlich wie Farbstifte: am besten erst die hellen Töne auftragen und nach und nach dunkel überarbeiten. Harte Kreiden decken zwar nicht ganz so gut wie weiche, doch helle Glanzlichter können Sie – im Unterschied zu Farbstiften – zuletzt immer noch setzen. Nehmen Sie sich die künstlerische Freiheit, verschiedene Varianten unterwegs auszuprobieren und dabei auch Farben ins Bild zu bringen, an die Sie zunächst gar nicht gedacht hätten!

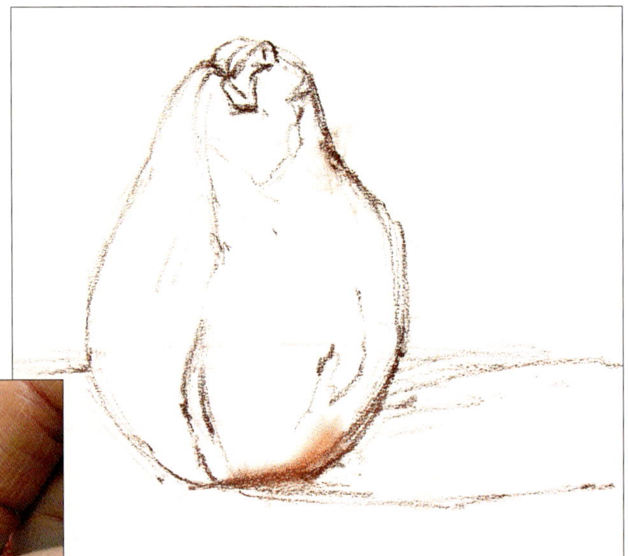

1

Mit harten Pastellen lässt es sich prima auf normalem Zeichenpapier zeichnen. Hier die Vorzeichnung: Konturen und leichte Schattenstriche mit der Ecke der braunen Kreide.

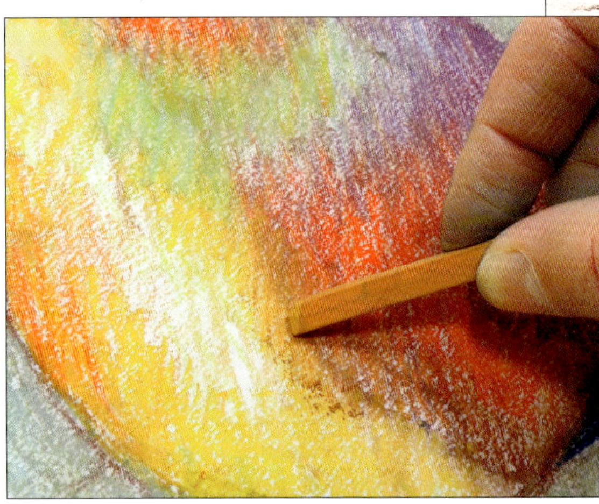

2

Halten Sie die Kreide beim Schraffieren weit hinten, das gibt einen lockeren und großzügigen Zeichenstrich.

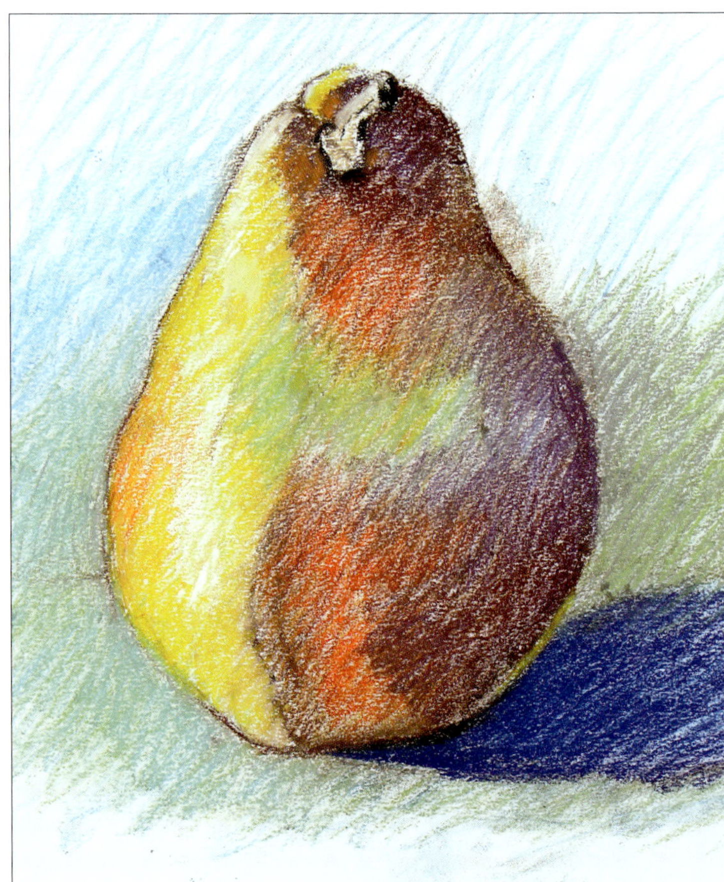

3

Die Birne schraffiere und modelliere ich in mehreren Schichten. Auf der gelb grundierten Lichtseite – die Glanzlichter bleiben weiß – spielt am Rand das Rot als Orange mit, in der Mitte ein leichter Grünstich. Das Rot der rechten Seite wird mit der blauen Schattenfarbe zu einem dunklen Violett, oben am Stiel kommt Braun hinzu.

Den Hintergrund schraffiere ich schwungvoll mit längeren und kürzeren hellblauen Strichen, die oben locker auslaufen. Unten und rechts von der Birne verdichte ich die Bereiche mit grünlichen Kreuz- und Parallelschraffuren. Den Schlagschatten schraffiere ich mit viel Druck in Dunkelblau und – als Reflexion der Birnenfarben – einer Spur Dunkelrot.

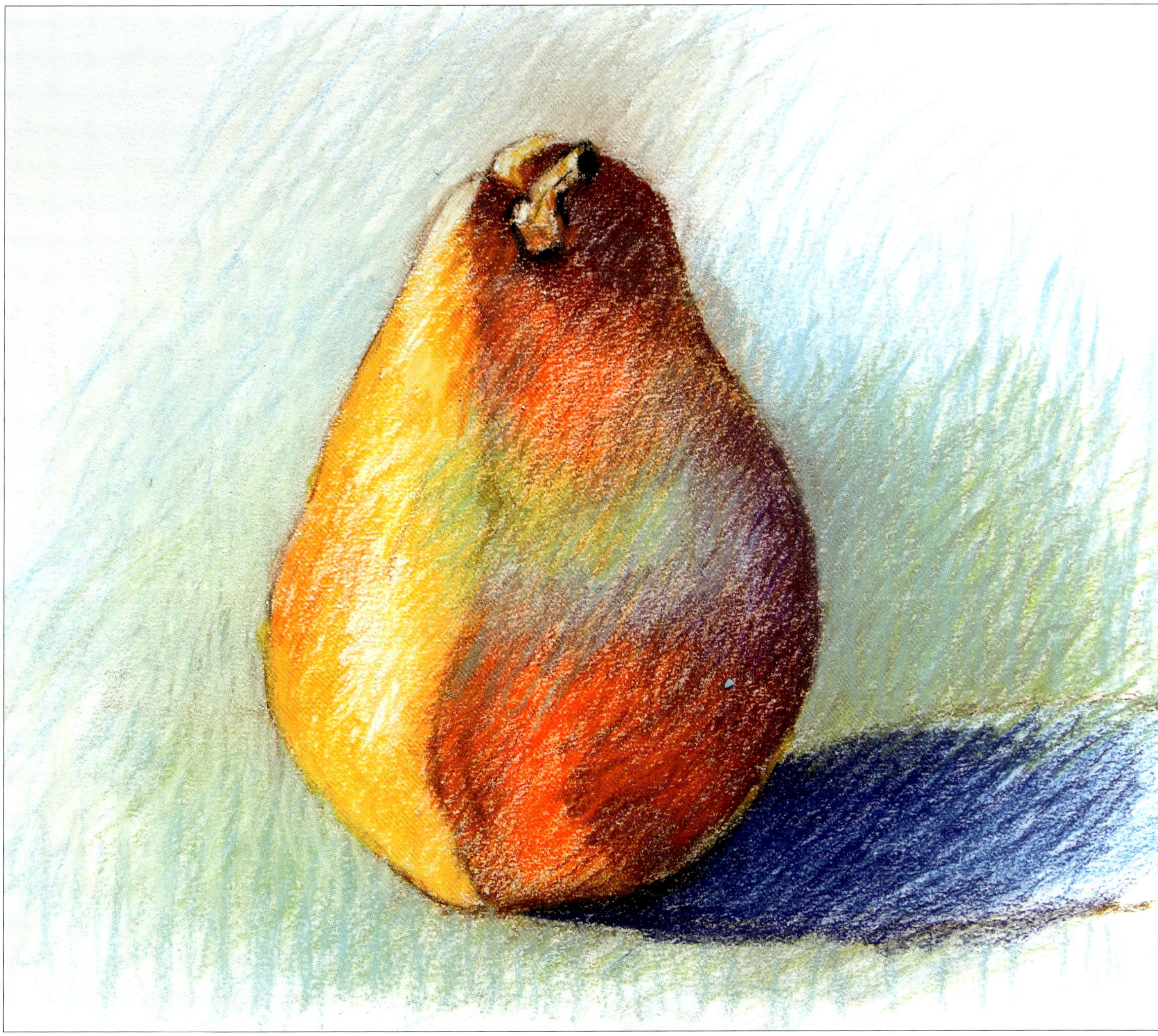

▲4

Zuletzt verwische ich die Schraffuren ein wenig: schwach genug, um die Striche sichtbar zu lassen und der Zeichnung ihren speziellen Charakter zu geben.

In diesem Beispiel bestimmt die Birne zwar die Form, nicht jedoch die Farbigkeit. Das Gelb ist zwar einigermaßen natürlich, doch auf der Schattenseite spielen neben dem plakativen Rot auch die wenig realistischen Blau- und Violetttöne mit. Das passt dann auch zum kräftigen blauen Schlagschatten. Vielleicht gefällt Ihnen die Birne auch in anderer Schale – erlauben Sie sich so viel künstlerische Freiheit, wie Ihnen gerade danach ist!

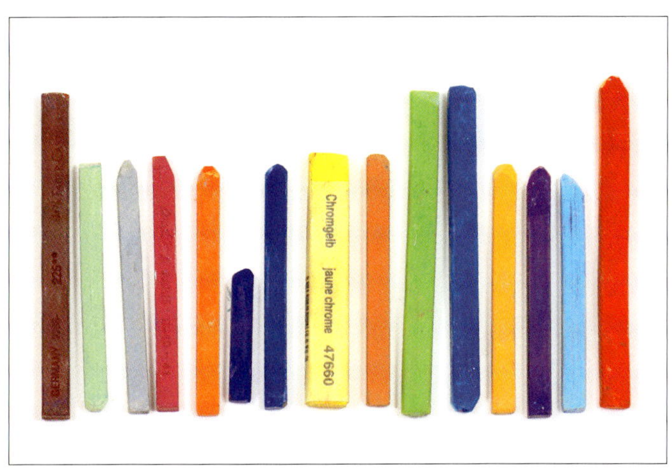

Die hier verwendeten Farben – mehr, als eine naturgetreue Birne erlauben würde …

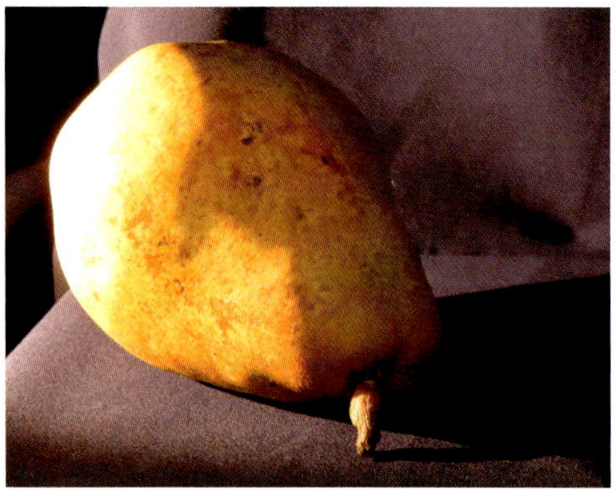

Das Foto zeigt den Verlauf von Licht und Schatten, der die Birne plastisch modelliert.

Malerische Striche

Mit kurzen Stücken der weichen Pastellkreiden lassen sich ganz leicht Flächen füllen und strukturieren, Rundungen gestalten und, ähnlich wie mit einem großen Pinsel, breite Striche ziehen. So wird die Arbeit zu einer Art Malerei – zur Pastellmalerei. Hier nehme ich ein großes Zeichenpapier (30 x 40 cm) im Breitformat, das dem Motiv rechts und links viel Freiraum lässt. So erscheint auch die Birne in einer plakativen Übergröße. Das gibt nicht nur ein eindrucksvolles Gesamtbild, sondern macht auch das Zeichnen zum einfachen Vergnügen – ich kann großzügig und spontan arbeiten, ohne mich um Kleinigkeiten zu kümmern.

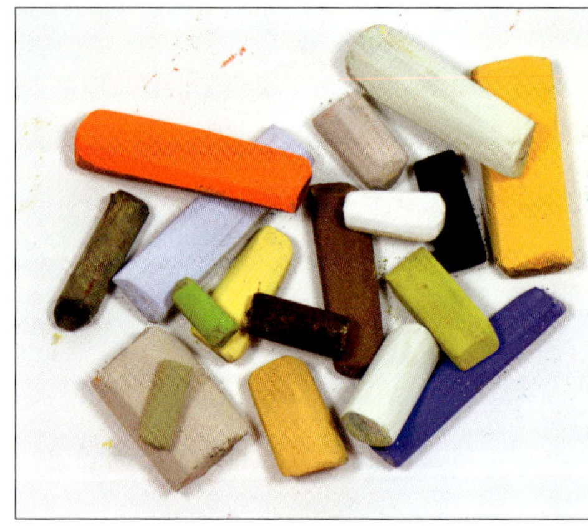

Kleine Stummel, große Wirkung!

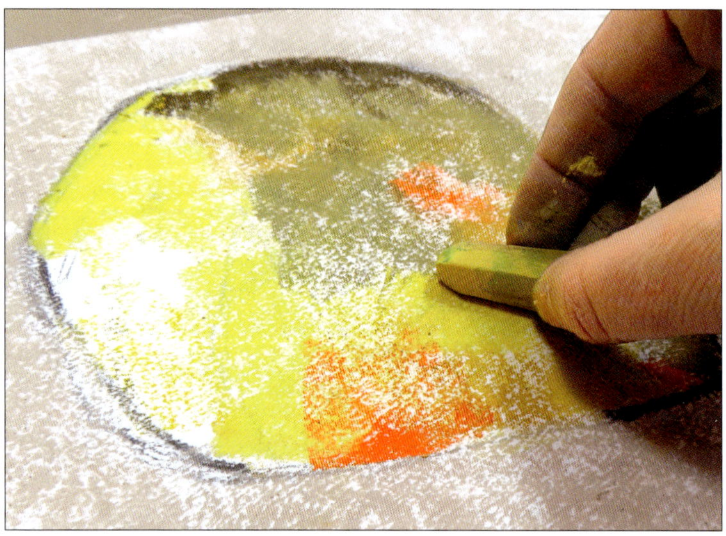

1

Wie zuvor mit der harten Kreide deute ich zuerst die Umrisse an. Den Hintergrund male ich flächig mit der Breitseite der kurzen Kreide, sodass das Papier mit weißer Struktur durchscheint. Ähnlich auch der Farbauftrag auf der Birne mit zunächst dunklen Tönen von Grün, Braun, Grau und Rot. Die Lichtseite überziehe ich mit einem hellen Gelb und spare dabei das Licht aus.

2

Schatten sind niemals schwarz oder neutral grau. Auch im Schlagschatten spielen die Motivfarben als Reflexionen mit. Auf der sicheren Seite sind Sie mit einem Blauton, der als plakatives Dunkelblau gut mit den Birnenfarben harmoniert. Hier wird er mit einem kraftvollen Auftrag selbst zum Bildelement, der die Komposition in eine schöne Balance bringt.

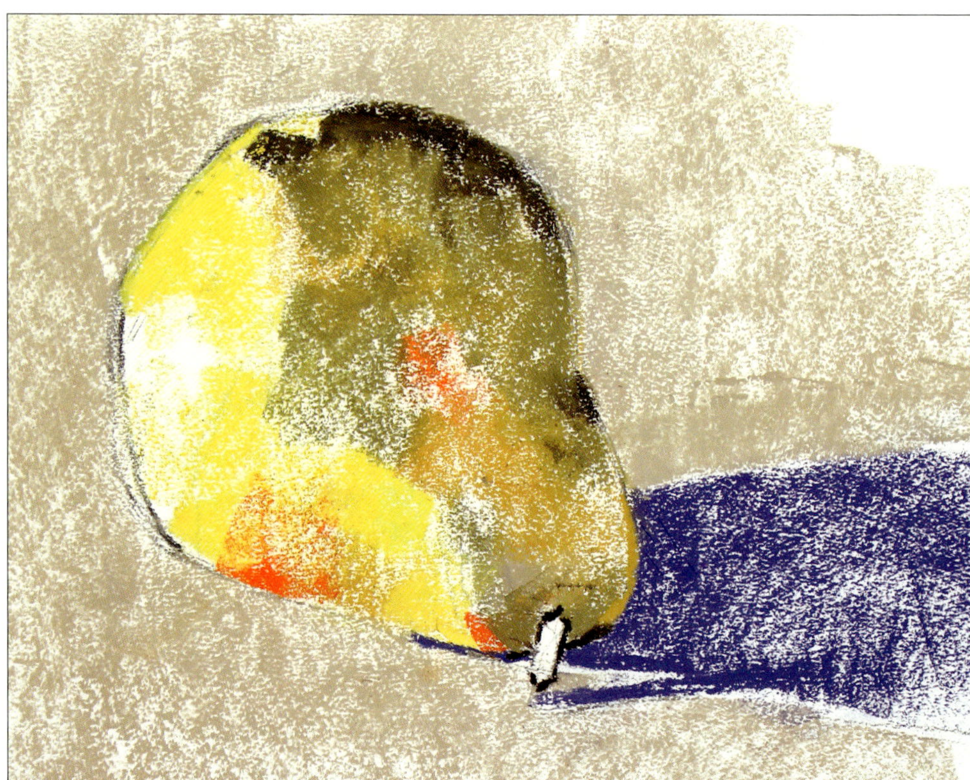

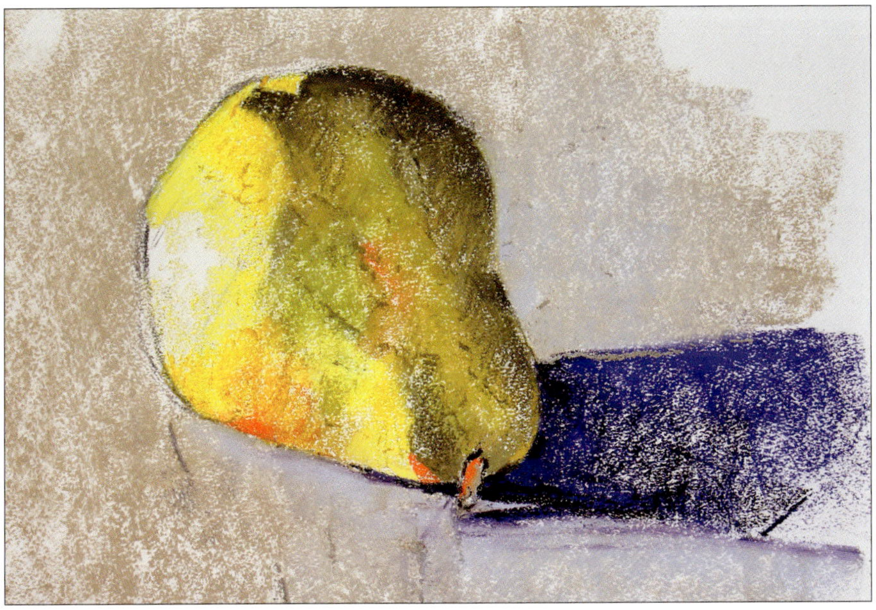

◀ 3 ▼

Der Hintergrund wird mit einem hellen Hellblau und einem Hauch hellem Erdgrün ergänzt. Die Farben der Birne verwische und verdichte ich ein wenig, den Stiel arbeite ich deutlich nach.

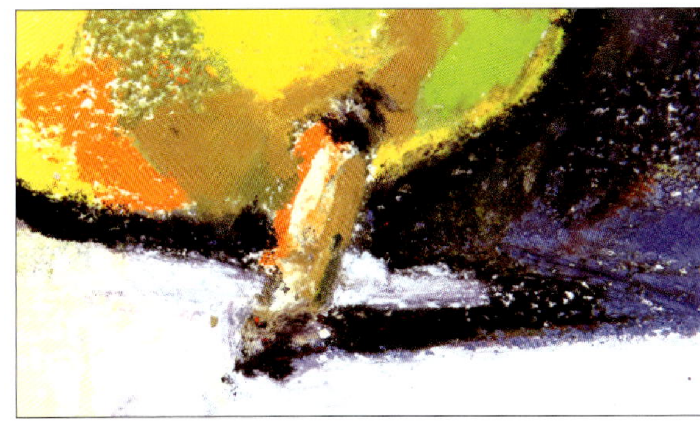

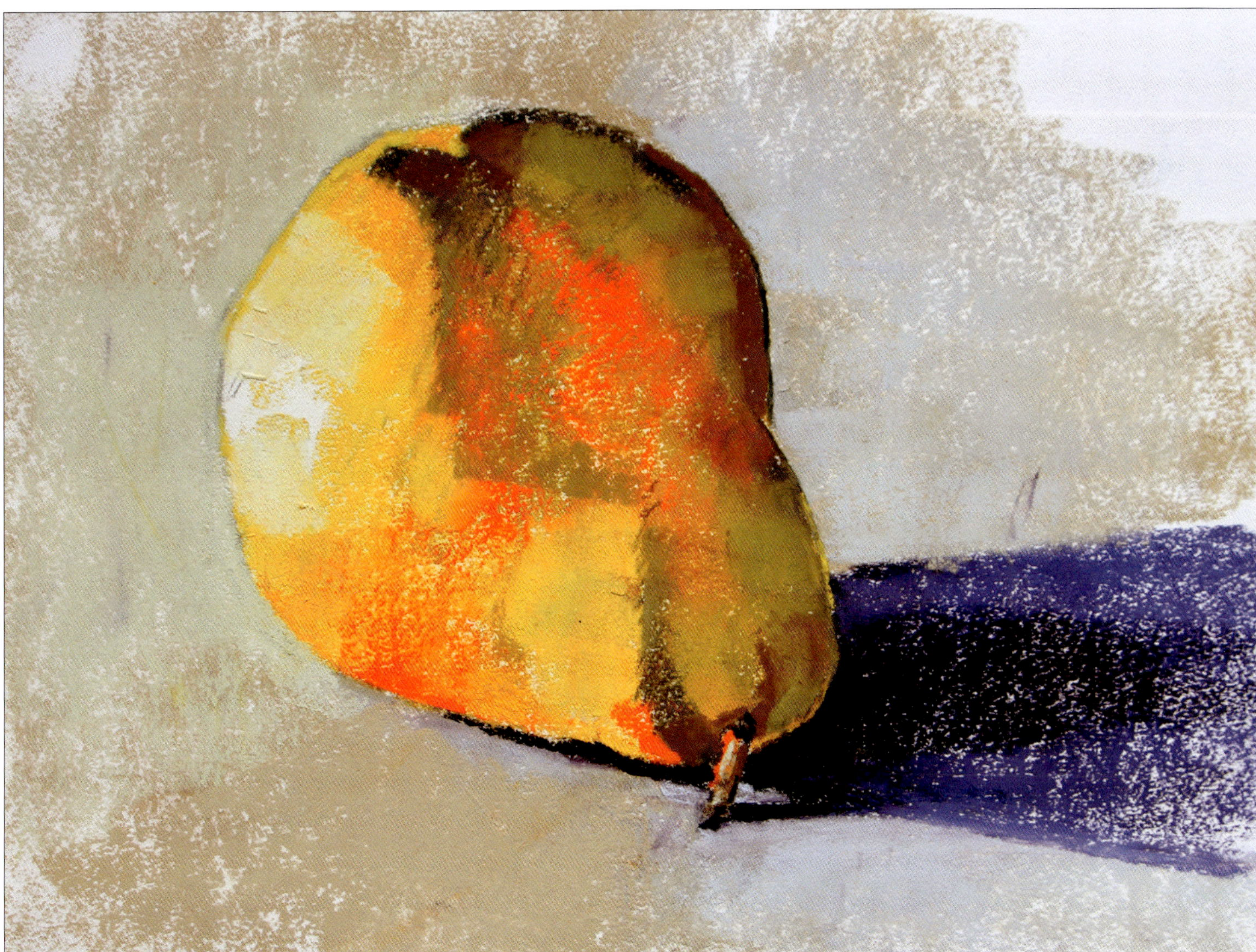

▲ 4

Zuletzt überziehe ich das kühle Grau und Grün der Schattenpartien mit einem warmen, freundlichen Rot und Orange, das ich nur leicht verwische. So bleiben die mit den kurzen Kreidestücken breit aufgetragenen Striche deutlich stehen – ein schöner malerischer Effekt.

Silberblatt

Mondviole, Silbertaler, Silberling: Die Namen der Silberblattstaude (Lunaria) sind so poetisch wir ihr Erscheinungsbild. Die nach der Blütezeit zart und silbrig schimmernden Blättchen – prosaische Überreste der Samenschoten – sind eine schöne Herausforderung.

Wie bringt man diesen feinen Schimmer ans Licht und ins Pastell? In solchen Fällen hilft immer ein dunkler Hintergrund. Denn wie kraftvoll – oder blass – helle Farbtöne erscheinen, hängt sehr von der Umgebung ab. Je stärker der Kontrast ist, desto präsenter und leuchtender erscheinen die Farben. Den stärksten Kontrast zu hellen Motiven liefert natürlich ein schwarzer Hintergrund, hier praktischerweise das Papier selbst. Ein reines Schwarz allerdings ist nicht sehr freundlich, weshalb ich den Hintergrund mit einem sehr dunklen Violett etwas freundlicher gestalte und ihm damit auch etwas Tiefe gebe. Und nun kann ich das Silberblatt sozusagen mit Licht – hauptsächlich mit hellen Grautönen – zeichnen. Und dann nehme ich mir gerne die Freiheit, noch dekorative farbige Akzente zu setzen.

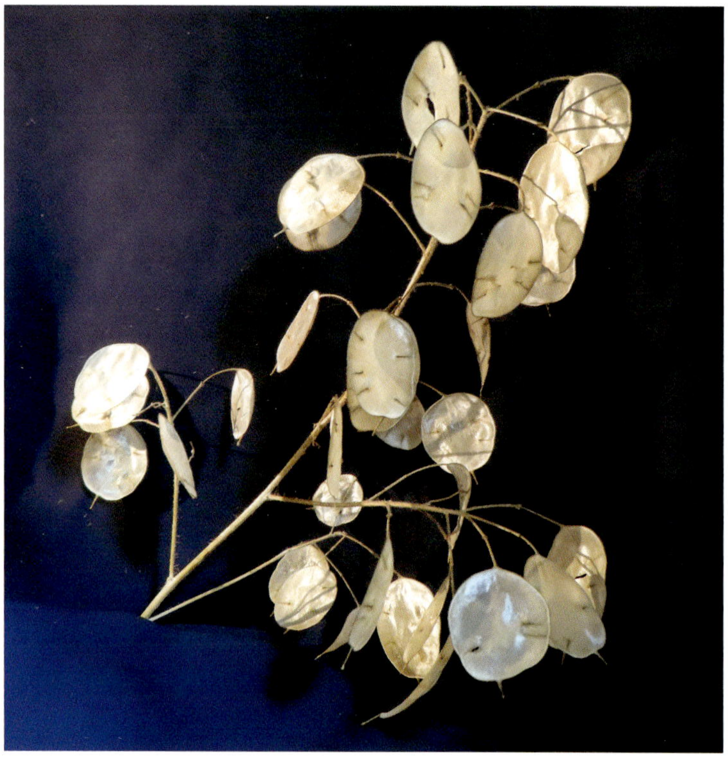

Ein winterlicher Silberblattzweig als Fotomodell und wundervolles Motiv zu jeder Jahreszeit.

⊕ Video
Siehe S. 9

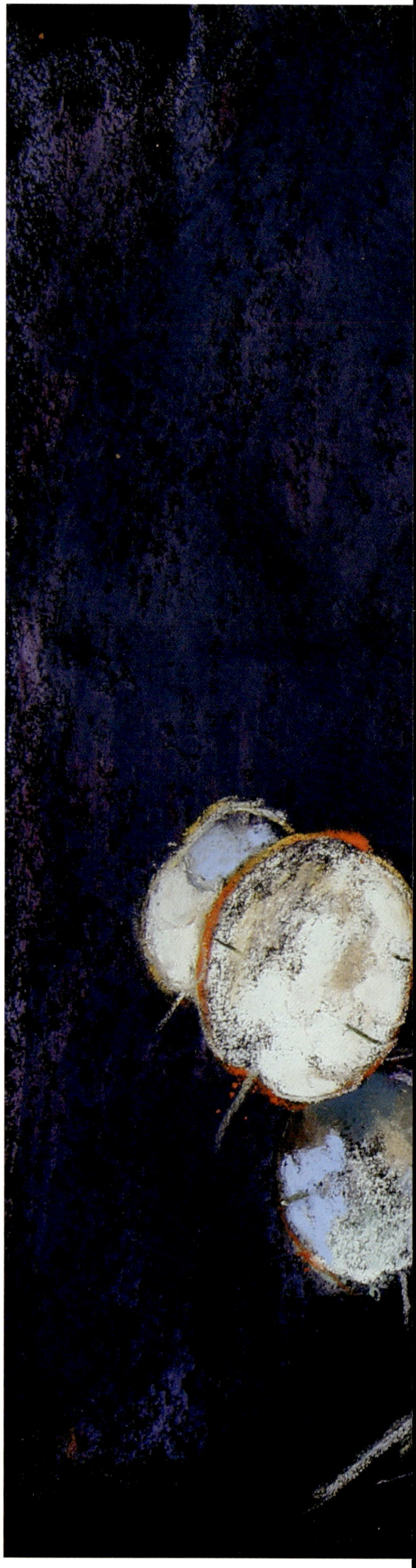

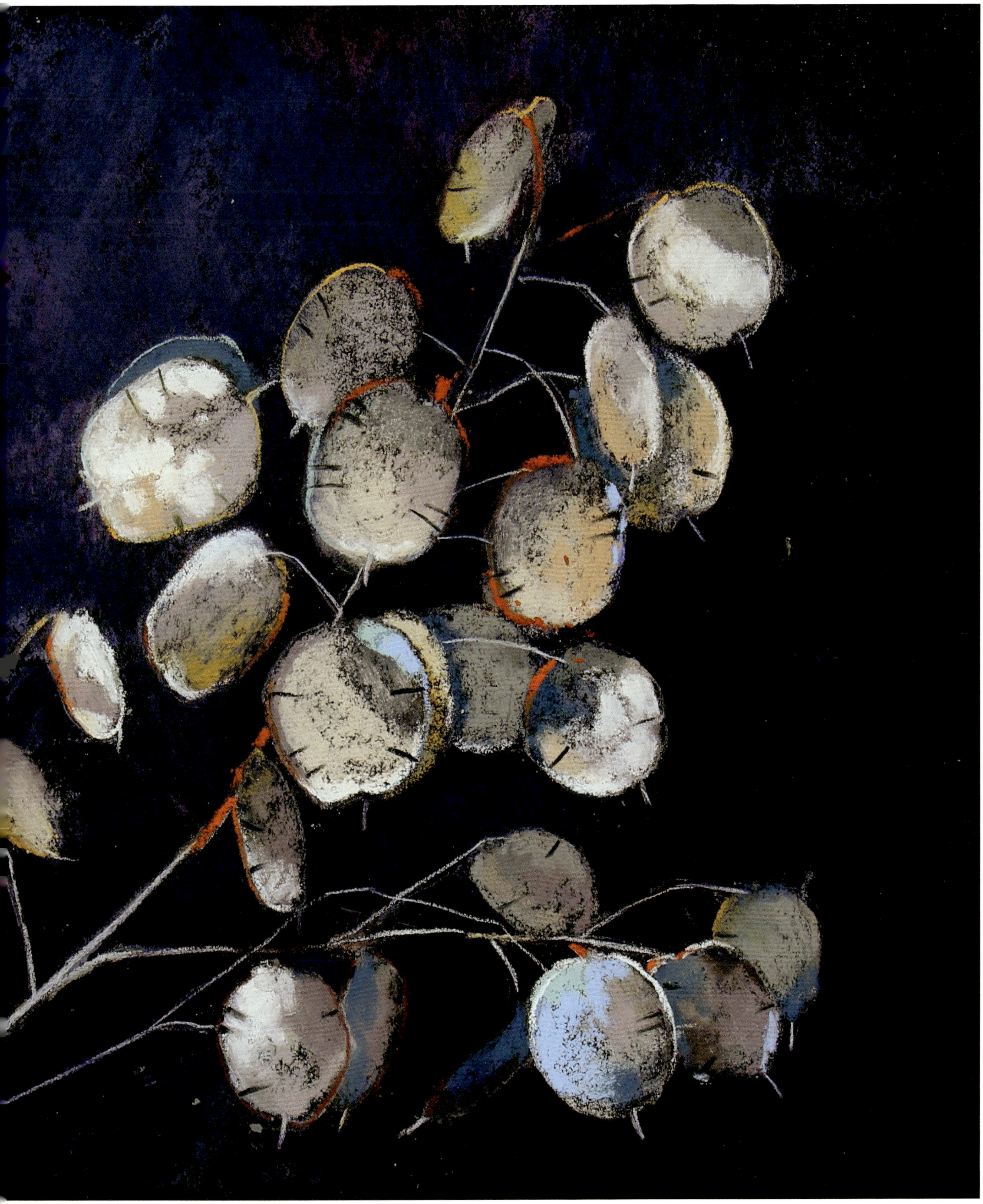

Mein Material:

- *Pastellpapier in Schwarz, etwa A3*
- *Pastellstifte und Kreiden in Weiß, Schwarz, Hellgrau und diversen Blautönen (siehe Schritte)*

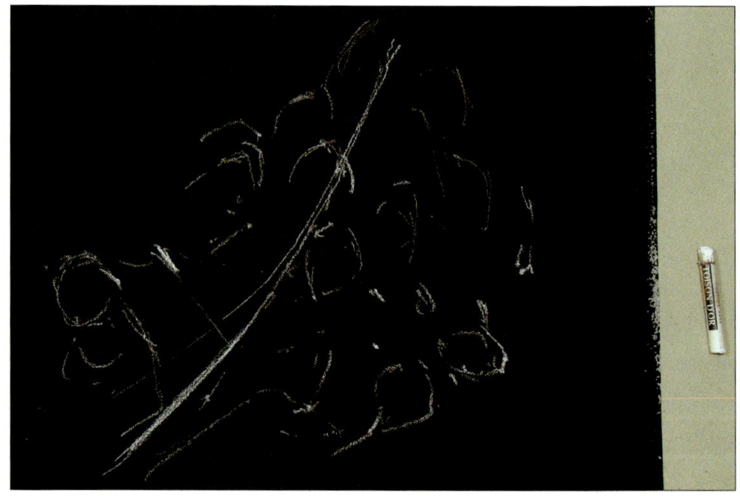

▲1

Das Motiv ist einfach genug, um es direkt auf dem Papier mit dem weißen Pastellstift vorzuzeichnen: ein langer Stängel mit etlichen Abzweigungen, darauf und dazwischen die rundlichen Formen.

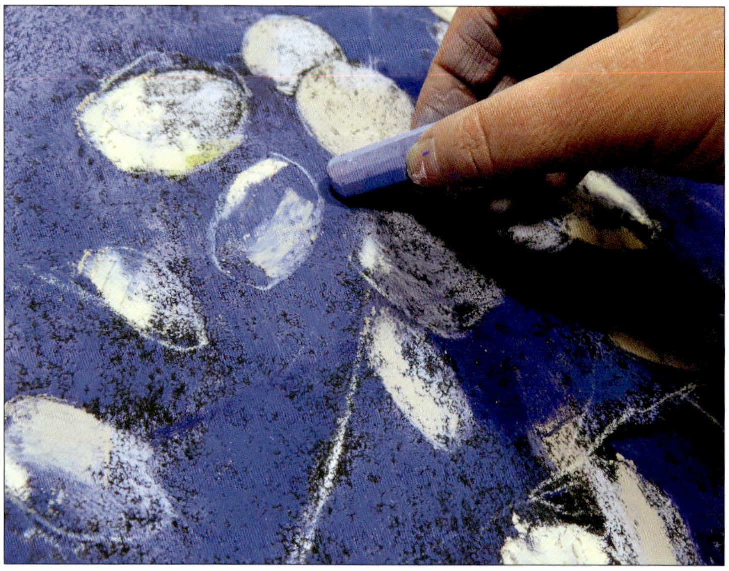

▲2 ▶

Die Fruchtstände grundiere ich in einem sehr hellen Grau. Dazwischen helle ich das Schwarz mit Purpur (Rotviolett) auf, im linken Bildbereich stärker als rechts. Mit dem Blau zeichne ich da und dort Schlieren in die Blätter oder schattiere eine Seite.

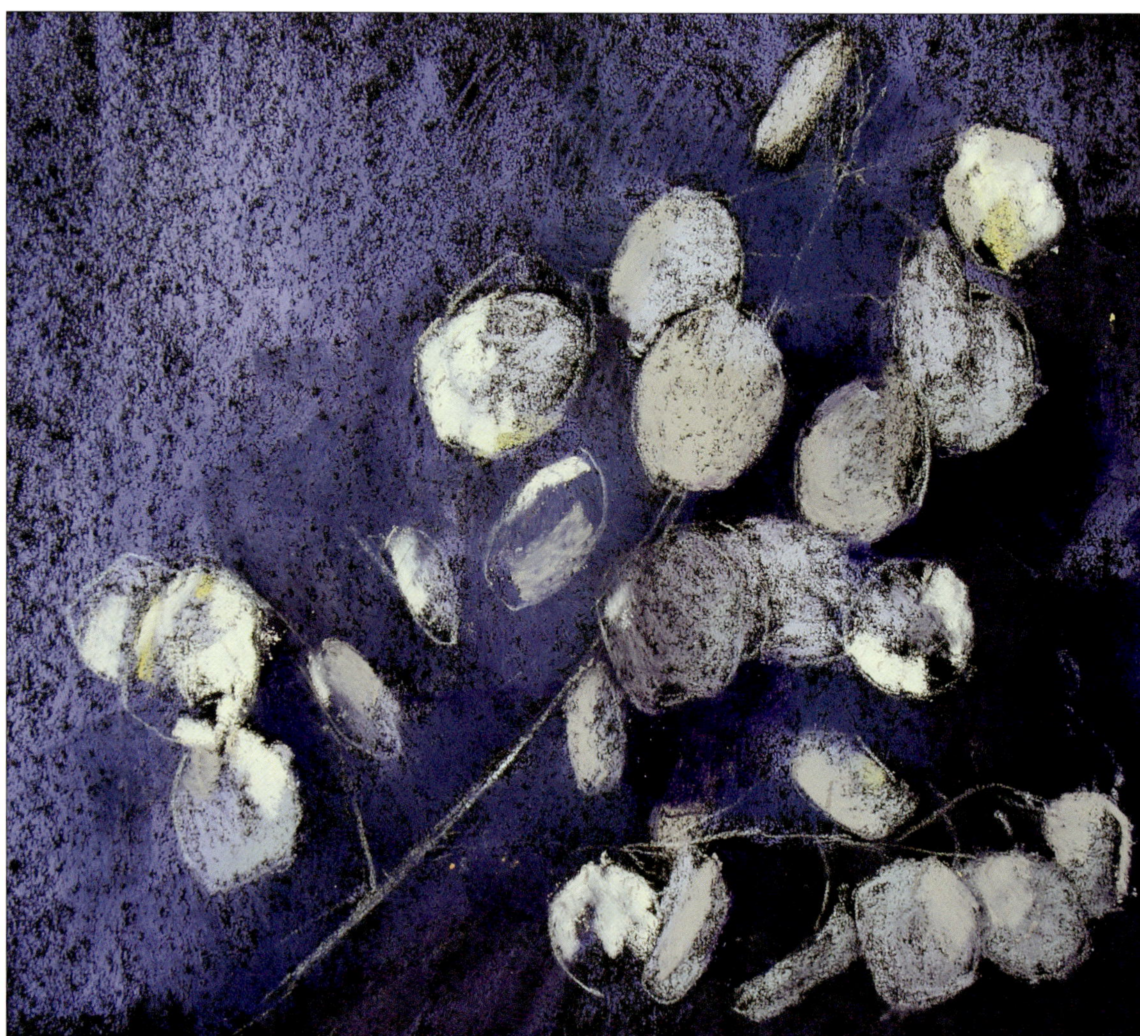

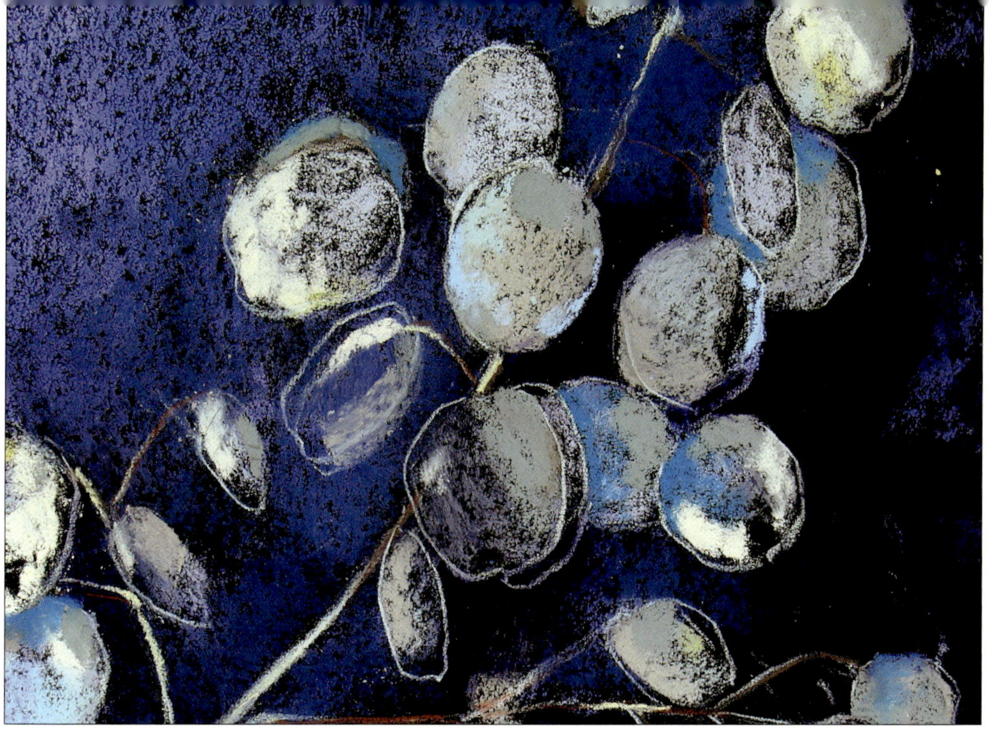

◀ 3

Mit zarten hellen Konturen hebe ich die Scheiben deutlicher aus dem Hintergrund heraus. Wo sie sich überlappen, setze ich sie voneinander ab. Die Stängel arbeite ich weiter aus.

Die Natur sieht hier zwar kein Orange und Türkis vor, doch geht es nicht um Botanik, sondern um Schönheit und Bildwirkung – und um eine eigene, von der Natur inspirierte künstlerische Darstellung.

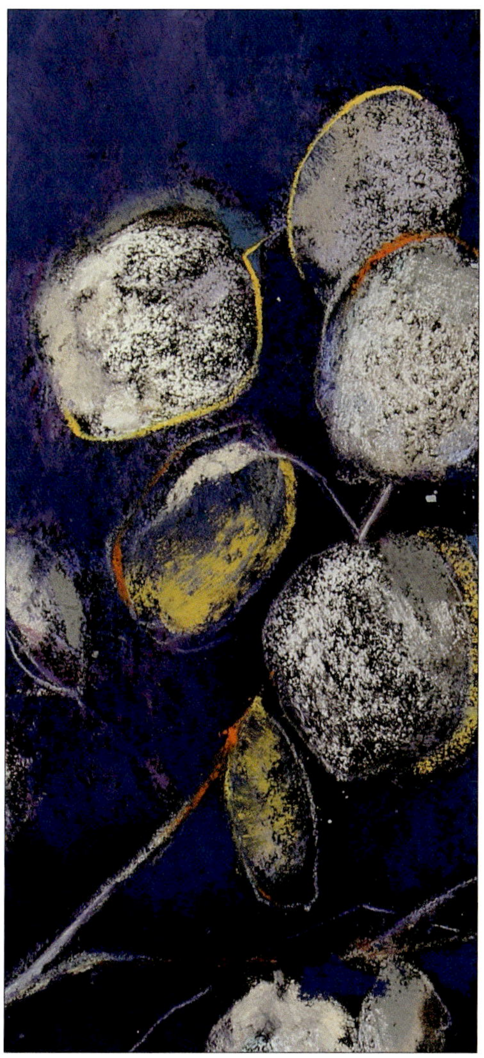

▲4

Die Farben in den Schatten und Konturen setzen hübsche Akzente, aber nur beim sparsamen Gebrauch. Keinesfalls dürfen die Silberblätter bunt werden!

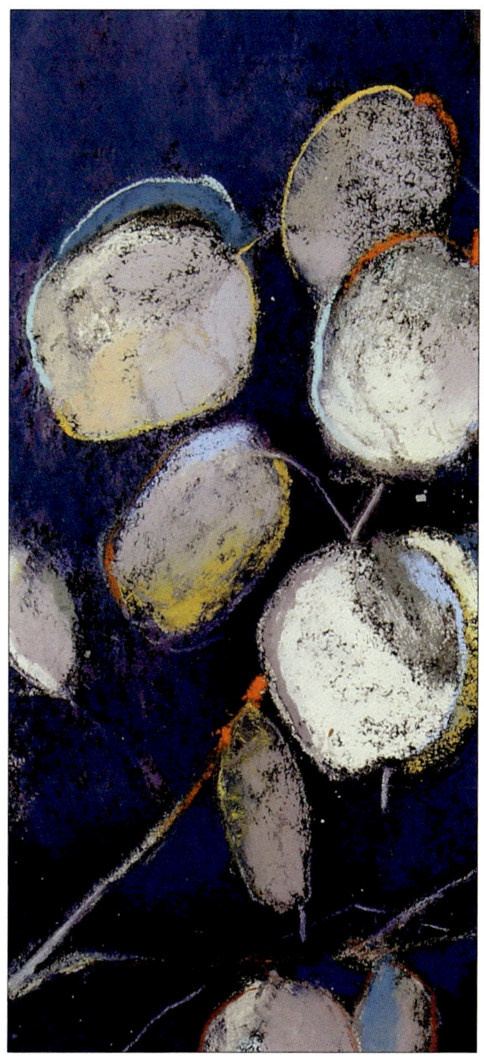

▲5

Mit Hellgrau und Weiß bringe ich einzelne Blätter weiter in die Vordergrund; die dunkleren rücken optisch nach hinten, womit der Winterzweig eine schöne Tiefe bekommt.

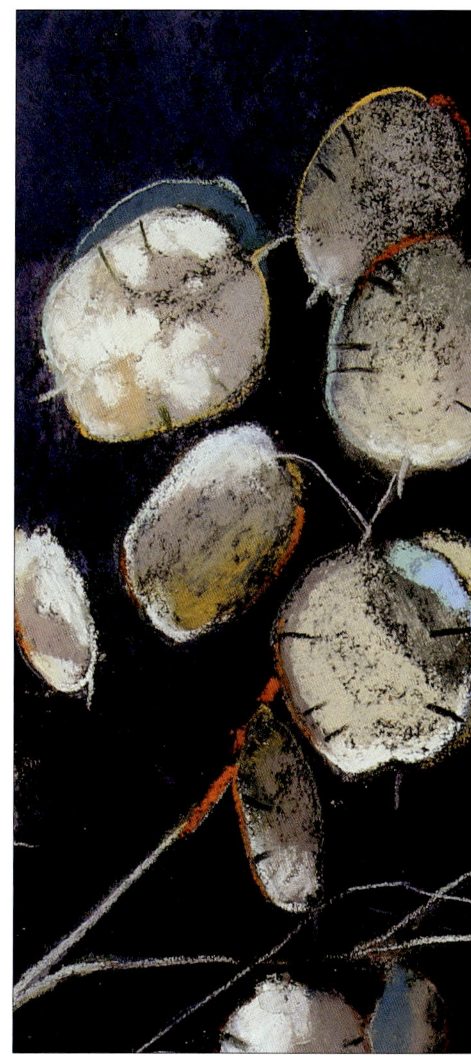

▲6

Schließlich trage ich auf manche „Monde" wiederum weiße Lichter auf, mit denen ich das Silberblatt sozusagen aufpoliere – mit dem Ergebnis eines silbrigen Schimmers wie Perlmutt. Außen noch ein paar kurze schwarze Striche – fertig.

Eichhörnchen

Die warmen, rötlichen Töne gehen ins frostige Eisblau über und so sitzt unser Eichhörnchen sozusagen an der Schwelle zum Winter.

Die Grundidee ist eine Komposition aus zwei Farbgruppen: links noch die warmen Herbstfarben, die sich auch stimmungsvoll mit den Fellfarben verbinden. Rechts deutet sich schon der Winter in frostigem Blau an, das als Komplementärfarbe zum Orange die Farbwirkung erhöht und das Fell förmlich aufleuchten lässt.

Damit es bei diesem Farbgrund bleibt, muss ich die Farben kräftig einreiben. So lässt sich die Grundierung nicht mehr so leicht verwischen, ich kann also weiterarbeiten und auch „radieren", nämlich Farben, Schraffuren und Linien wieder wegnehmen. Das erlaubt es mir zum Beispiel, das Eichhörnchen zu skizzieren und dabei die Konturen zu verfeinern oder zu löschen.

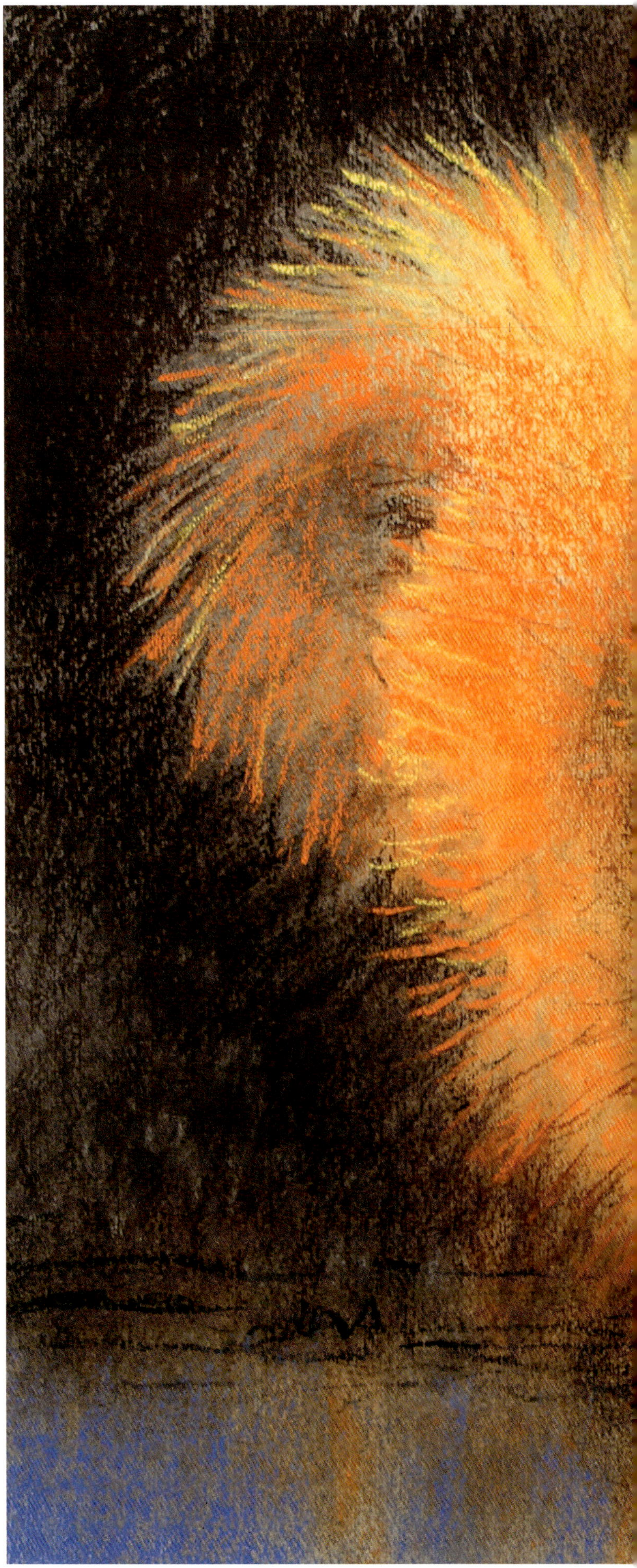

Mein Material:

- *Pastellpapier (hier Guardo Artistico, 36 x 48 cm)*
- *Pastellkreiden in den Bildfarben*
- *Kohlestift*
- *Fixierspray*

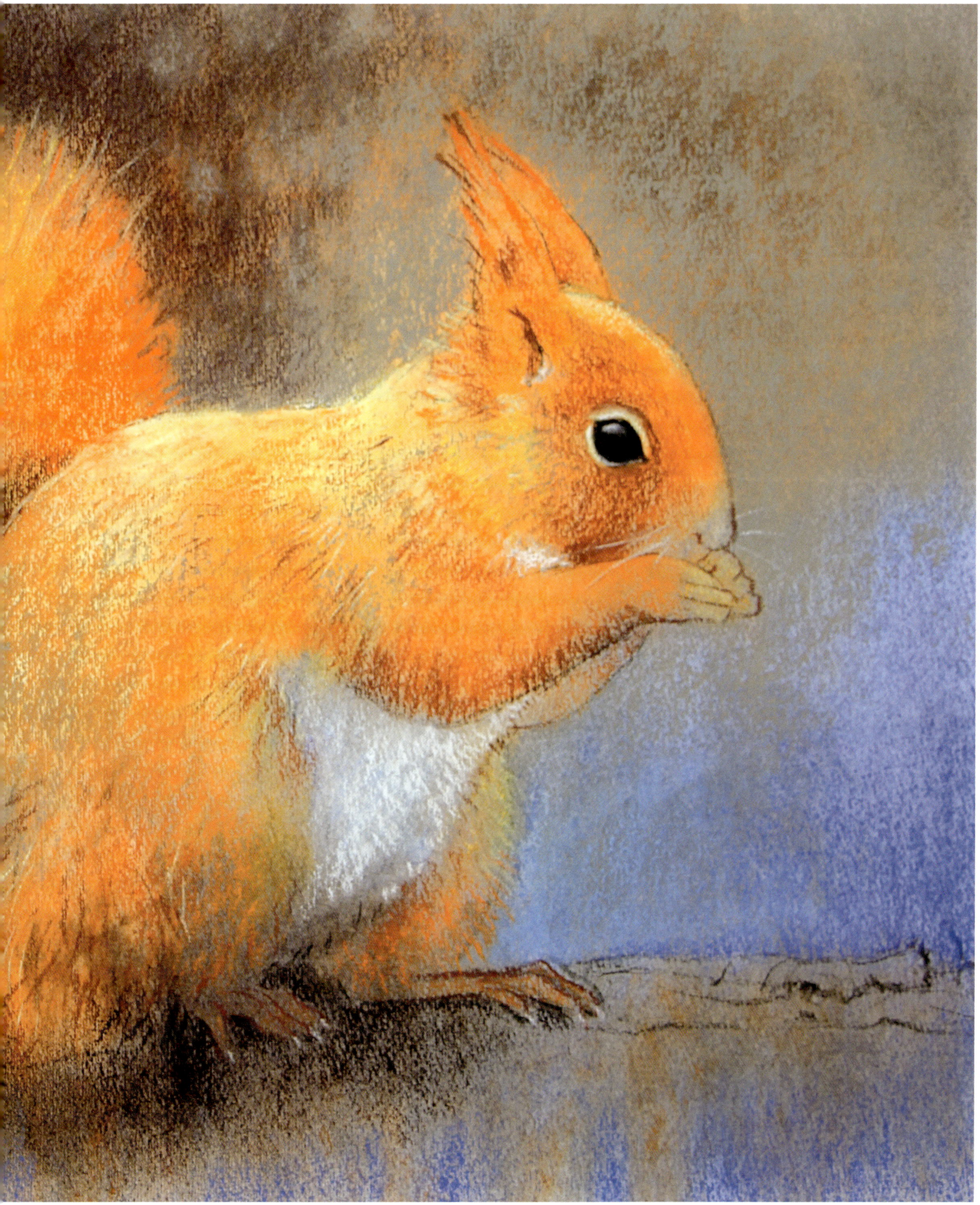

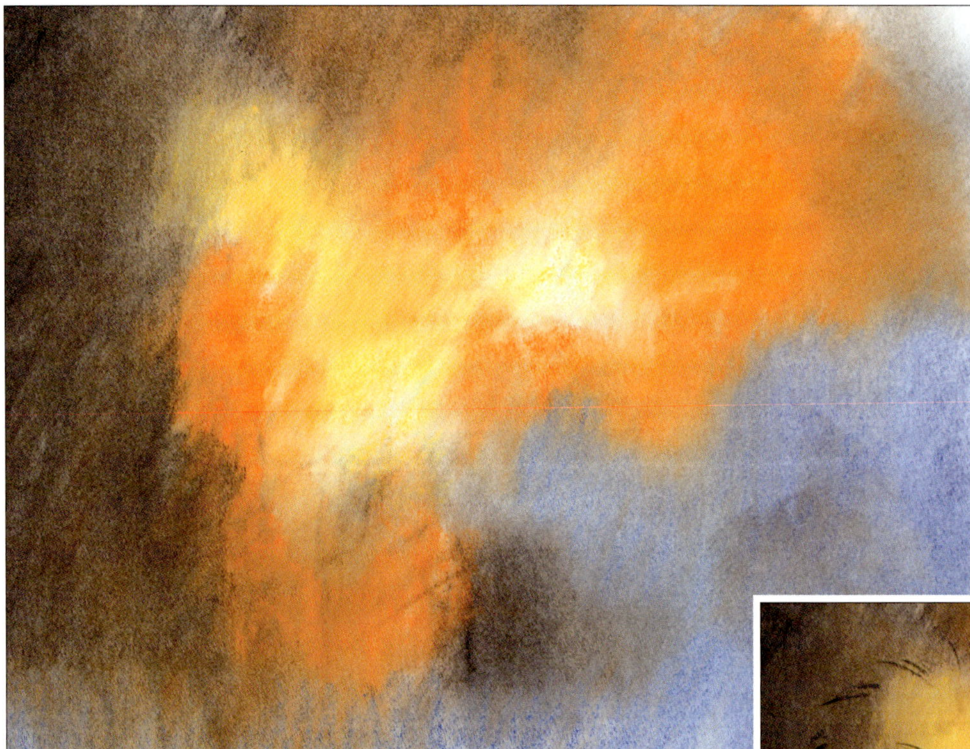

◀ 1

Mit der Breitseite der Pastellkreiden trage ich von links nach rechts und oben dunkle Brauntöne, dann Orange und in der Mitte Gelb auf, die leicht ineinandergezogen werden. Für die rechte untere Ecke nehme ich Blautöne.

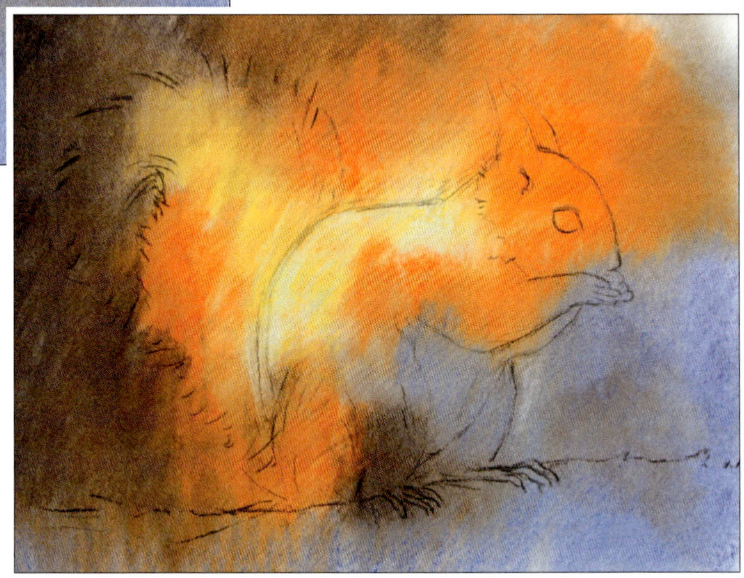

2 ▶

Wenn das so passt, fixiere ich den Hintergrund mit dem Fixierspray und zeichne mit dem Kohlestift die Konturen. Misslungene Striche lassen sich einfach mit einem Tuch wegwischen. So kann man sich an die Figur herantasten, ohne dabei den Hintergrund zu verändern.

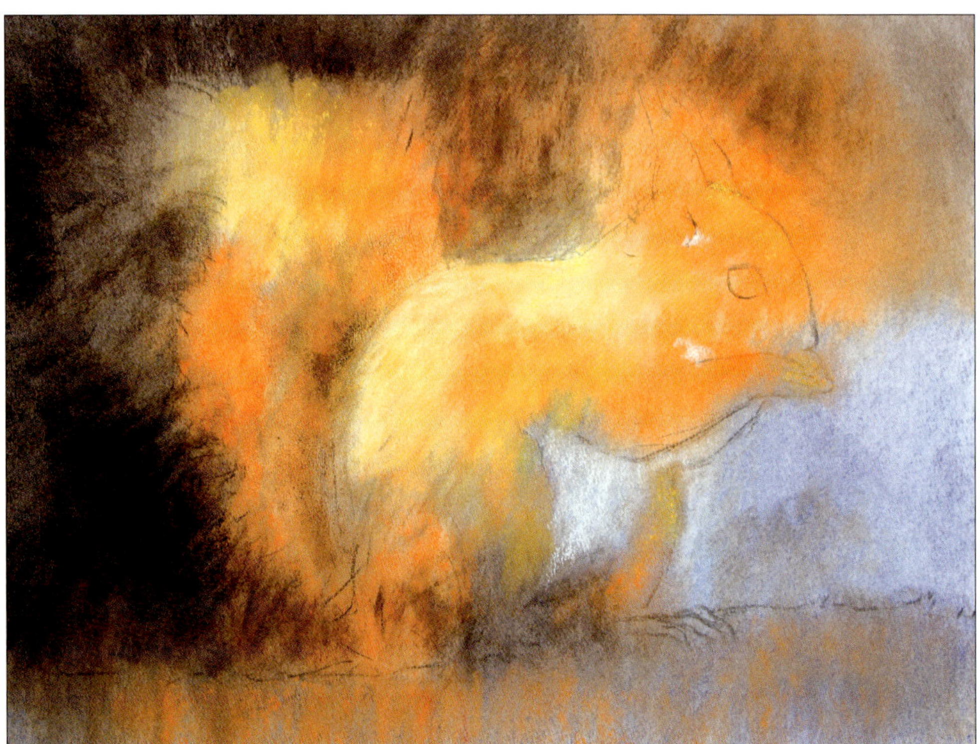

◀ 3

Mit mehr Dunkelbraun auf der linken Bildseite tritt das Eichhörnchen allmählich aus dem dunklen Hintergrund hervor. Ringsum füge ich Orange hinzu, sodass es in der Umgebung eingebettet bleibt (und sich wohlfühlt …). Auf den Latz kommt etwas Weiß.
Die Kohlestriche verschwinden langsam unter dem Auftrag.

4 ▶

Farbe auftragen, ein wenig verwischen und verziehen: So komplettiere ich nach und nach den Hintergrund. Mit zusätzlichem Grau wirkt das Blau noch kühler; damit erscheint auch das Orange des Rückenfells etwas gedämpft.

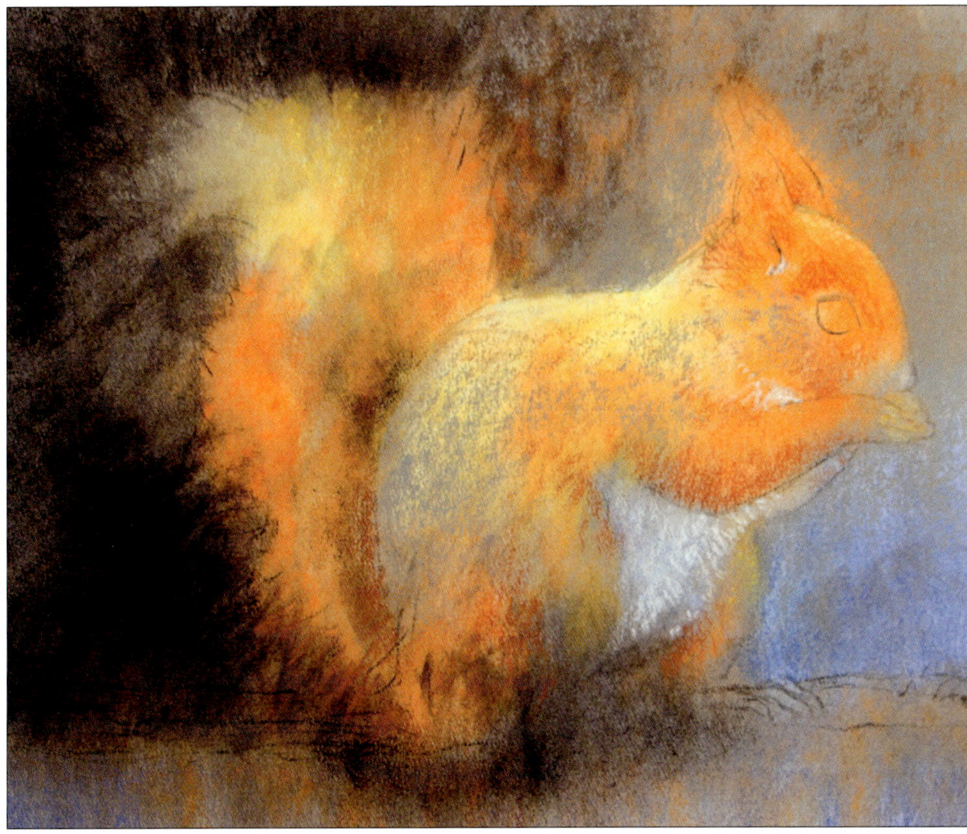

Tipp

Wenn Sie sich unsicher sind, können Sie die Konturen auch von der Abbildung in Schritt 2 abnehmen, auf die gewünschte Größe hochkopieren und mit Transparentpapier und Kohlestift übertragen.

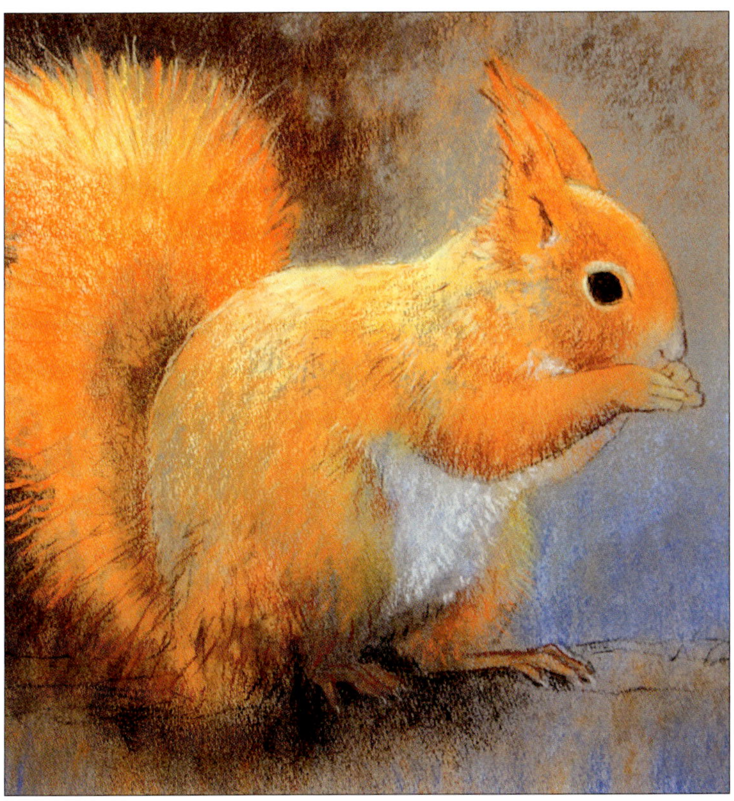

▲5

Mit braunen Krallen, schwarzem Auge und dem gelb auflammenden Schweif nähert sich das Eichhörnchen der Fertigstellung. Und weil das Zeichnen von Tieren für mich immer auch einen emotionalen Aspekt hat, stelle ich mir auch sein Wesen vor: So flink, hurtig und federleicht es sich bewegt, so locker strichle ich auch das Fell und den Schweif.

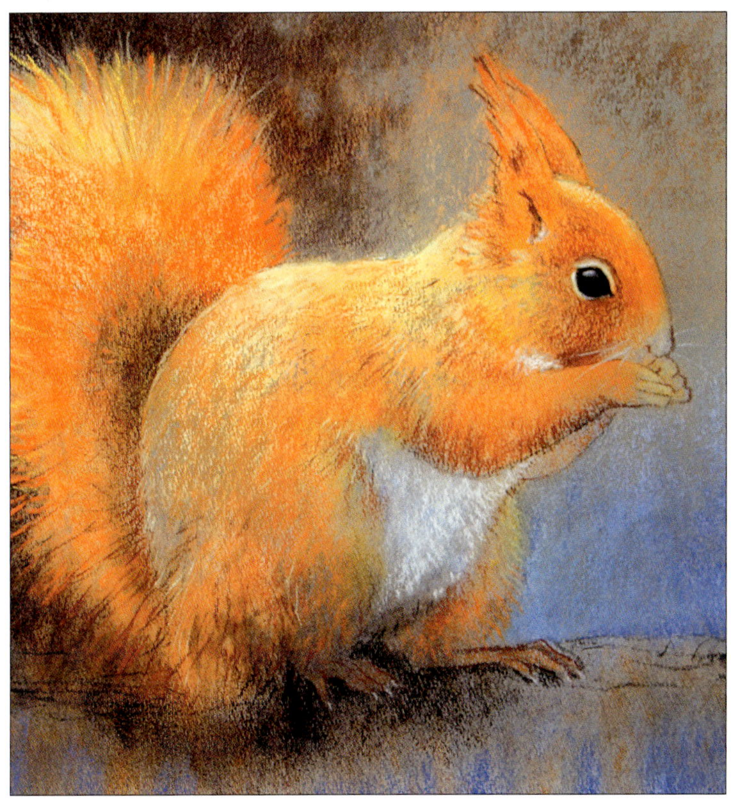

▲6

Immer noch gibt es da und dort etwas zu korrigieren und zu ergänzen, wie z. B. das Glanzlicht im Auge. Das Pastell verleitet eben dazu, weil bis zuletzt alles im Fluss bleibt. Doch sollte man sich nicht verzetteln. Wenn das Bild im Großen und Ganzen stimmt – fixieren!

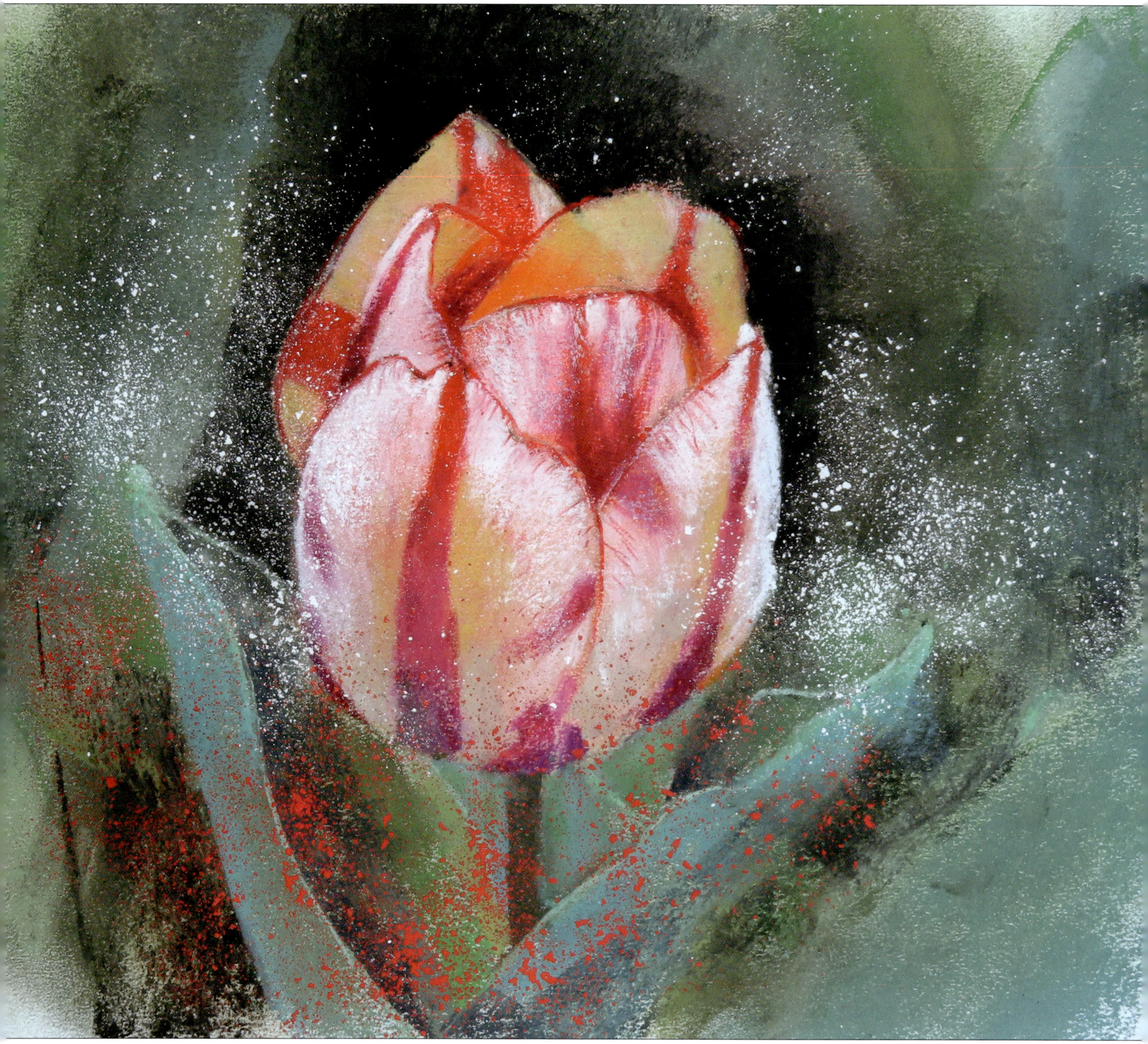

Vor dem dunkelgrünen, fast formlosen Hintergrund tritt die Tulpenblüte klar und strahlend in Erscheinung. Eine poetische Note erhält das Bild durch die farbigen Sprenkel und den leichthin verstreuten Glanz und Glitter – vielleicht Feenstaub?

Tulpe

Raffinierte Effekte für eine Blumenstudie in natürlicher dekoraktiver Schönheit: Pastellpulver als Farbgrund abreiben und verwischen, Blüte und Blätter zeichnen und zuletzt farbige und weiße Funken aufsprenkeln.

Mit einem Sieb lässt sich das feine Farbpulver recht bequem herstellen. Damit erhalten Motiv und Umgebung eine gleichmäßige Grundierung. Zum Verwischen nehme ich in diesem Fall den Finger. Gesprenkelt wird ganz zuletzt. Dafür brauche ich gröbere Farbkörner, die ich mit dem Cutter von der Kreide abreibe und auf das Bild presse.

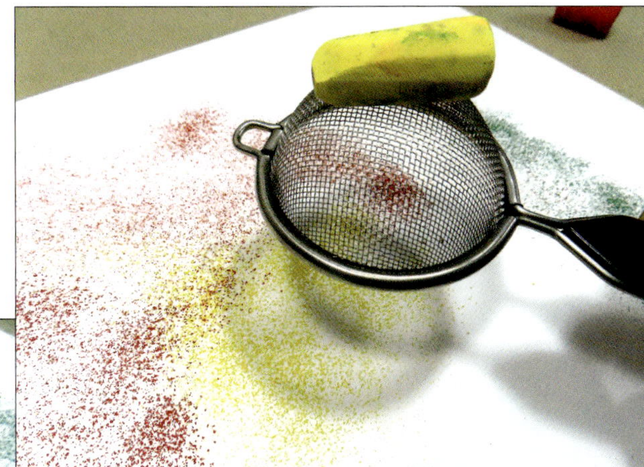

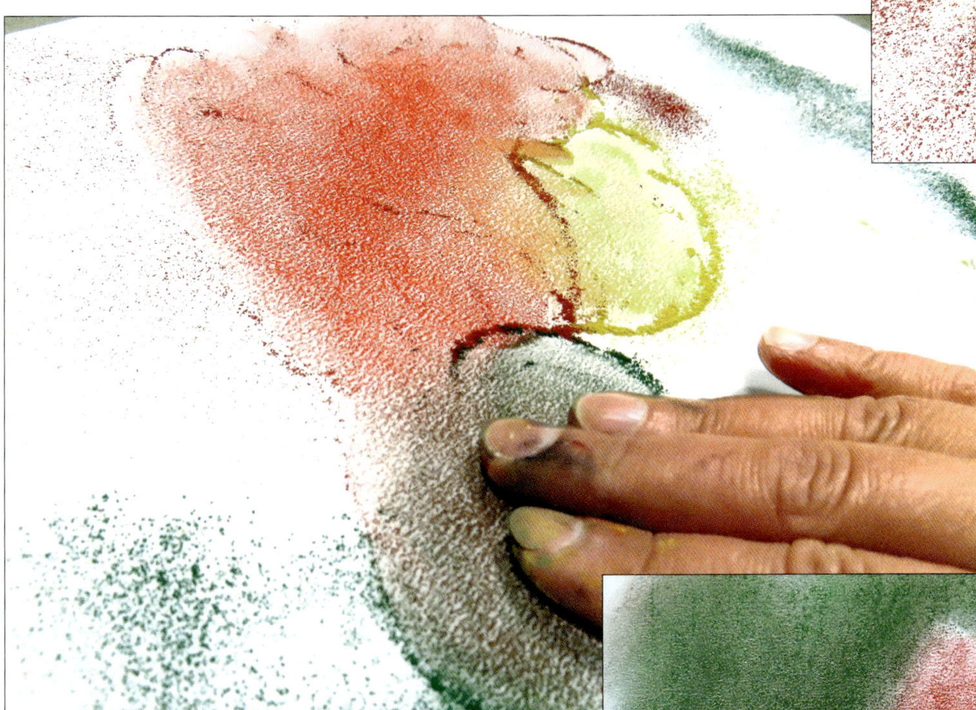

1

Beim Abreiben auf dem umgedrehten Teesieb rieselt das Farbpulver auf das Papier. Das geschieht zunächst mit Gelb und Rot direkt auf dem Zeichenblatt im Bereich der Blüte.

Mein Material:

- *Starkes Zeichenpapier*
- *Pastellkreiden*
- *Sieb*
- *Cutter*

Video

Siehe S. 9

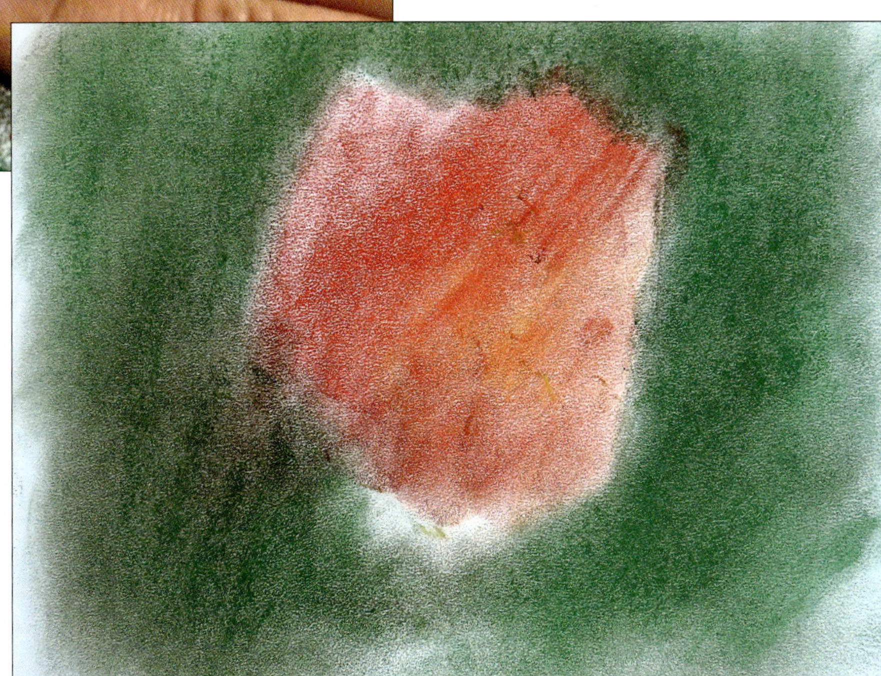

2

Ringsum das Gleiche in Grüntönen, wobei ich einen schmalen Lichtrand lasse.

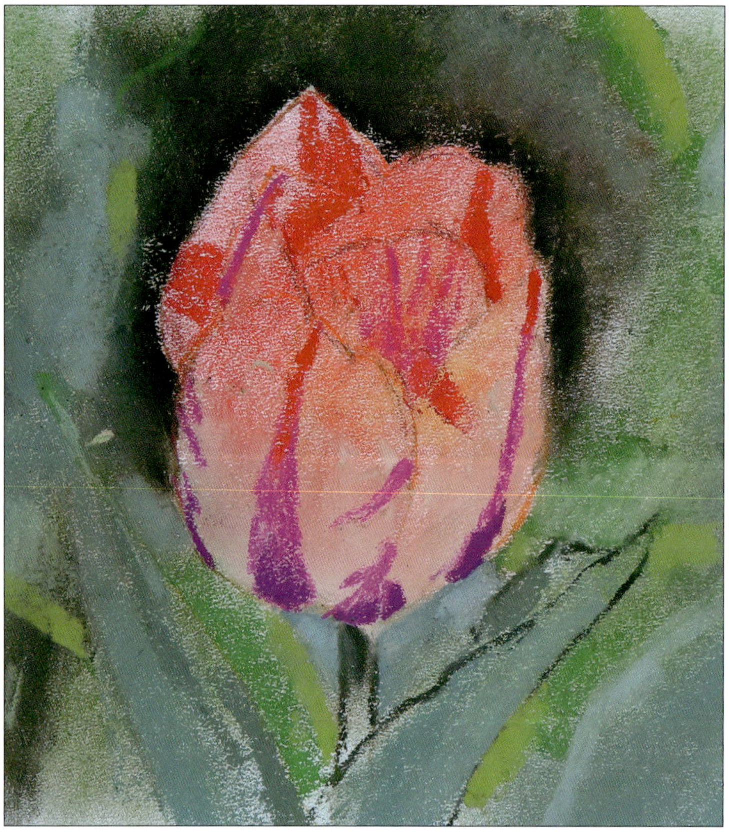

◀ 3

Die ersten Strukturen zeichne ich mit dunkelroter und violetter Kreide (Stift und Stäbchen) für die grundierte Blüte. Mit breit aufliegenden Kreidestücken ziehe ich diverse Grüntöne in den Hintergrund, unten zeichne ich die Blätter vor.

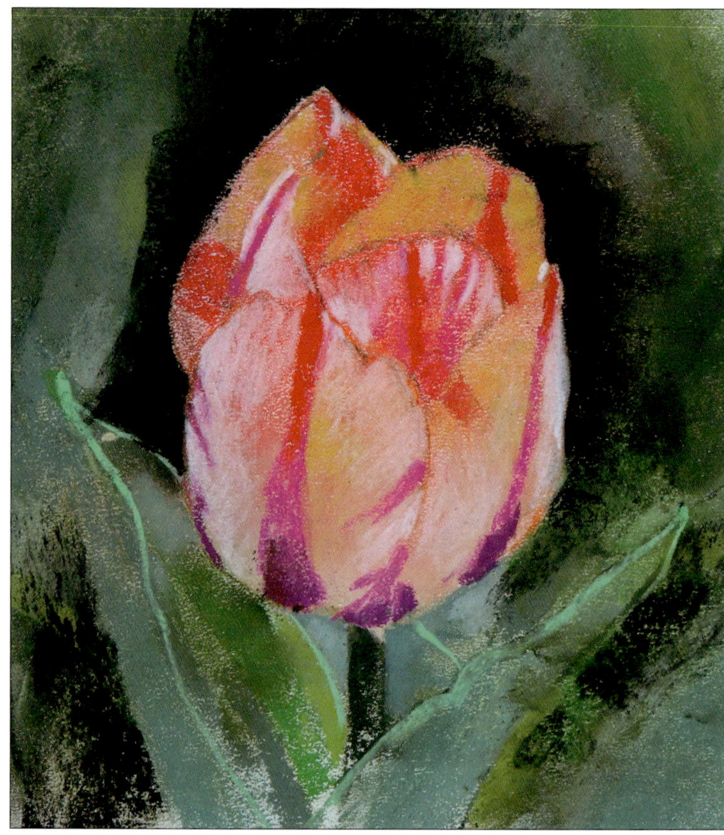

▲4

Rings um die Blüte dunkle ich den Hintergrund weiter ab, unten verdeutliche ich die Blätter. Die Blüte gestalte ich in Tönen von Pink bis Orange aus und überziehe sie leicht mit Weiß.

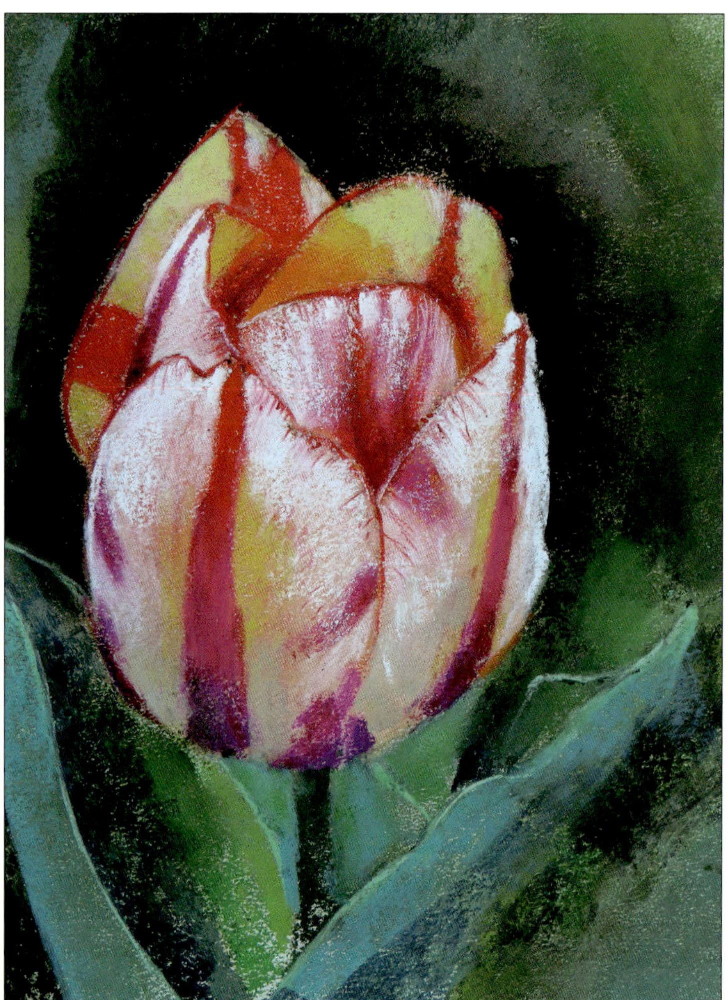

◀ 5

Mit dem roten Pastellstift konturiere ich die Blütenblätter. Die vorderen helle ich mit weißen Schraffuren von außen nach innen auf, die hinteren färbe ich gelb nach. Die grünen Blätter modelliere ich mit dunkelblauen Schatten.

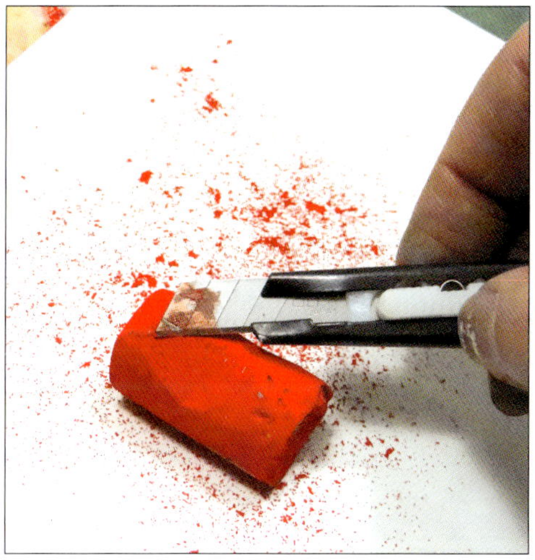

◀ 6

Schließlich überstreue ich das Motiv mit farbigen Sprenkeln in Rot und Weiß. Die Teilchen kratze ich mit dem Cutter von den Stäbchen ab.

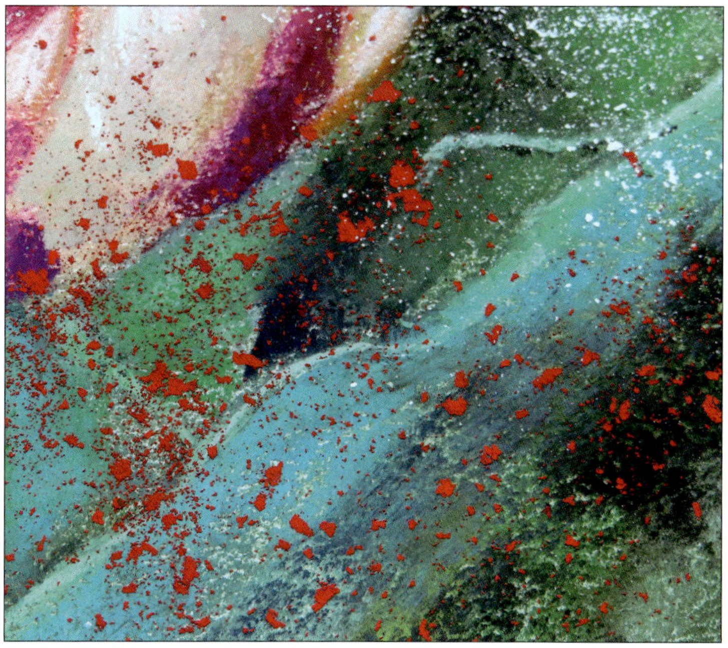

7 ▶

Die roten Farbpartikel verteile ich auf dem unteren Bildbereich, …

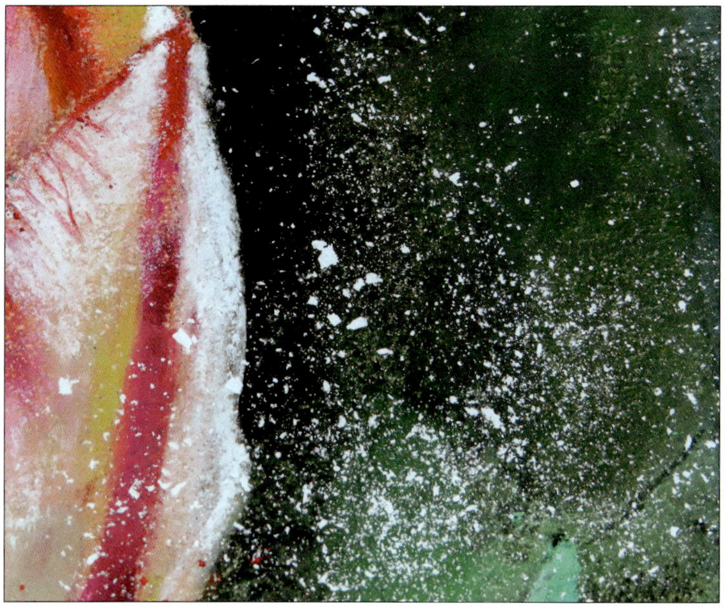

▲ 8

… die weißen Partikel vorwiegend rechts und links.

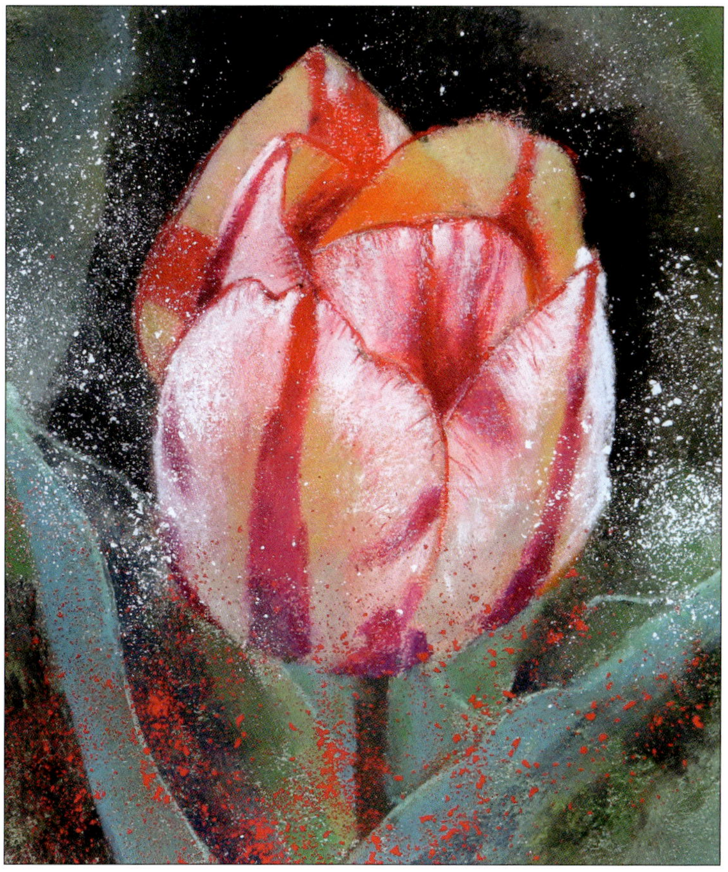

9 ▶

Nun liegen die Farbteilchen lose auf. Da ich sie nicht verwischen will, lege ich Pergaminpapier darauf und reibe mit einem Tuch kräftig darüber – und damit die Teilchen aufs Bild. Und die Tulpe versprüht ringsum funkelndes Licht – und Freude!

Tipp

Das halbtransparente Pergaminpapier kennen Sie vom Trennpapier in Alben. Man kann es auf das Pastell pressen, ohne dass es dabei selbst Farbe aufnimmt. Als Zwischenlage schützt es die Bilder in der Zeichenmappe.

Wolken ziehen vorbei ...

Die Erde hat Bestand. Die Wolken darüber türmen sich auf und stürmen dahin in ständig wechselnder Gestalt: ein himmlisches Spektakel, wie geschaffen für Pastelle.

In meiner niederländischen Heimat nahe der Nordsee wechselt der Himmel ständig sein Gesicht. Ein Fest für Maler, Zeichner und Fotografen. Also auf zu den flüchtigen Wolkengebirgen!
Dazu passt die malerische Arbeit mit Pastellen, die sich ebenso luftig und wolkig auftragen lassen; hier auf Velourspapier, das viel Kreide aufnimmt. Verwischen geht nicht so gut, dafür können Sie die Farben immer wieder übermalen und neue Akzente setzen. Lassen Sie sich mit den Wolken und Farben treiben. In den gewittrigen Licht- und Farbenspielen darf es ruhig dramatisch zugehen.
Zugegeben: Es gibt auch diese tristen, grauen Tage (oder auch Wochen), die Sie, wenn Sie nahe der Küste zu Hause sind, nur zu gut kennen. Doch dieser schier unendlich weite Himmel und das besondere Licht hat schon immer ganze Malerkolonien ins flache Land gezogen. Heute will ich Sie zu einem der besonderen Schauspiele einladen und zeigen, wie Sie eine Wolkenkomposition aufbauen können.

⊕ Video

Siehe S. 9

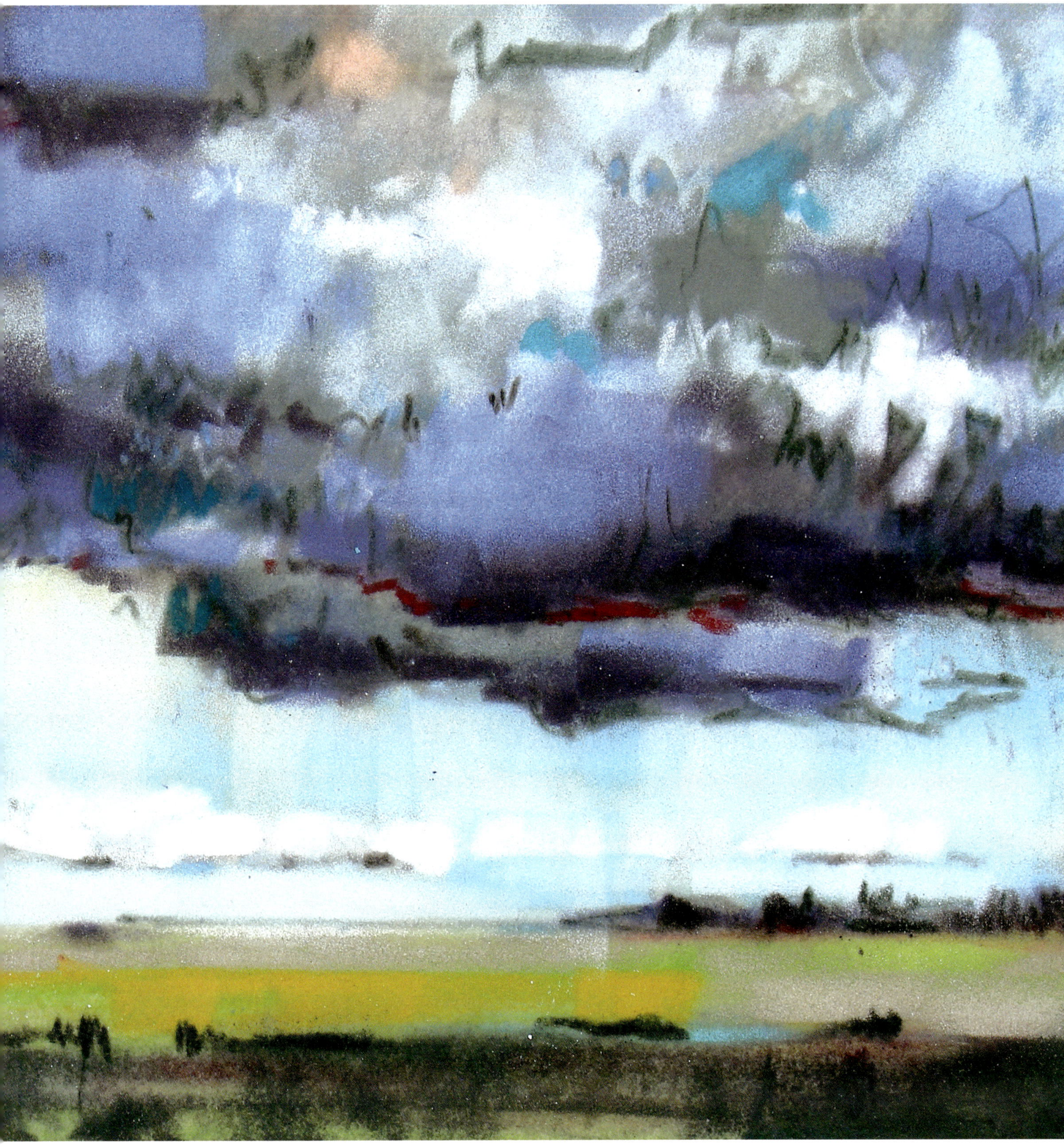

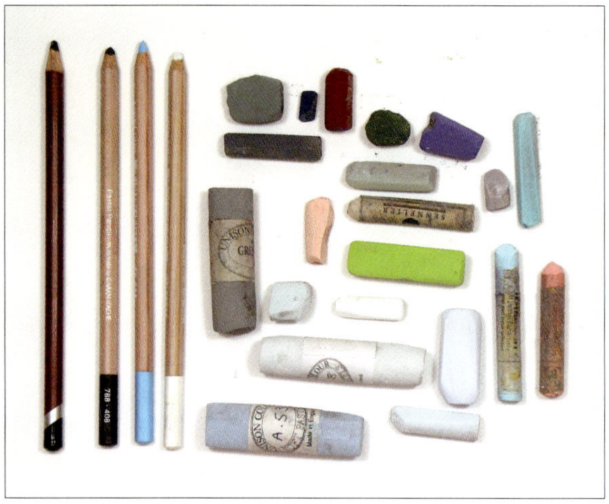

Mein Material:

- *Pastellstifte und -kreiden in himmlischen und irdischen Tönen.*
- *Velourspapier (von Vang, 33 x 20,5 cm).*
  Wichtig: Velourspapier verträgt kein Fixierspray.

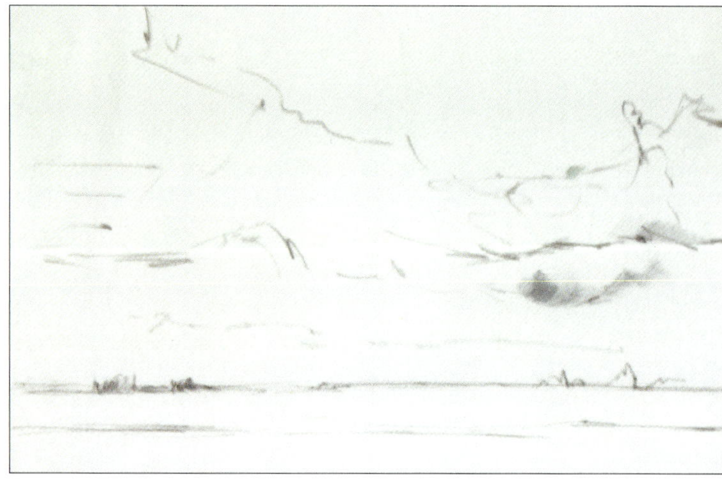

Tipp

Der Härtegrad von Pastellkreiden unterscheidet sich von Marke zu Marke. Für das Velourspapier eignen sich weichere Sorten besser als harte.

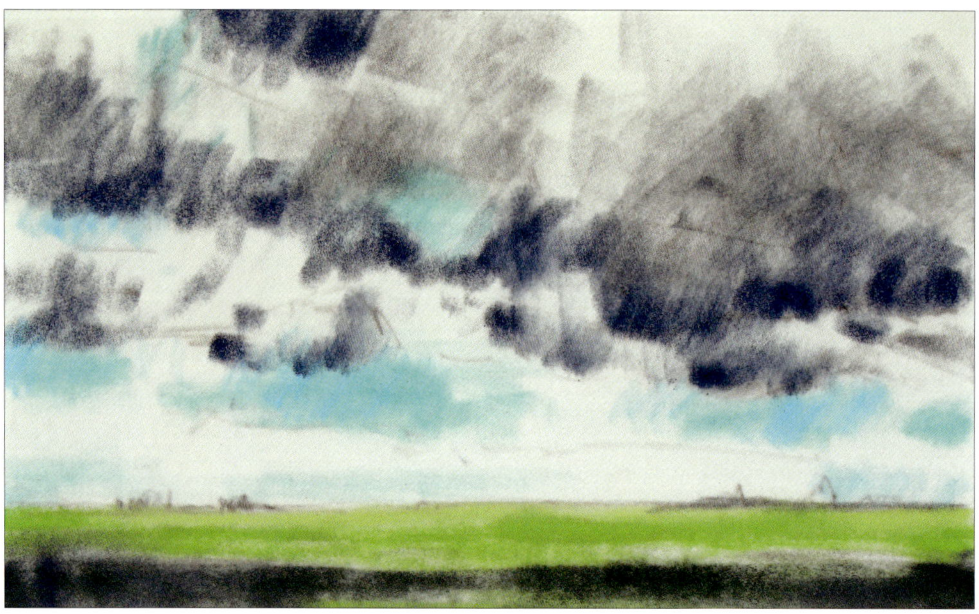

1 ▲

In der Skizze deute ich mit dem Pastellstift einen tief liegenden Horizont an, der Platz schafft für die flüchtig umrissenen Wolken.

◀ 2

Land und Wolken ziehe ich mit der Breitseite kurzer Kreidestücke ins Bild. Alles sehr großzügig: die Wolken grau, die Wiese vorne sehr dunkel und nach hinten hin heller und dort auch mit rötlichen Farbtupfern.

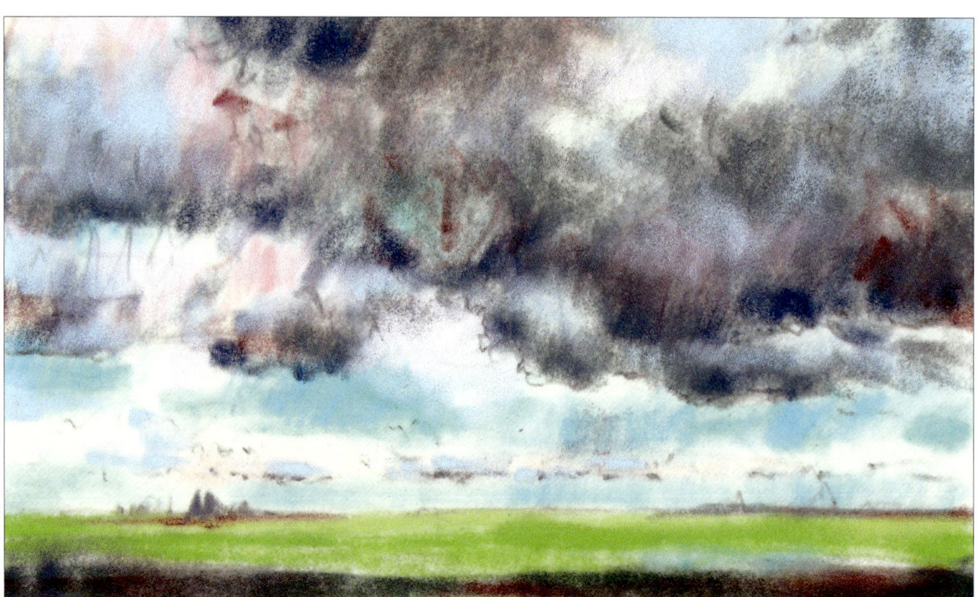

◀ 3

Selbst graue Wolken sind nicht wirklich neutral grau. Also versuche ich es stellenweise mit Dunkelrot, in den helleren Bereichen mit Rosa.

Tipp

Sparen Sie bei solchen Gelegenheiten nicht mit Farben. Wenn Sie es anfangs (scheinbar) übertreiben, wird die Wirkung deutlicher – es geht um Atmosphäre. Allzu wilde und bunte Farben können Sie immer noch zurücknehmen.

4 ▸

Das Rezept für große, sanfte Wolkenbäusche: Pastellkreide in mehreren Lagen auftragen, an der Unterseite dunkle Ränder lassen. Damit das alles ein bisschen dramatischer wird, kritzle ich mit dem Pastellstift ein paar Linien hinein; kurz und zart auch in die hellen Wölkchen am Horizont.

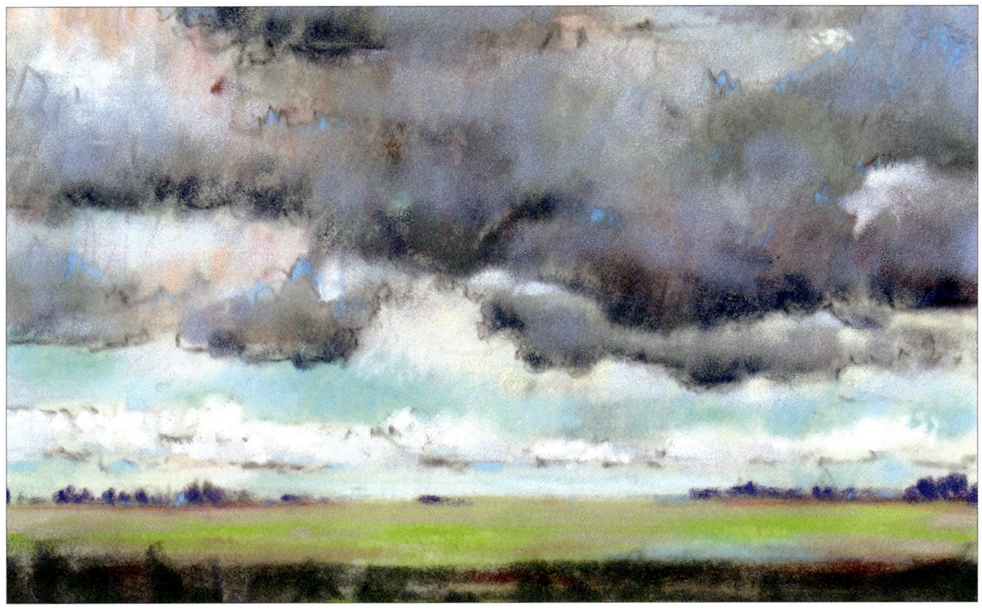

5 ▸

Weiter geht es mit wilden Farben und krakeligen Strichen, mit denen ich die Wolken zerreiße und zerfleddern lasse. Besonders schön, wenn der Himmel darunter und dahinter in milden Tönen aufleuchtet. Auch das Land verändert sich. Das helle Grün verschwindet, Ocker kommt hinzu. Vorne bleibt es dunkel. Ein paar senkrechte Striche durchbrechen den horizontalen Charakter der weiten Ebene.

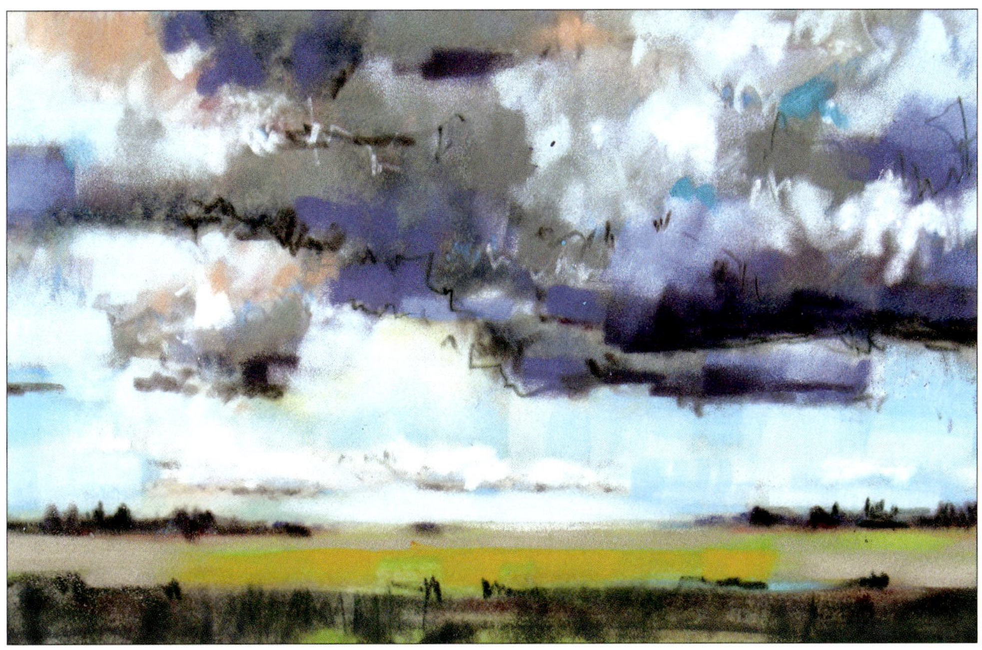

6 ▸

Nun lasse ich das Bild ruhen, um es später mit frischem Blick zu beurteilen. In diesem Fall verwische ich noch einige harte Striche und modelliere anderswo die Wolkenbäuche mit dunklen Schatten nach.

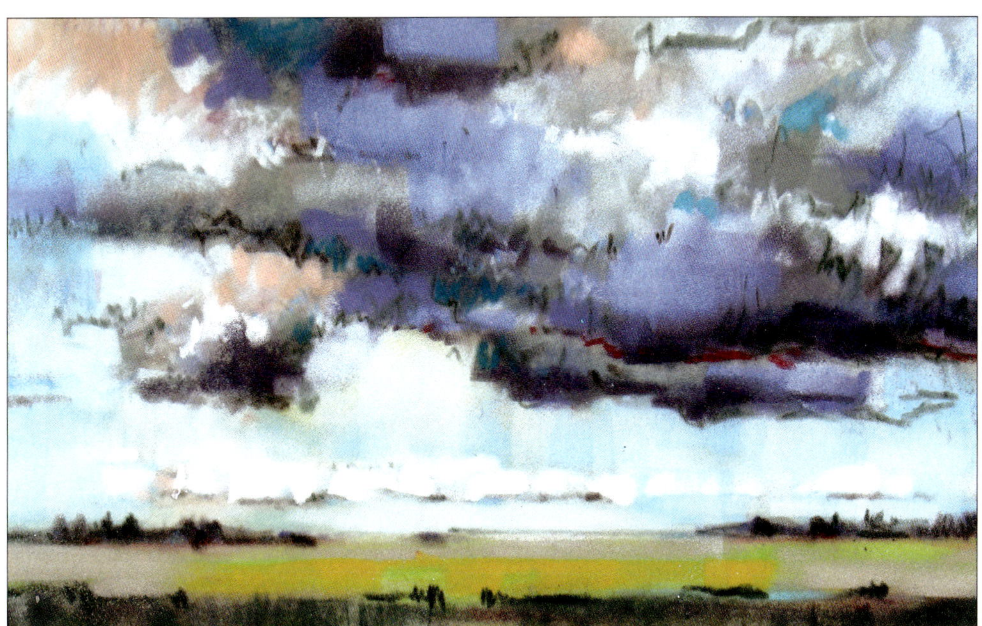

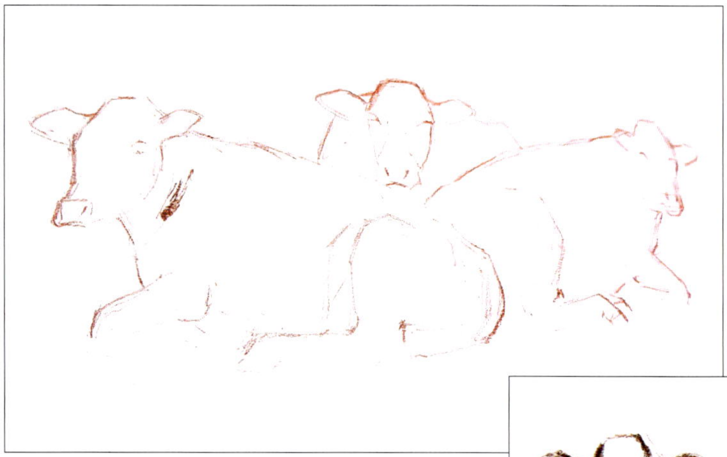

◀ *Eigentlich wäre für Konturen der Pastellstift zuständig und auch praktischer. Versuchen Sie es dennoch mit der Ecke des Stäbchens. So bekommen Sie ein besseres Gefühl, wie sich der Strich mit mehr oder weniger Druck verändert.*

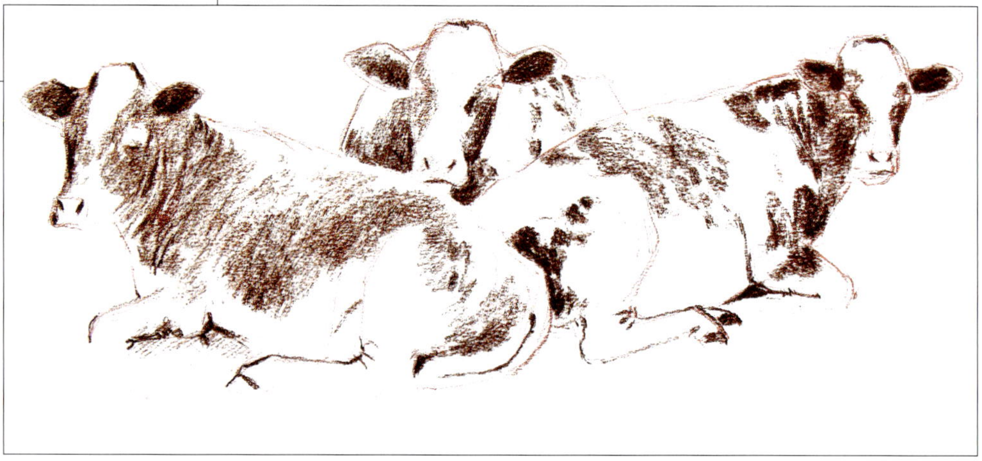

▶ *Die dunklen Partien zeichnen Sie mit der stumpfen Spitze oder mit der Breitseite des sehr kurzen Stummels. Folgen Sie dabei den Körperformen. Wenig Druck tönt das Fell, mehr Druck erzeugt dunklere Schatten, die weich ins hellere Braun und dann ins Weiß auslaufen.*

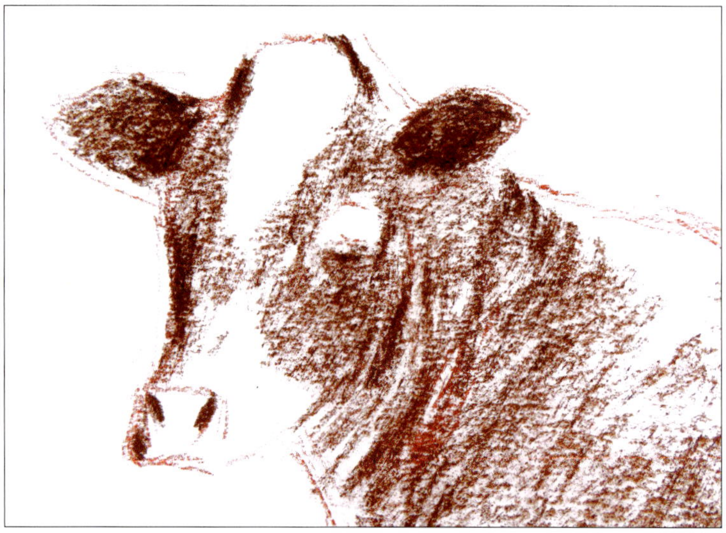

▲ *Tragen Sie die Farbe nur in den tiefsten Schatten deckend auf, überall sonst bleiben helle Sprenkel.*

⊕ Video

Siehe S. 9

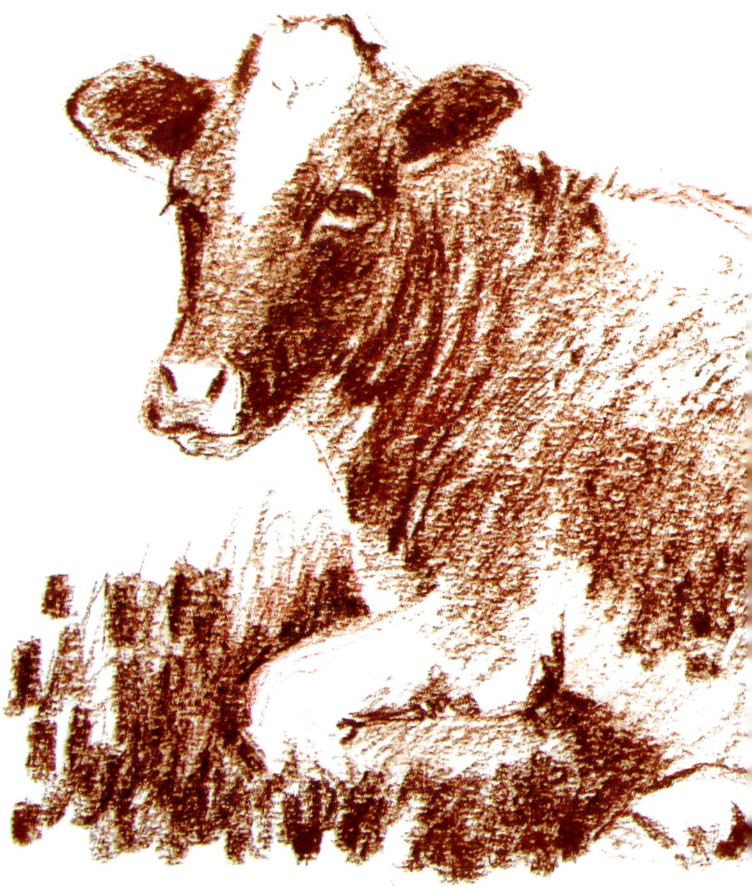

▶ *Ziehen Sie unten zarte Schattenschraffuren auch ins weiße Fell. Dunkeln Sie die tiefen Schatten stellenweise so kräftig nach, dass hier die weißen Sprenkel verschwinden. In die Übergänge zeichnen Sie dunkle Tupfen. Und schließlich betten Sie die Kühe in die mit kurzen, kräftigen Strichen angedeutete Wiese.*

Kühe

In aller Ruhe mit Kühen üben: Linien, Flächen, Schatten und überhaupt den Umgang mit Pastellkreide. Und wenn sich die Übungsmodelle zu respektablen Rindern entwickeln, umso schöner!

Für solche Zwecke reicht eine Farbe, hier passenderweise ein Rotbraun. Zum einen ist das eine natürliche Fellfarbe. Damit bekommt die Zeichnung, obwohl monochrom, eine realistische Note. Zum anderen können Sie sich ganz und gar aufs reine Zeichnen konzentrieren, ohne sich von der Frage nach den passenden Farben ablenken zu lassen. Und schließlich schafft der angenehm warme Farbton von sich aus eine ruhige Arbeitsatmosphäre.

Mein Material:

- *Zeichenpapier*
- *Pastellkreide in Rotbraun (Conté à Paris)*

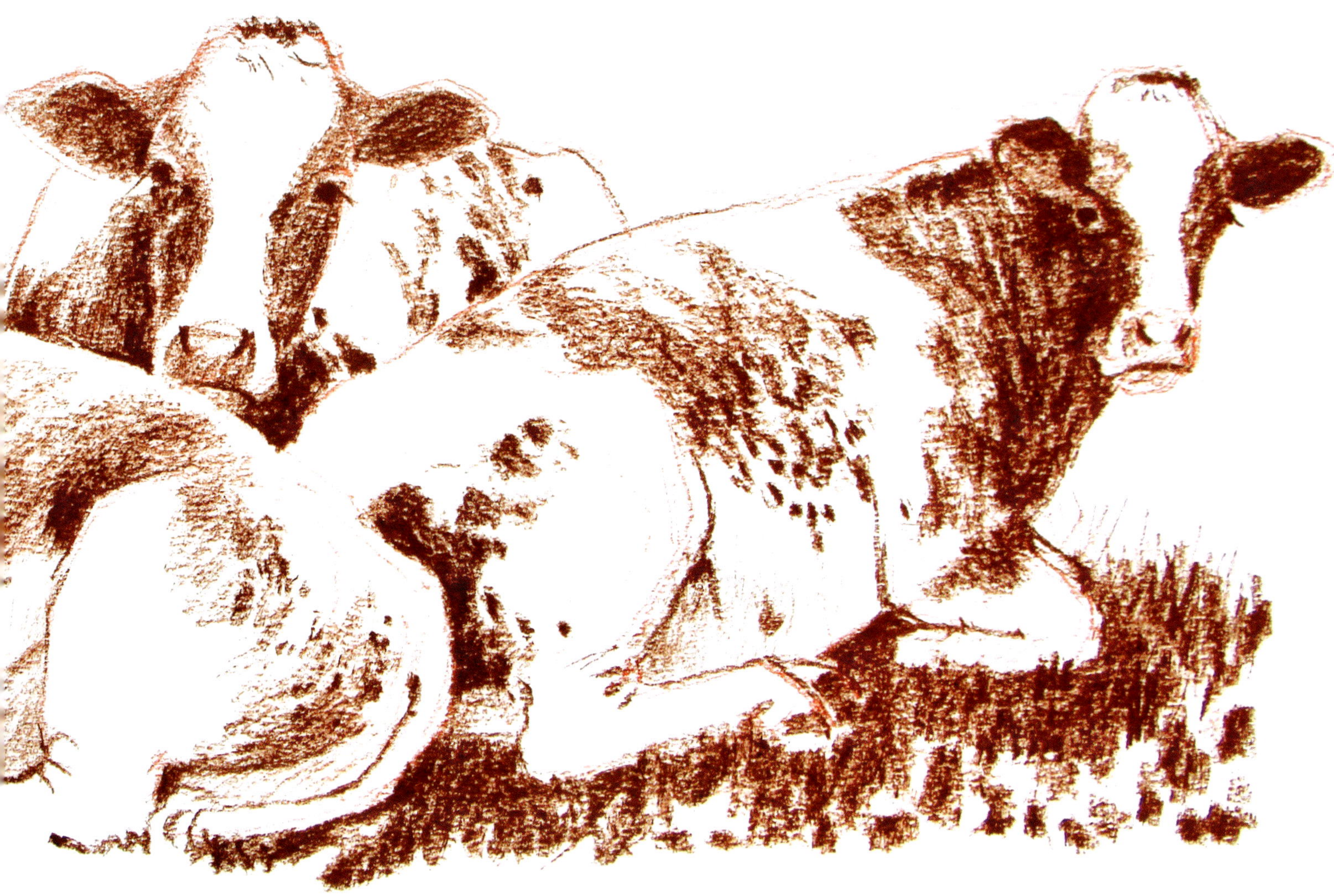

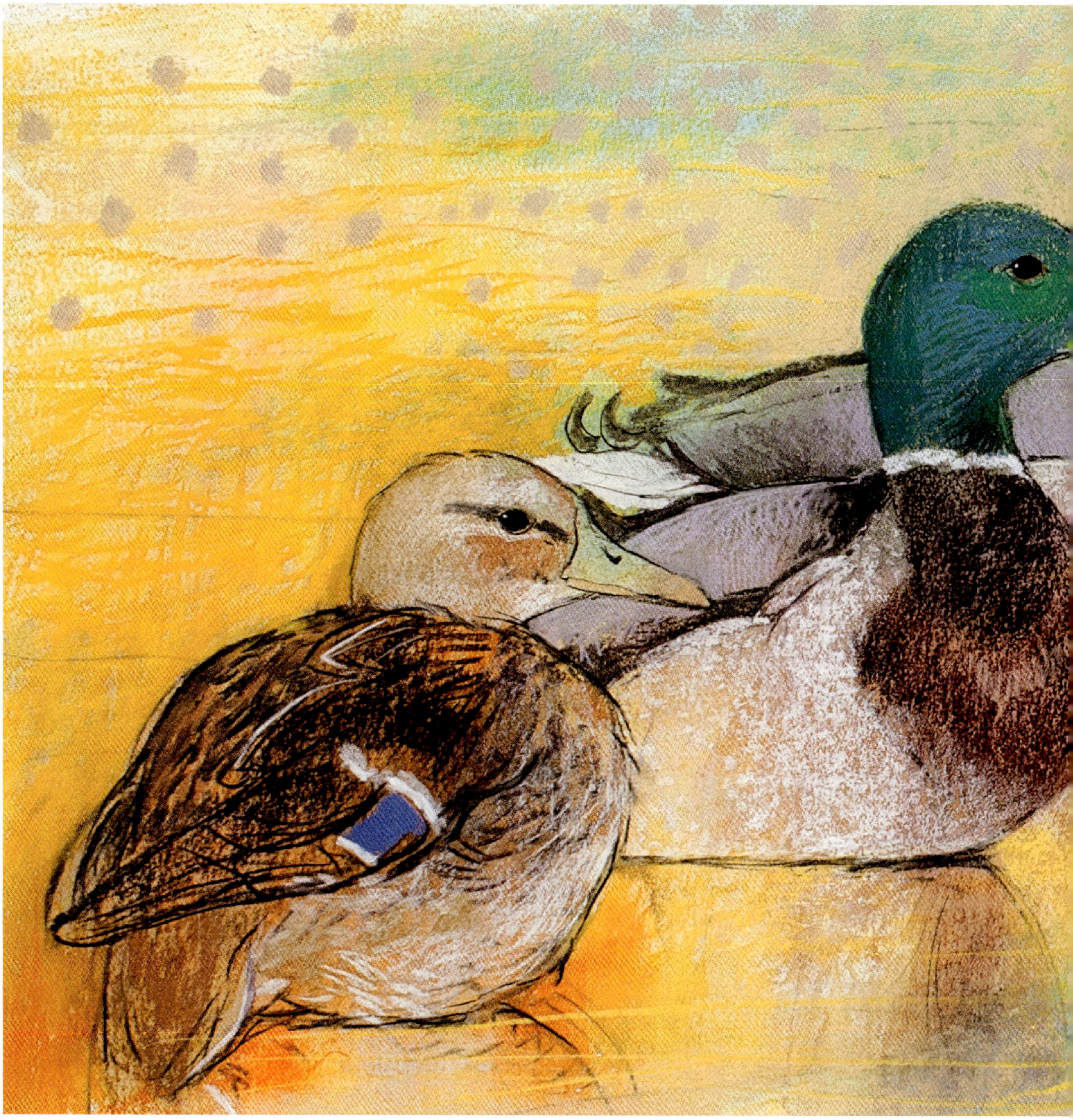

Entenschar

Erst kommen (und verschwimmen) die Farben, dann folgen die Enten. So jedenfalls entstand dieses Pastell: nicht mit einer Entenschar im Kopf, sondern mit der Idee einer Farbkomposition.

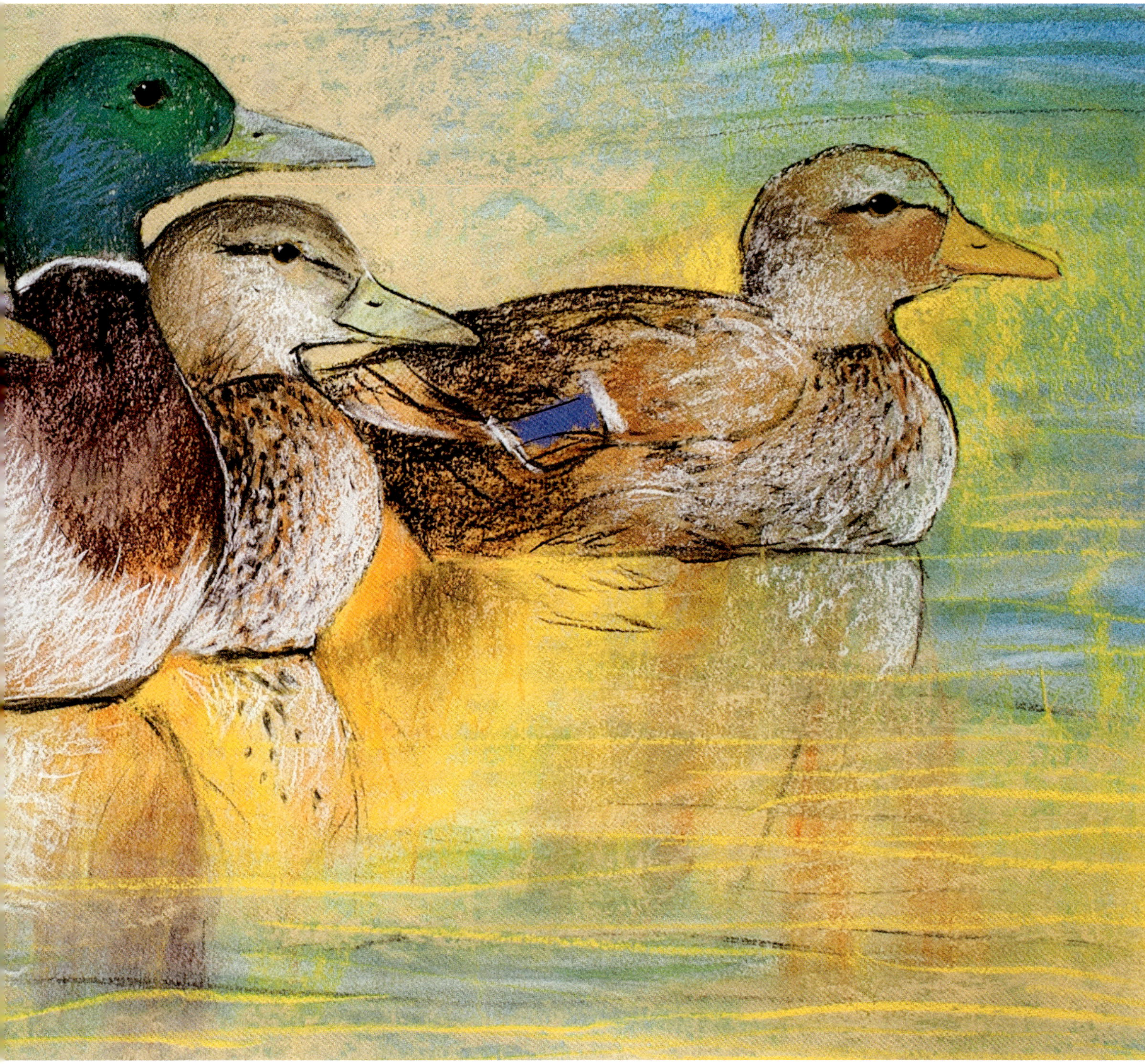

Hier zum Beispiel schien mir das Hellblau unter und zwischen den sonnigen Gelbtönen eine Wasserfläche anzudeuten. Da lag es nicht fern, ein paar Enten durchs Bild paddeln zu lassen.

Es ist sicherlich ein ungewöhnlicher Weg, sich von intuitiv aufgetragenen und verwischten Farben zu einem realistischen Motiv inspirieren zu lassen. Doch Pastelle machen das nicht nur möglich, sondern können auf diese Weise auch zu erfreulichen Ergebnissen führen. Lassen Sie sich überraschen!

Dabei liefert der Farbgrund nicht nur Inspirationen, sondern zugleich die erste Untermalung für die skizzenhaften, am besten mit dem Kohlestift gezeichneten Konturen – die sich natürlich auch anderswo vorzeichnen und auf das Bild übertragen lassen. Und auf die Ausgestaltung der Entenschar folgt die Nacharbeit der Umgebung, etwa mit den Schatten und Farbspiegelungen des Gefieders auf dem Wasser.

Die Farben des Winters

Die Abendsonne steht tief über dem Horizont, übergießt Himmel und Land mit furiosen Farben und bringt selbst den Schnee zum Leuchten. Wie lässt sich diese Pracht ins Bild bringen?

Mit Pastell macht das jedenfalls richtig Freude – wenn auch nicht draußen in der Kälte. Dort hält ein Foto die Komposition und auch die Farbstimmung fest, gezeichnet wird auf dem Zeichentisch: hier auf Pastellpapier, dessen Grau mit Sprenkeln und der Fläche im Hintergrund mitwirkt. Ansonsten ruft das Motiv förmlich nach mutig und spontan aufgetragenen Farben. Im Farbenmeer des Winterabends stehen die Sträucher und Bäume still und dunkel im Schnee …

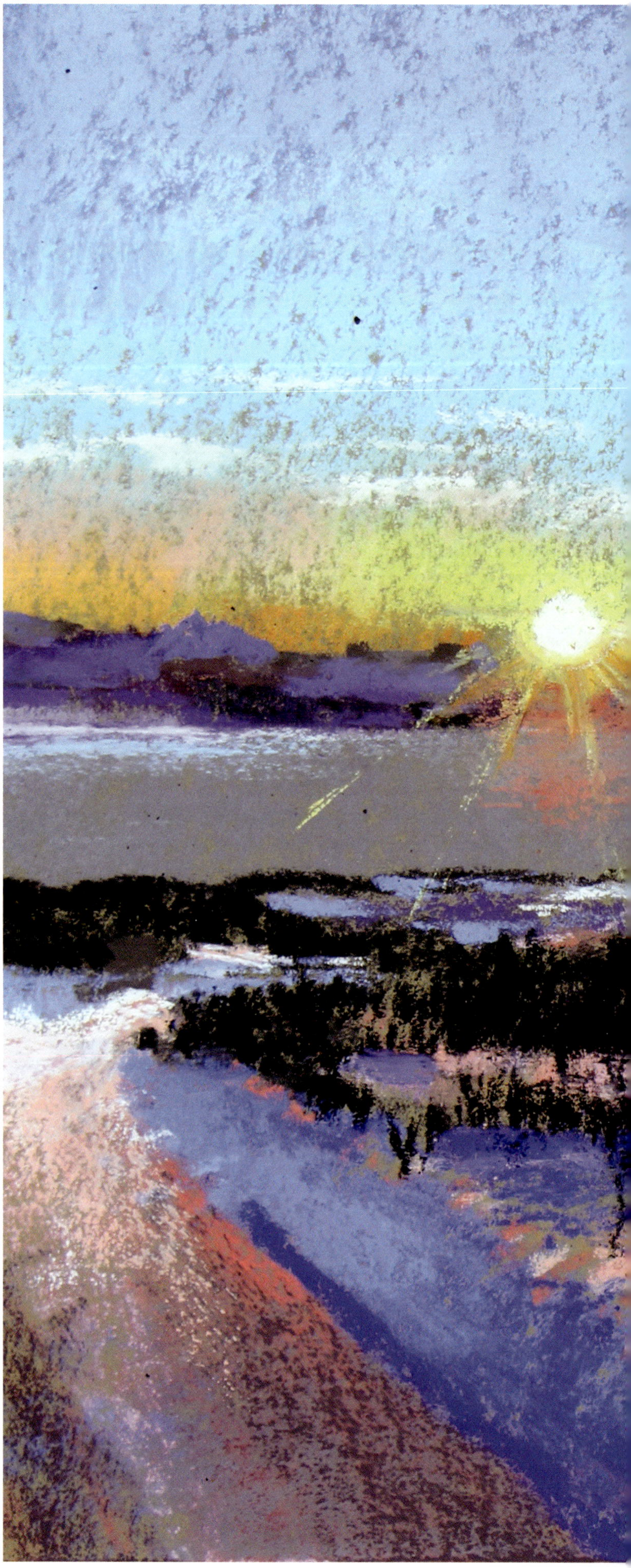

⊕ Video
Siehe S. 9

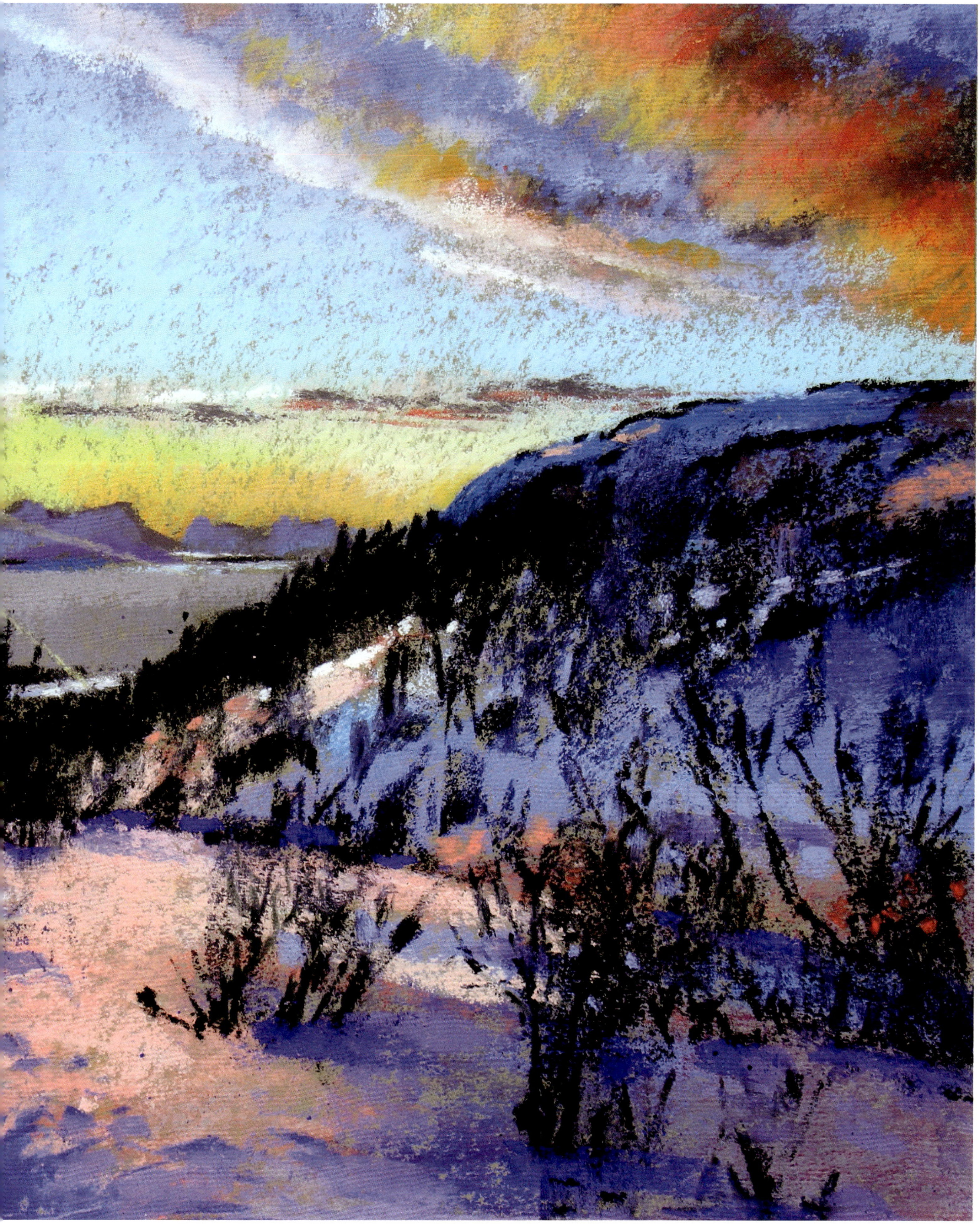

Mein Material:

- *Pastellpapier in Grau, 29 x 38 cm (Mi-Teintes Touch von Canson)*
- *Kohlestift*
- *Pastellkreide in diversen Blau-, Rot- und Gelbtönen*
- *Fixierspray*

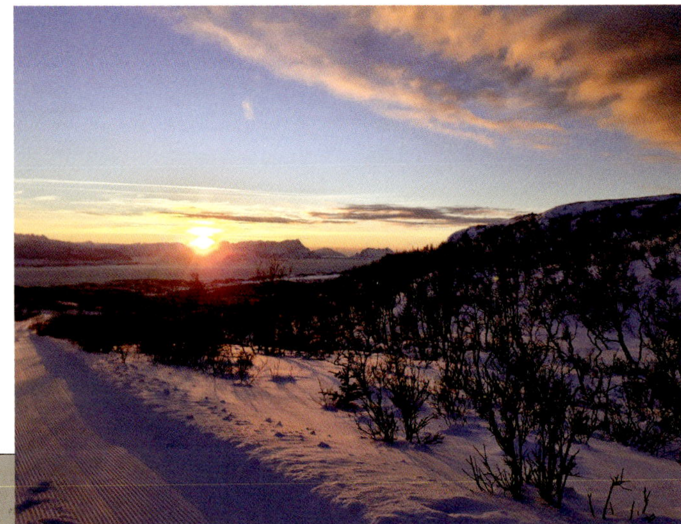

Das Foto zur Inspiration

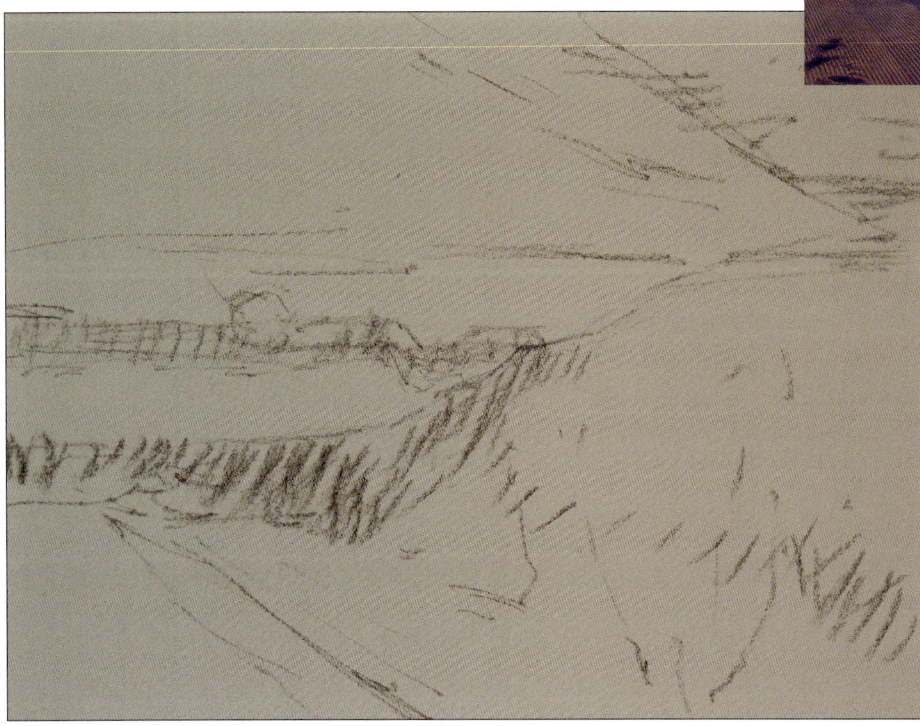

1

Zur Orientierung die Skizze mit dem Kohlestift, bei der ich mich ungefähr am Foto orientiere. Dabei beschränke ich mich auf die großen, schräg nach links und rechts laufenden Landschaftslinien. Die dunkelsten Partien deute ich mit Schraffuren an. Das oberste Bilddrittel ist für den Himmel mit seinem ebenfalls schräg durchs Bild laufenden Wolkenband reserviert.

2

Die größeren Flächen töne ich mit der Breitseite der Kreidestücke; hier bricht das Grau des Papiers gesprenkelt durch. Die dunklen Streifen überzeichne ich dicht und kräftig mit der stumpfen Spitze. Die Fläche in der linken Bildmitte bleibt frei und grau. Die starken Farbkontraste und gestaffelte Anordnung der Landschaftsteile geben der Szene schon jetzt eine schöne Tiefe.

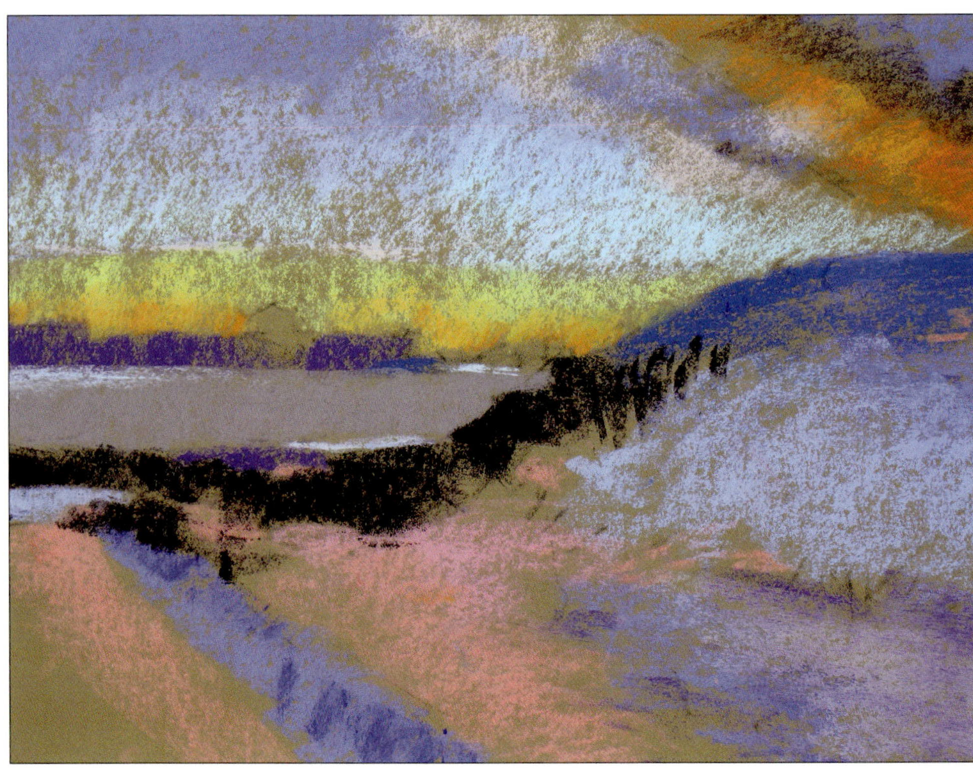

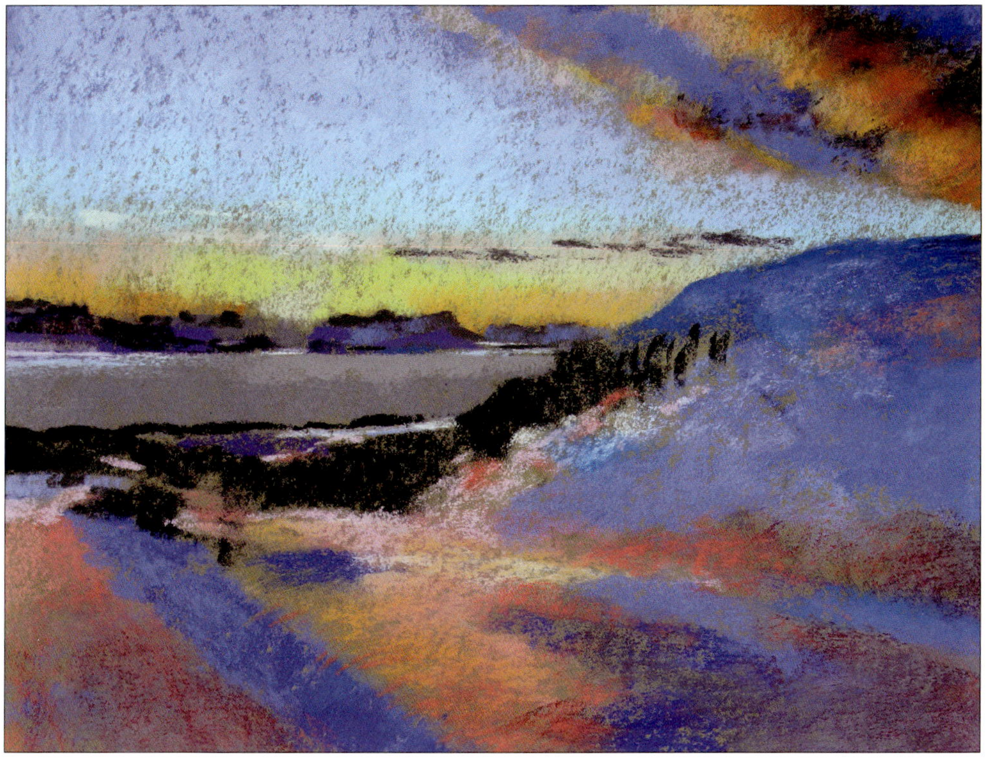

◀ 3

Auf dieser Grundlage verstärke ich die Farben in mehreren Schichten, die ich verwische, ineinanderziehe und wiederum überzeichne. Oben verdeutliche ich die Hügelkette am Horizont und modelliere die Wolken mit Licht und Schatten. Unten füge ich weiß gesprenkelte Schneefelder hinzu und arbeite das Gelände aus.

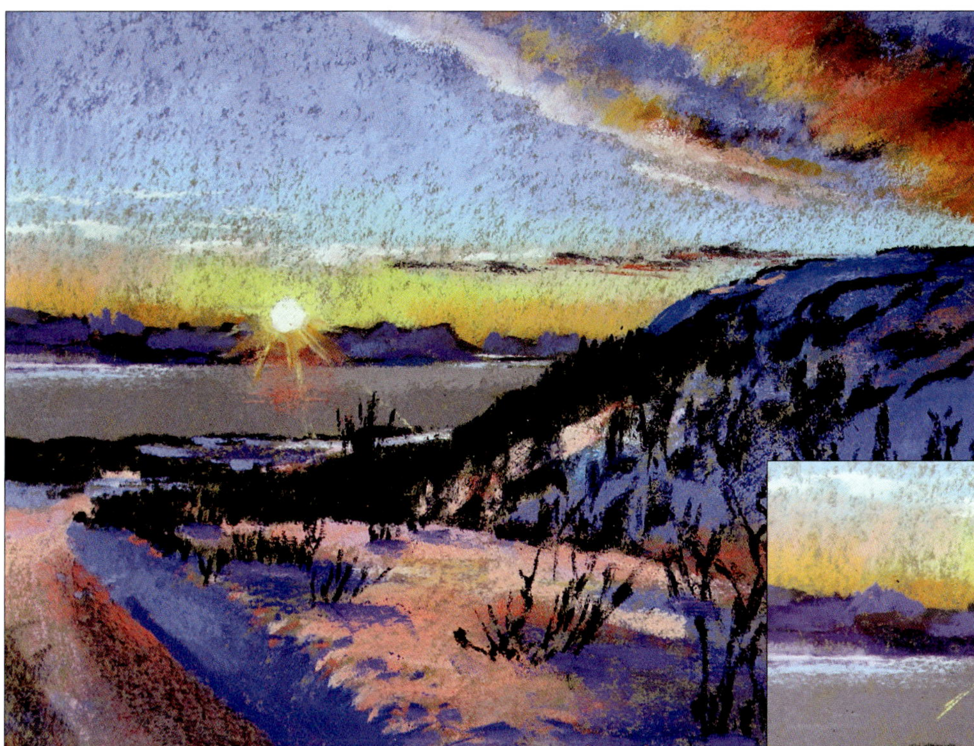

◀ 4

Im Schatten bleibt der Schnee blau, im Licht der Sonne (eine strahlend weiße Scheibe) leuchtet er rosa auf – ein kraftvoller Kontrast zu den schwarz und krakelig gestrichelten Sträuchern im Vordergrund und den schwarzen Bäumen dahinter.

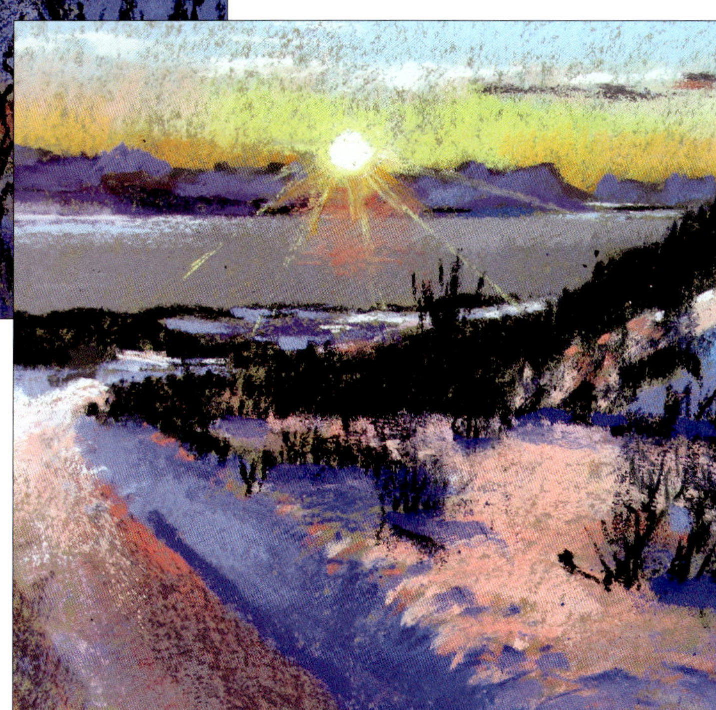

5 ▶

Zuletzt noch etwas Feinarbeit: weißer Schimmer auf dem Schnee und Weg, helle Sonnenstrahlen, da und dort noch Lichtstriche im Wald … nur nicht zu viele Details, weniger ist mehr!

Schnee-glöckchen

Die ersten tapferen Frühlingsboten heben ihre Blütenköpfchen aus dem Schnee: Eine hübsche Komposition aus Weiß und Grün vor winterlichem Blau …

Dieses stimmungsvolle Motiv entsteht aus einfachen Formen mit wenigen Grundfarben. Dabei kommt es auf botanische Genauigkeit der aufblühenden Schneeglöckchen weniger an als auf ihren poetischen Charme. Dafür nehme ich, ganz prosaisch, einen blaugrauen Pastellkarton, der bereits die passende Atmosphäre mitbringt.

Obwohl das Bild alles andere als bunt wird, verwende ich doch für das Grün, Gelb und Blau eine ganze Reihe von ähnlichen Farbtönen. Zum einen macht es Freude, mit einer reichen Farbpalette zu arbeiten. Beim Auftragen und Verwischen des Farbgrundes und dann beim Ausarbeiten des Motivs bringen die Zwischentöne viel schönes Leben ins Bild. Zum anderen bekommt man dabei einen guten Blick dafür, was alles an Schattierungen mitspielen kann und soll – und sieht mit der Zeit auch die Natur mit neuen Augen.

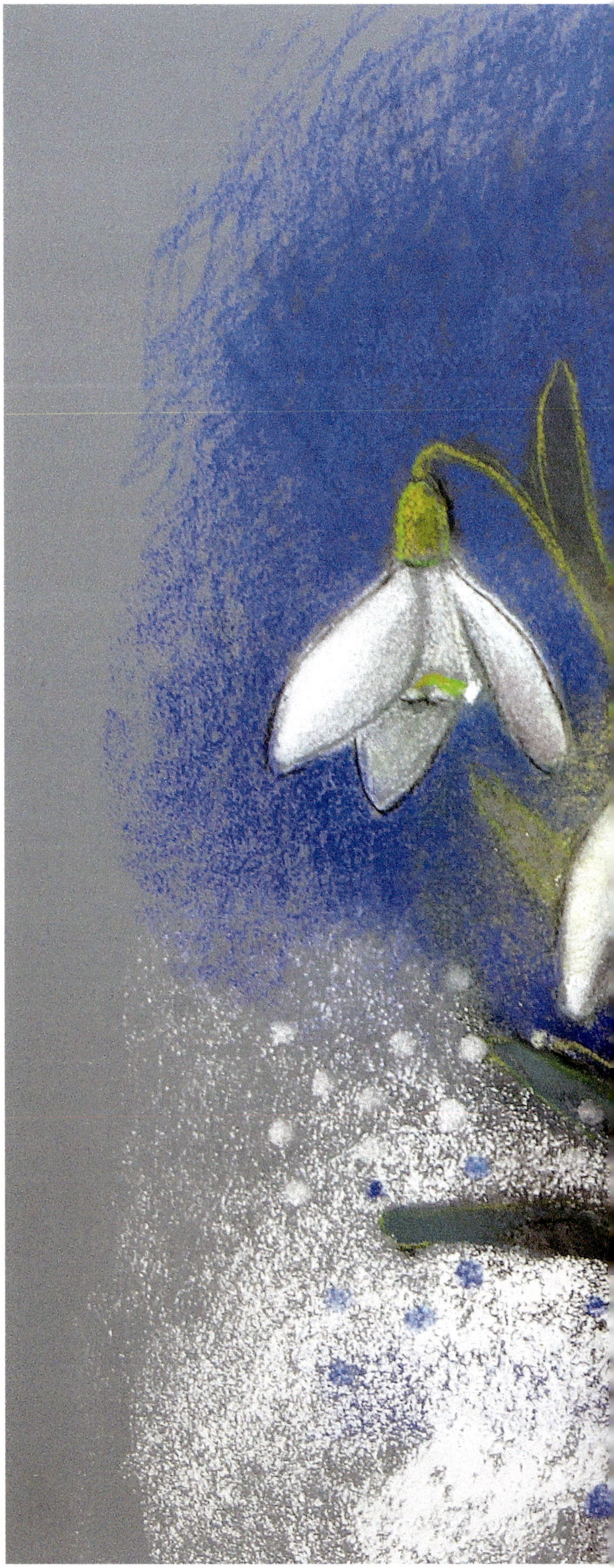

Mein Material:

- *Papier: Mi-Teintes Touch Canson 33 x 47 cm*
- *Pastellfarben in den angegebenen Tönen*
- *Kohlestift*
- *Fixativ*

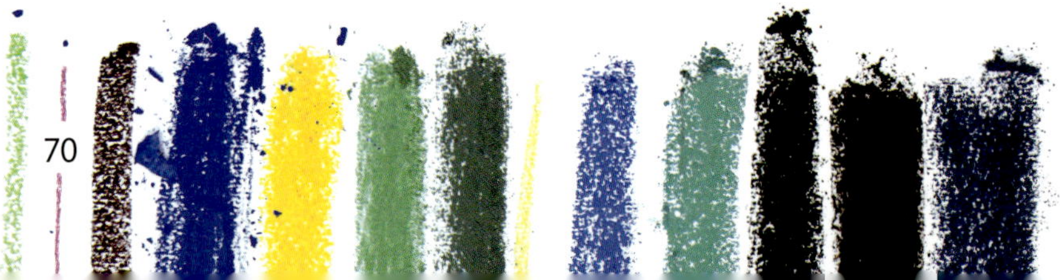

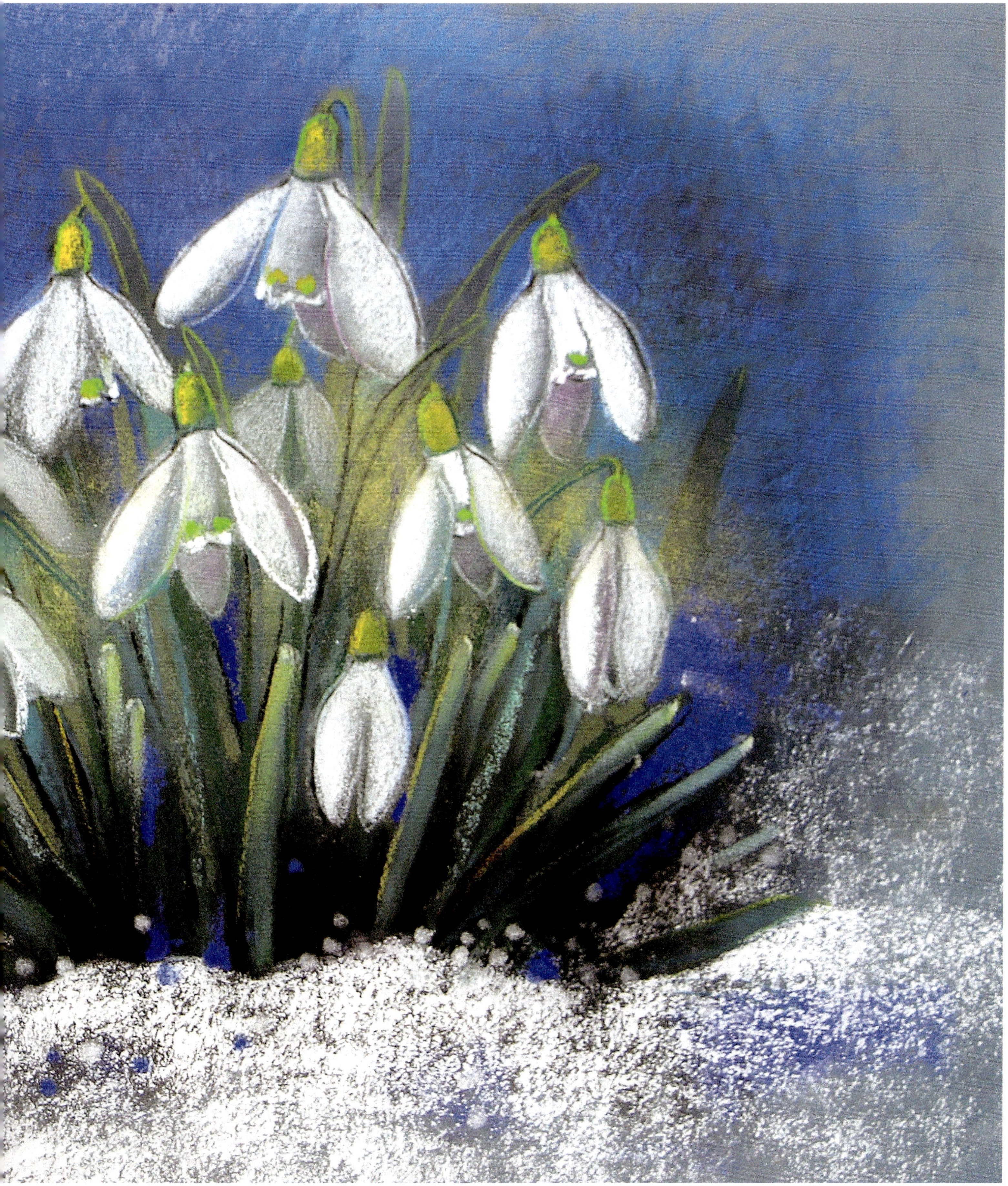

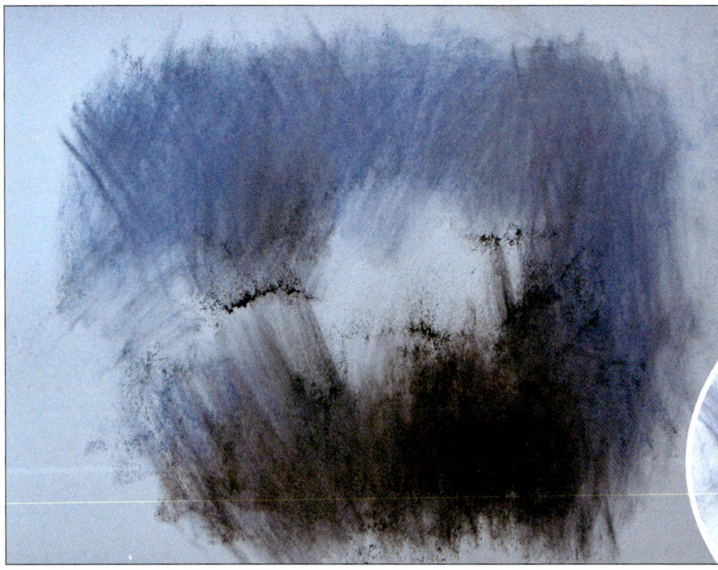

◀ 1 ▼

Die mit breiten Strichen aufgetragene blaue Grundierung – unten mit Dunkelbraun dazu – verwische ich mit einem Tuch. Die Mitte bleibt hell.

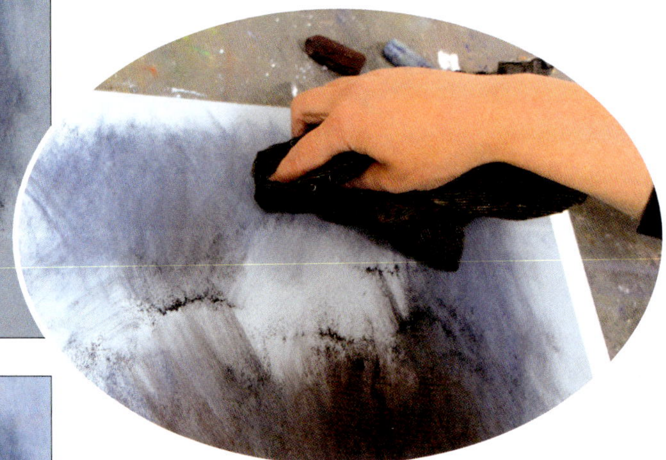

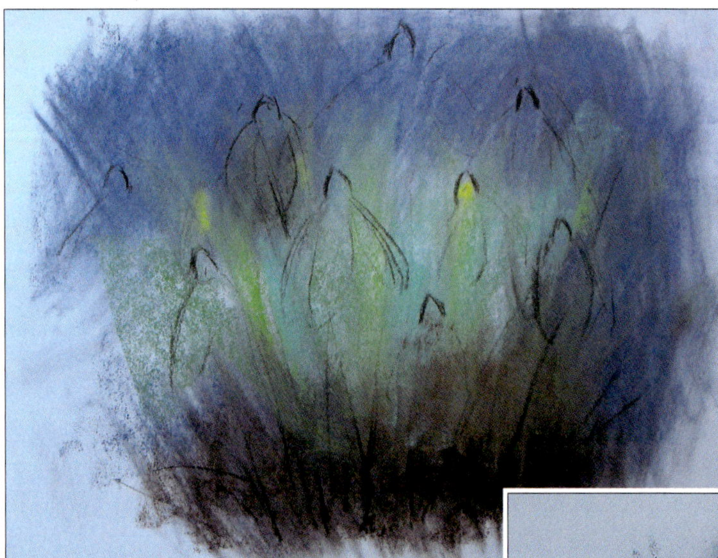

◀ 2

In das Zentrum kommt ein schwaches Grün mit Spuren von Ocker. Mit dem Kohlestift deute ich die Lage und Form der Schneeglöckchen an. Fixieren!

3 ▶

Der blaue Querstreifen gibt den Blümchen ein stabiles Fundament. Von hier aus ziehe ich die Halme mit kräftigen Strichen in diversen Grüntönen hoch. Die Blütenblätter zeichne ich mit weißer Kreide.

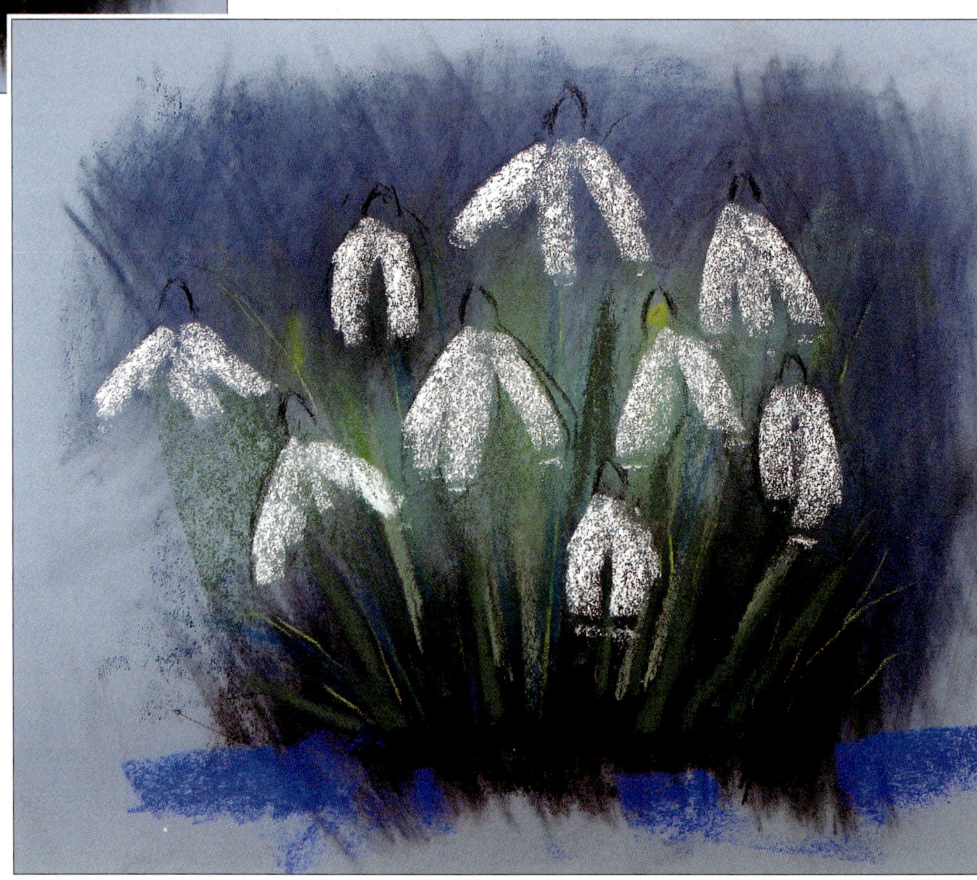

Tipp

Verdrehen Sie das Stäbchen unterwegs ein wenig. So wird der Strich breiter und wieder schmäler und bringt die Blütenblätter in Form.

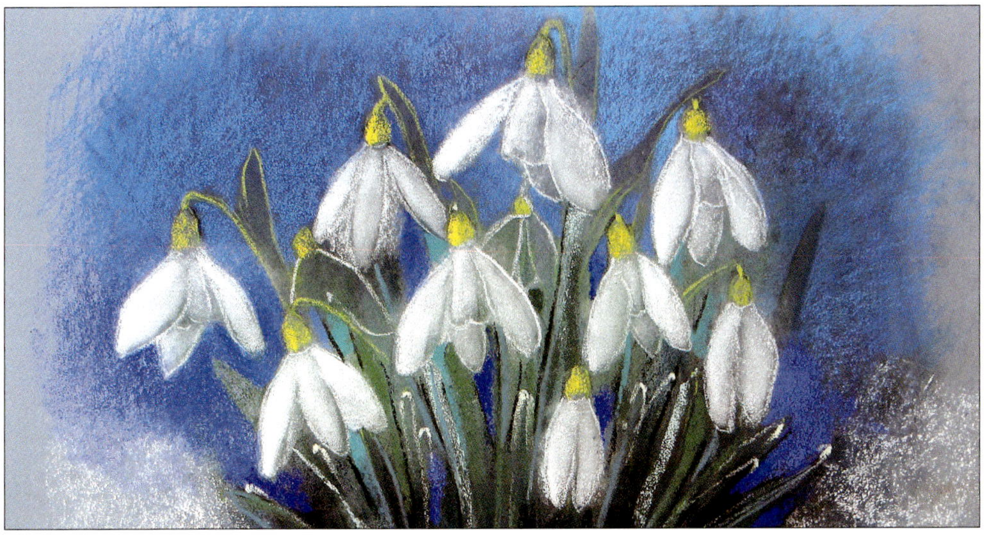

◀ 4

Mit der Ecke der Kreiden definiere ich die Halme und hinteren (grünlichen) Blüten. Die weißen Blüten kommen mit Licht- und Schattenstrichen in plastische Form, die Knospen mit gelben Tupfen.

Tipp

Glätten Sie die Blütenblätter mit dem Finger. Das gibt einen weichen Schimmer. Vorsicht, nicht über die Konturen hinwegwischen!

5 ▶

Den Schnee trage ich breitflächig auf. Der blaue Untergrund scheint als Schattenfarbe durch und lässt ihn im Licht glitzern. Blaue und weiße Punkte im Schatten und im Schnee verstärken diesen Effekt.

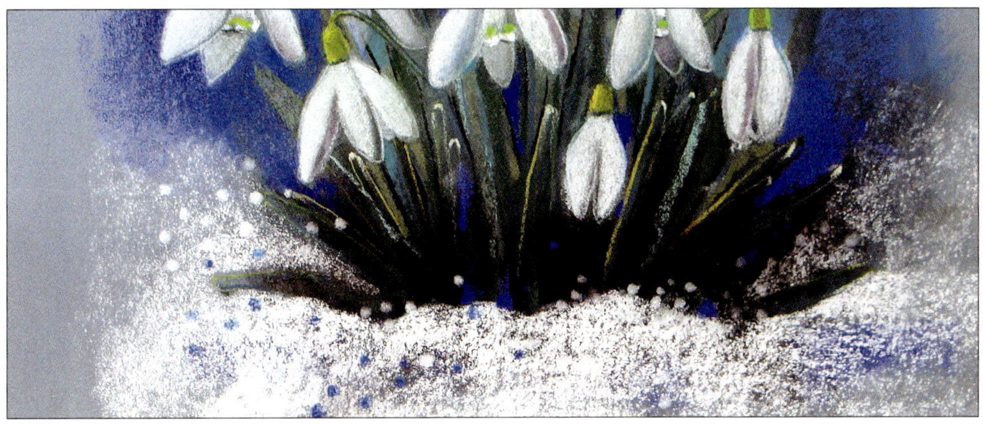

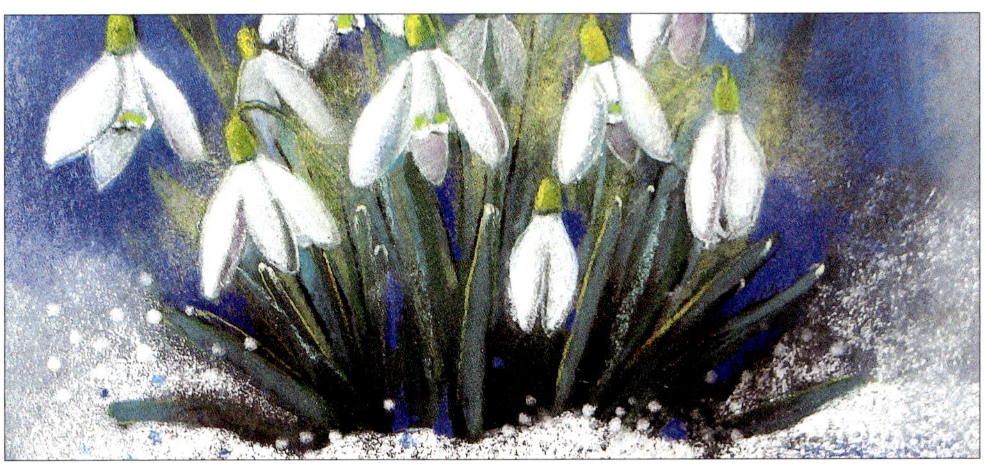

◀ 6

Durch das viele kühle Grün und Blau wirkt das alles noch recht frostig. Deshalb bekommt das Motiv in der Mitte noch einen Hauch Gelb – und damit etwas Wärme. Doch nicht zu viel, sonst verliert sich die winterliche Atmosphäre.

7 ▶

Auch unten hebe ich die Halme und Blätter mit gelben Lichtern deutlicher hervor. Oben hingegen dämpfe ich das Weiß und Grün der hinteren Schneeglöckchen etwas ab. Das lässt sie in den Hintergrund treten und gibt dem Motiv zuletzt eine schöne Tiefe.

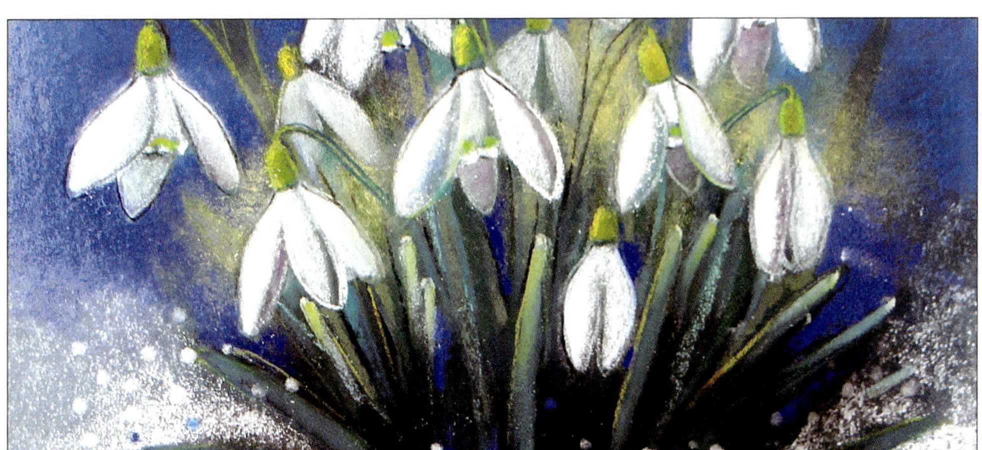

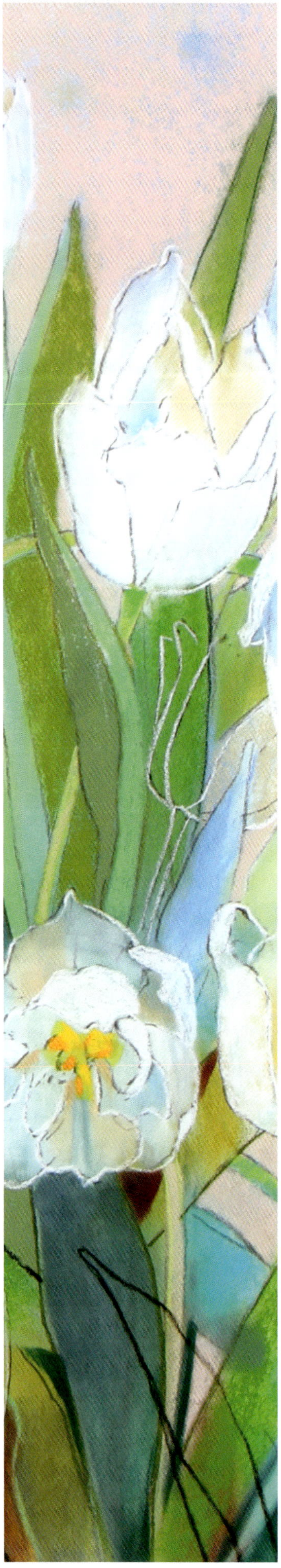

Tulpenpracht

Während sich die Schneeglöckchen von vorhin noch winterlich bedeckt halten, leuchten hier die Tulpen schon frühlingsfrisch und farbenfroh auf und streben förmlich nach oben ins Licht. Diesen schönen Effekt erreichen Sie durch den hintergründigen Farbverlauf vom kräftigeren Grün und Blau zum zarten Rosa und Himmelblau. Diese Farben tönen auch die Blüten. Die rotbraunen Akzente unten und die gelben Farbtupfer in den weißen Kelchen bringen noch mehr Leben in die Komposition. Die vergleichsweise komplexen Blütenformen brauchen eine zwar schwache, aber klare Vorzeichnung. Die Konturen werden sodann mit weißen oder dunklen Pastellstiften verstärkt und bleiben bisweilen auch transparent stehen.

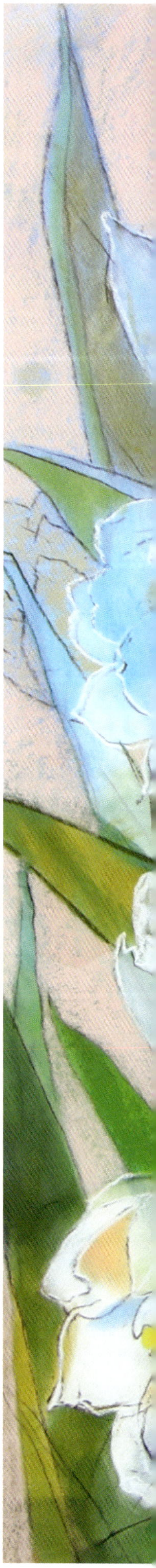

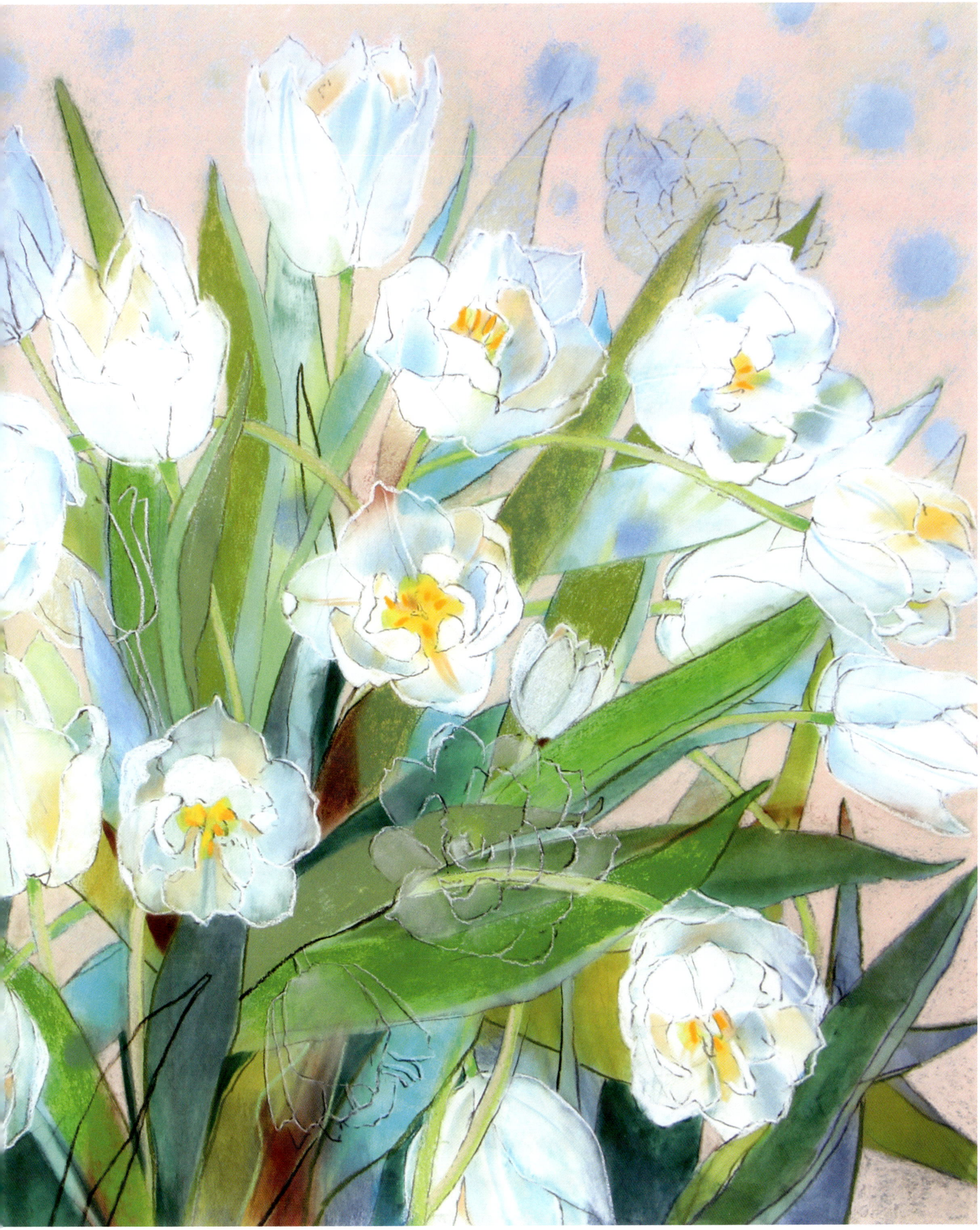

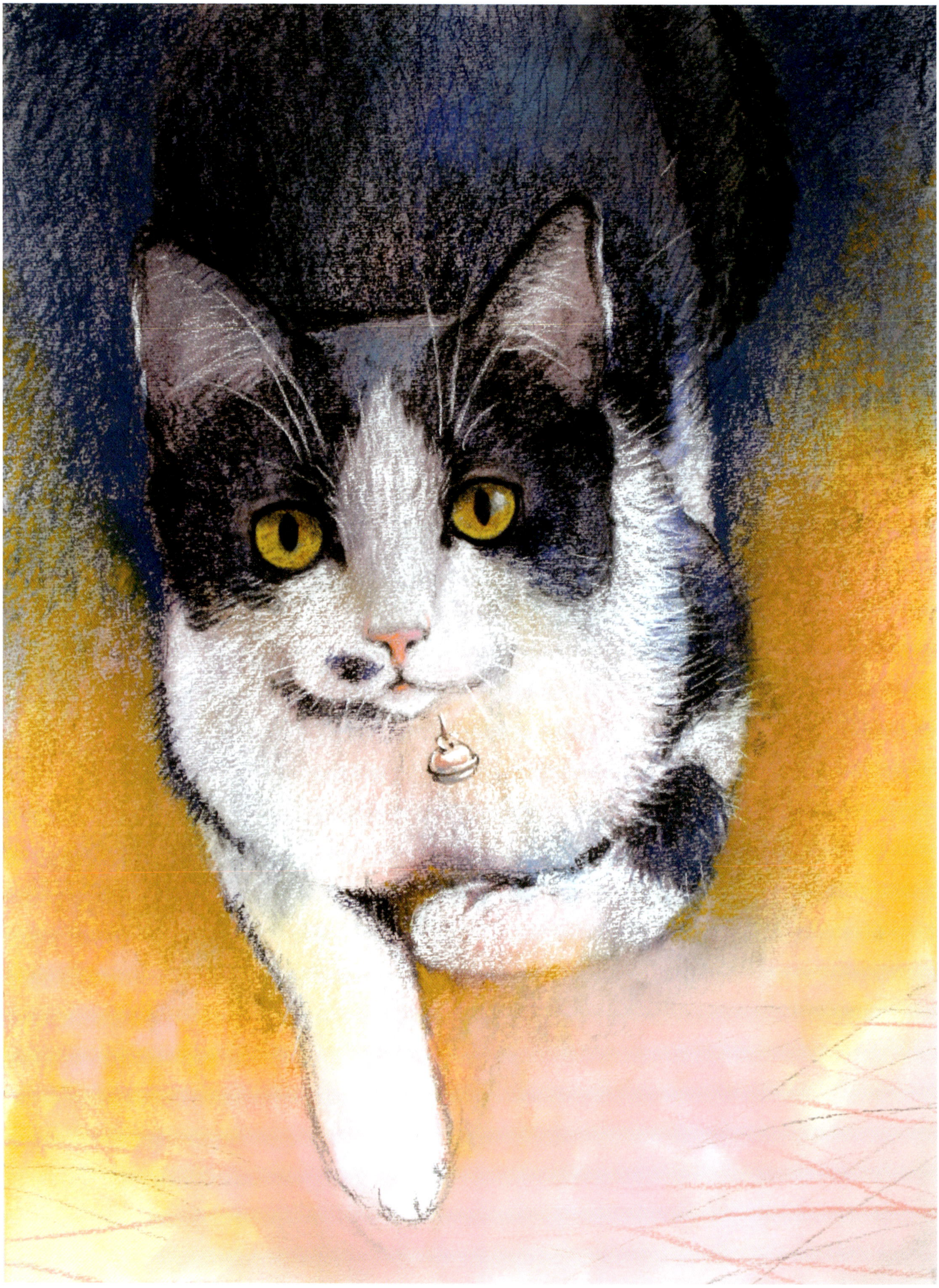

Katze

Aus Farbe wird Katze, und das muss nicht einmal die eigene sein. Denn wenn es um eine Momentaufnahme geht, kann ein Foto hilfreicher sein als das bewegliche Original.

Man kann natürlich erst die Konturen skizzieren und dann zu den Pastellen greifen. Oder den umgekehrten Weg gehen, auch beim Zeichnen nach Foto. Hier ist das Modell selbst schwarz und weiß, doch umgeben von den Farben im Tuch und auf dem Untergrund. An diesen Eindruck halte ich mich, wenn ich nun, sozusagen impressionistisch, Farbfelder auf dem Papier verteile und verwische – und erst danach die Katze in den Farbgrund setze und zeichne.

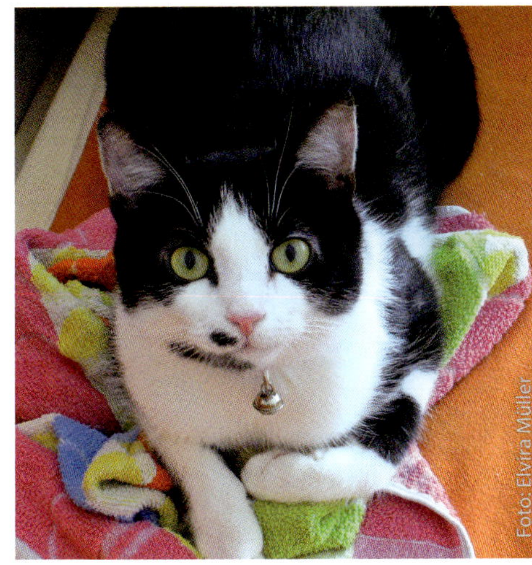

Süße Katze, schöne Perspektive, nette Pose: Aber wie lange noch? Lieber schnell ein Foto!

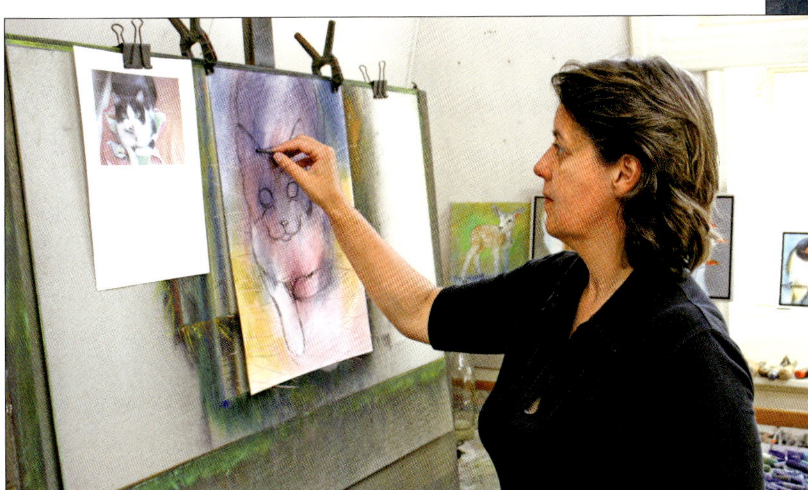

Beim Anlegen des Farbgrundes lässt sich prima fantasieren, nicht so beim Zeichnen der Konturen: Hier behalte ich das Vorbild im Blick.

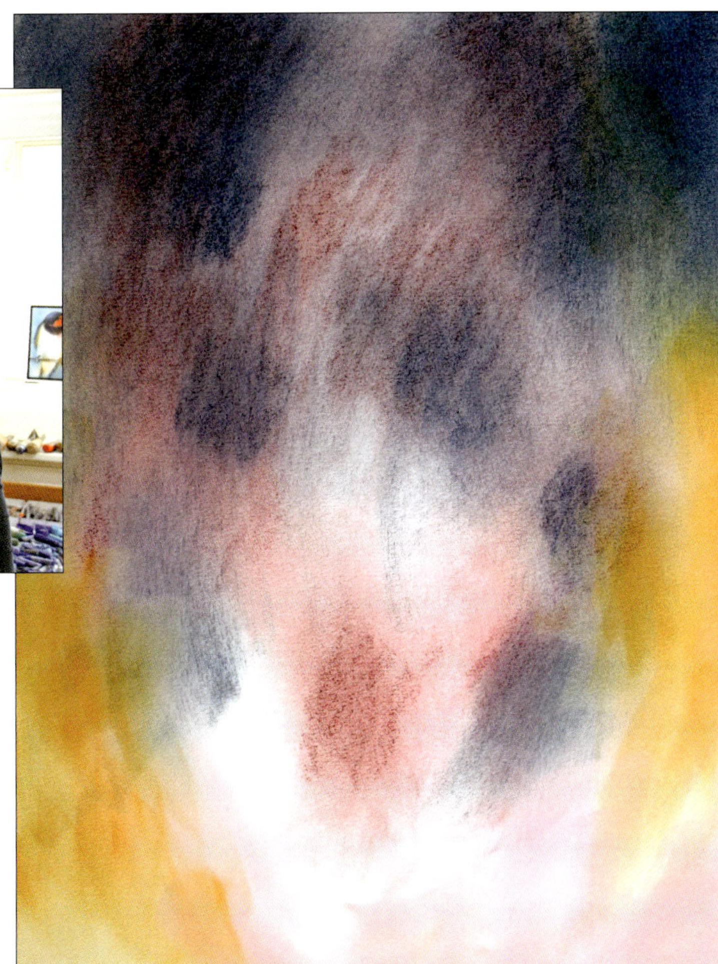

1 ▶

Den Anfang machen die vom Foto inspirierten Farbflächen, die mit kurzen Stücken Pastellkreide aufgetragen und verwischt werden. Oben – für die später schwarzen Fellpartien – sind das dunkle Töne, nach unten hin immer hellere. Dort töne ich die Umgebung mit PanPastel-Farben.

Mein Material:

- *Pastellpapier, 36 x 48 cm*
- *Kohlestäbchen*
- *Pastellstift in Weiß*
- *Pastellkreiden (eventuell auch PanPastel)*

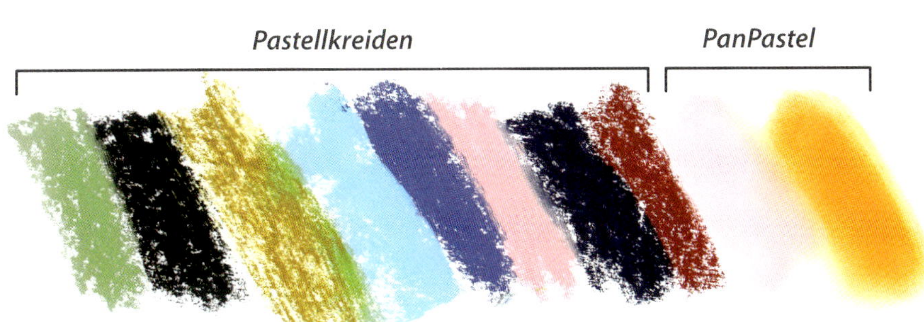

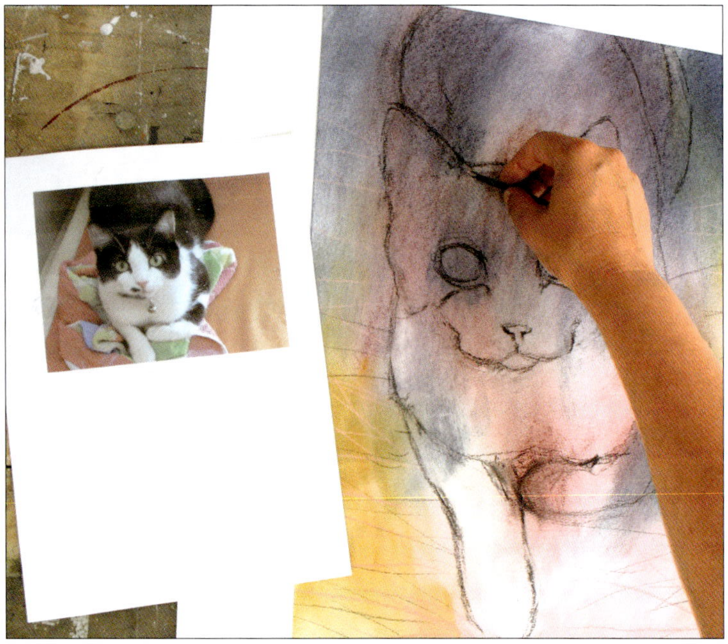

◀ 2 ▼

Für die Umrisse nehme ich das Kohlestäbchen und taste mich an die Figur heran: erst mit sehr schwachen Linien, dann mit kräftigen Strichen. Später werden die Konturen nach und nach unter dem weiteren Farbauftrag verschwinden.

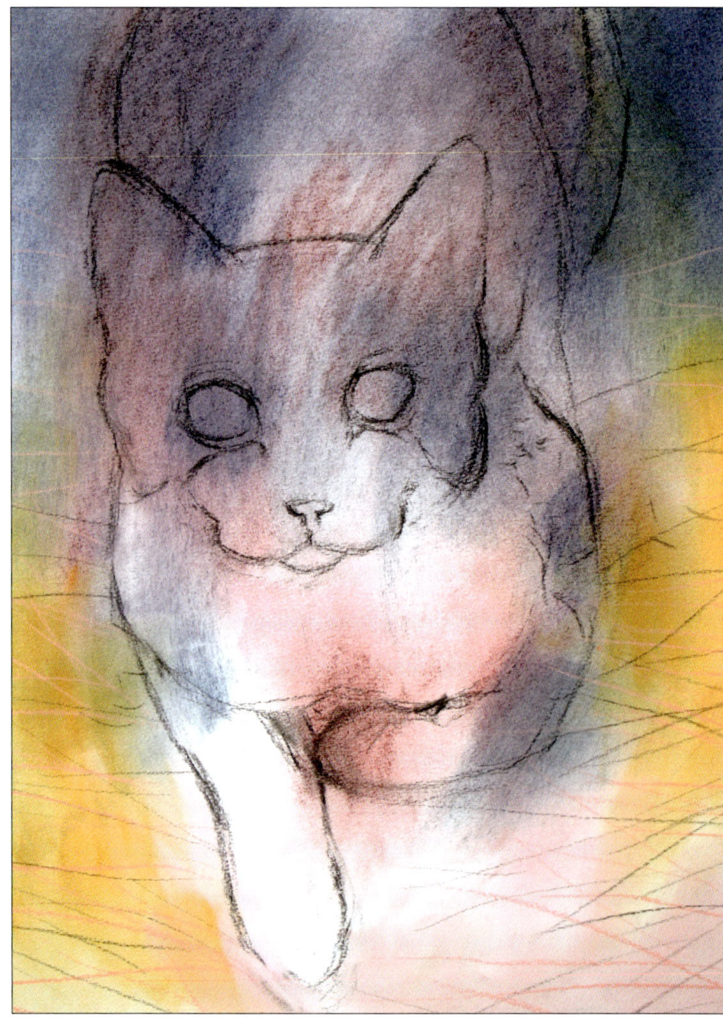

Tipp

Am besten fixieren Sie den Farbgrund, bevor Sie die Konturen aufzeichnen.

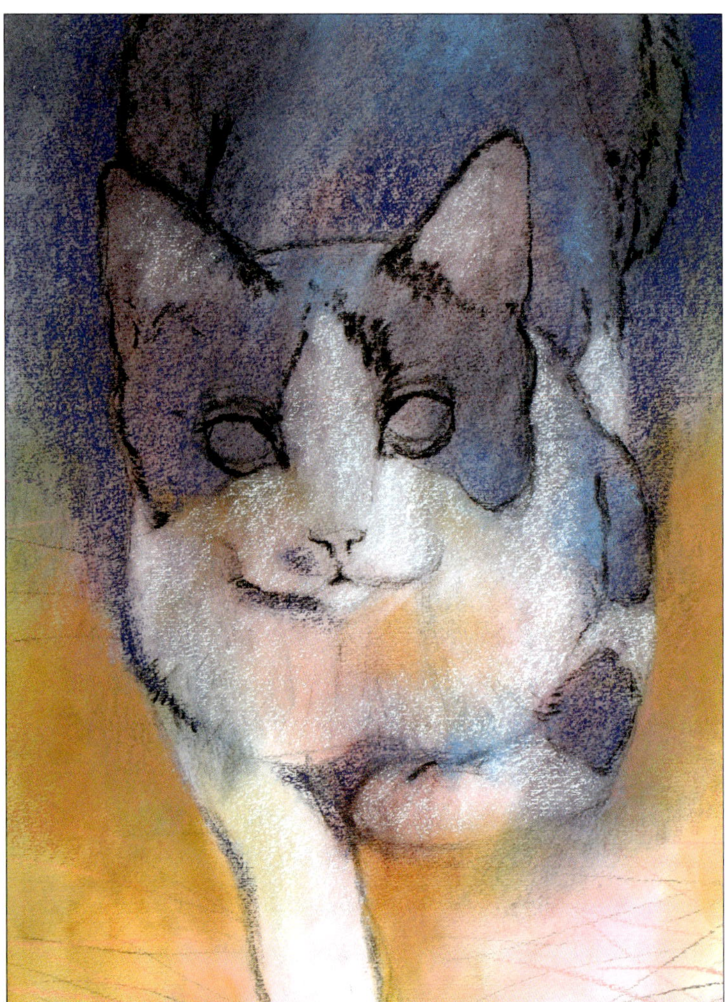

◀ 3

Das Zwischenergebnis ist eine Katzenskizze (oder Skizzenkatze) auf einem dekorativen Farbgrund. Mit angedeuteten Pupillen wäre das schon eine interessante Zeichnung, bei der man es durchaus belassen könnte. Hier jedoch sind die Konturen bloße Hilfslinien. In den dunkleren Fellpartien fülle ich die Felder in kräftigeren Blautönen, unten etwas schwächer mit Weiß – hier wirkt die Grundierung deutlicher mit.

4

Mit der dritten Farbschicht bekommt die Katze ihr Fell. Mit der Ecke der Pastellkreide ziehe ich kurze Striche in Richtung des Fellstrichs, am Kopf also von der Stirn weg nach oben, unten und seitwärts. Aus mehreren Schraffurlagen entsteht ein dichtes Fellkleid, das die Katze zugleich modelliert.

Den Hintergrund färbe ich kräftig nach und blende dabei das Blau weich ins Gelb und Orange ein.

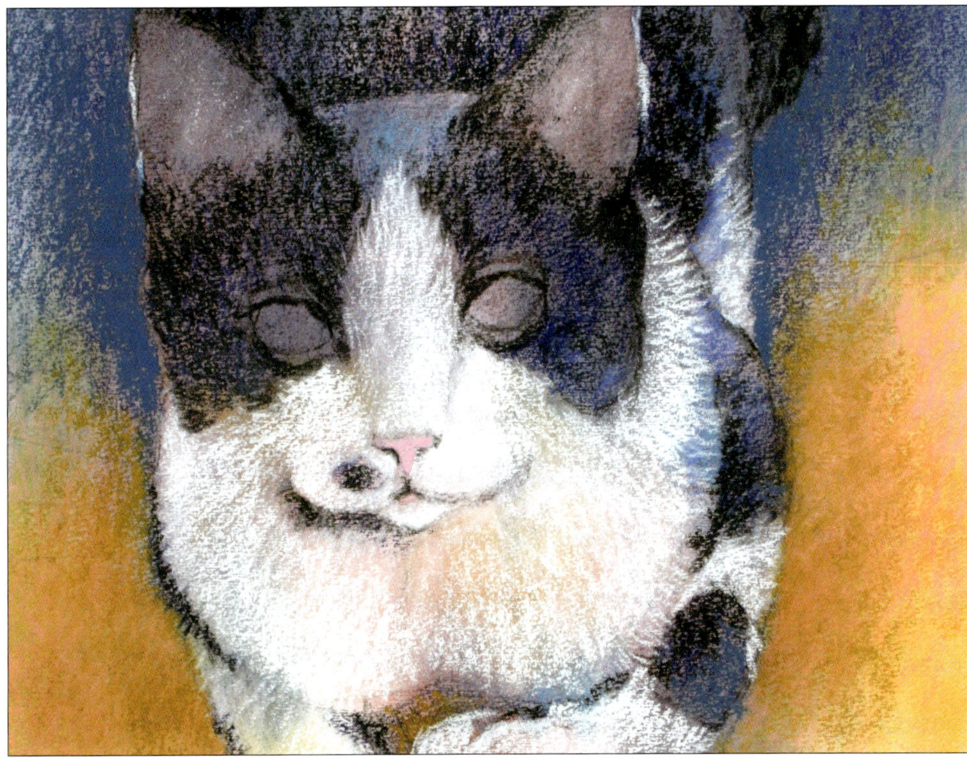

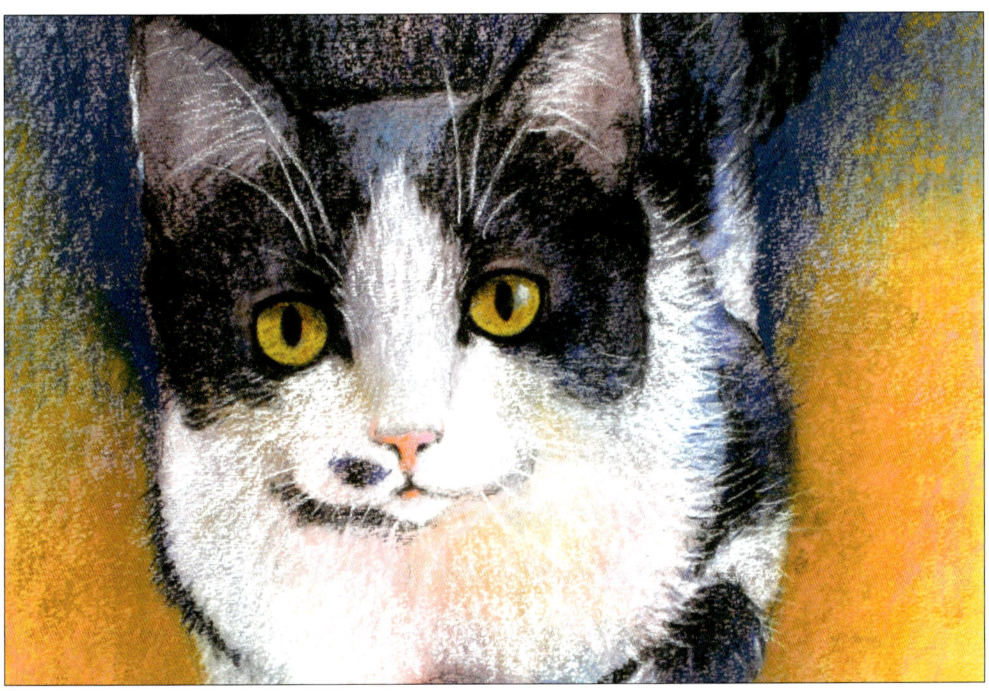

5

Erst die Augen geben dem Porträt Ausdruck und Leben – nicht nur bei Katzen, aber hier ganz besonders. Ich töne die Augen in hellen Grün- und Orangetönen, die ich oben schattiere. Die Pupille wird schwarz gezeichnet, das weiße Glanzlicht im rechten Auge mit dem weißen Pastellstift aufgetupft. Mit ihm zeichne ich auch die Schnurrhaare, arbeite die Ohren nach und modelliere die Schnauze. Die Nase wird natürlich Rosa.

Tipp

Wenn es mit den Augen nicht auf Anhieb klappt, können Sie die Farben mit einem Knetgummiradierer abtupfen und wieder frisch anfangen.

6

Zuletzt ein kleines, feines und klingendes Detail. Das Glöckchen konturiere ich sehr schwach mit der Ecke der grauen Kreide, schattiere es in Orange und zeichne die Glanzlicher mit dem weißen Pastellstift.

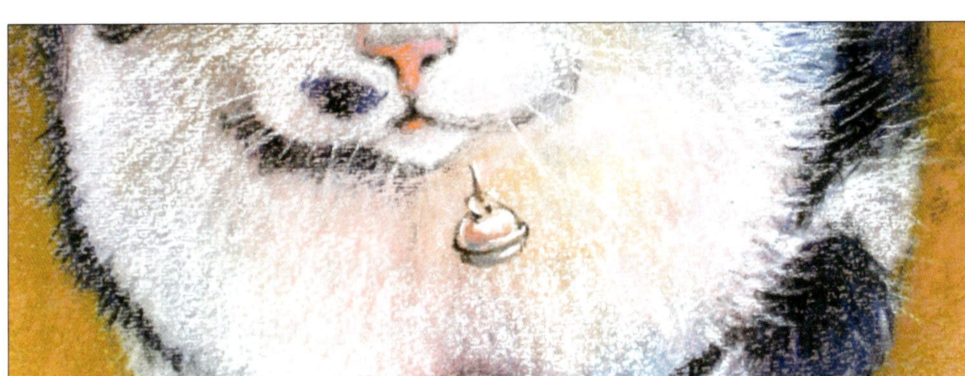

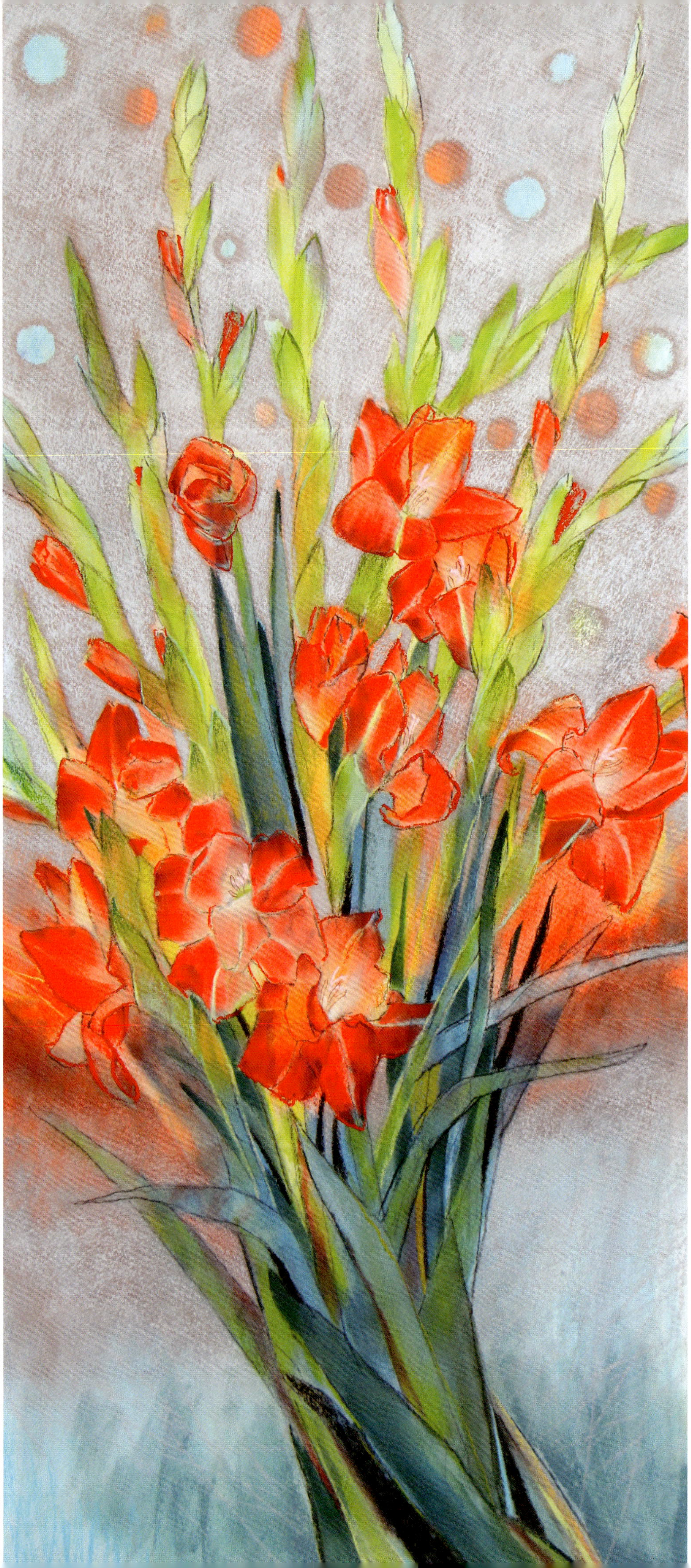

Gladiolen

Zauberhaft schlank, hochgewachsen und voller Farbkraft, genau so sollen die Gladiolen ins Bild kommen. Da passt ein hohes, schmales Bildformat – je größer, desto eindrucksvoller das Ergebnis.

Mein Material:

- *Zeichenpapier, 110 x 60 cm*
- *Zeichenkohle*
- *Pastellkreiden und -stifte*
- *PanPastel im Näpfchen*

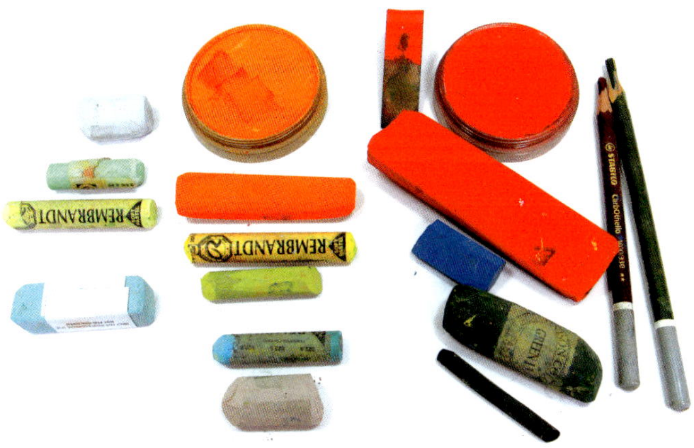

Zudem lässt es sich mit großer Geste zeichnen – so kommen die Stiele und Blätter wunderbar in Schwung. Und natürlich ist es sehr viel einfacher, die Details genau auszuarbeiten, wenn nichts verkleinert werden muss. Hier erscheinen die Blüten sozusagen im Originalformat. Probieren Sie das einmal in einem richtig großen Format aus. Das Zeichenpapier fixieren Sie auf einer entsprechend großen Malplatte.

Die Grundfarben trage ich gerne mit PanPastel auf. Das sind pastose, also ganz weiche Pastellfarben in einer Art Schminktöpfchen, die mit dem Schwämmchen verstrichen werden – besonders praktisch für große Flächen und breite, danach verwischte Striche.

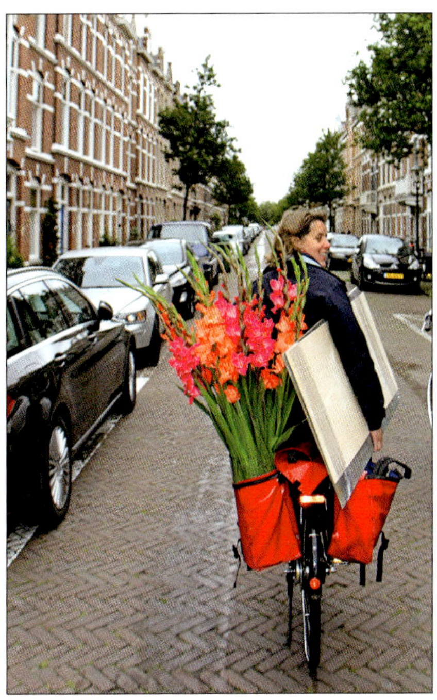

Auf dem Weg ins Atelier: mit Arbeitsmaterial und Gladiolen frisch vom Markt und natürlich – wir sind in Holland – mit Fahrrad …

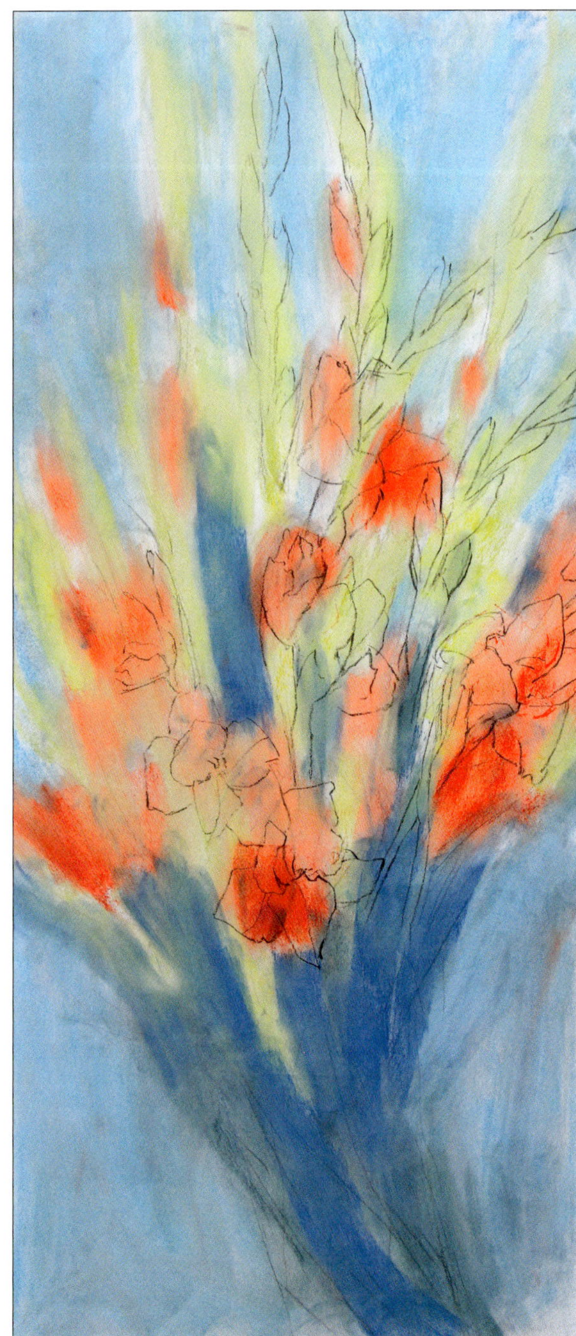

1 ▸

Ein blauer Hintergrund und nun die ersten großzügigen Farbformen: länglich, aber nicht langweilig. Deshalb ziehe ich die Stängel „schief" und schwungvoll nach oben, setze Rot und Gelb hinein und deute mit dem Kohlestift die Konturen der Blüten an.

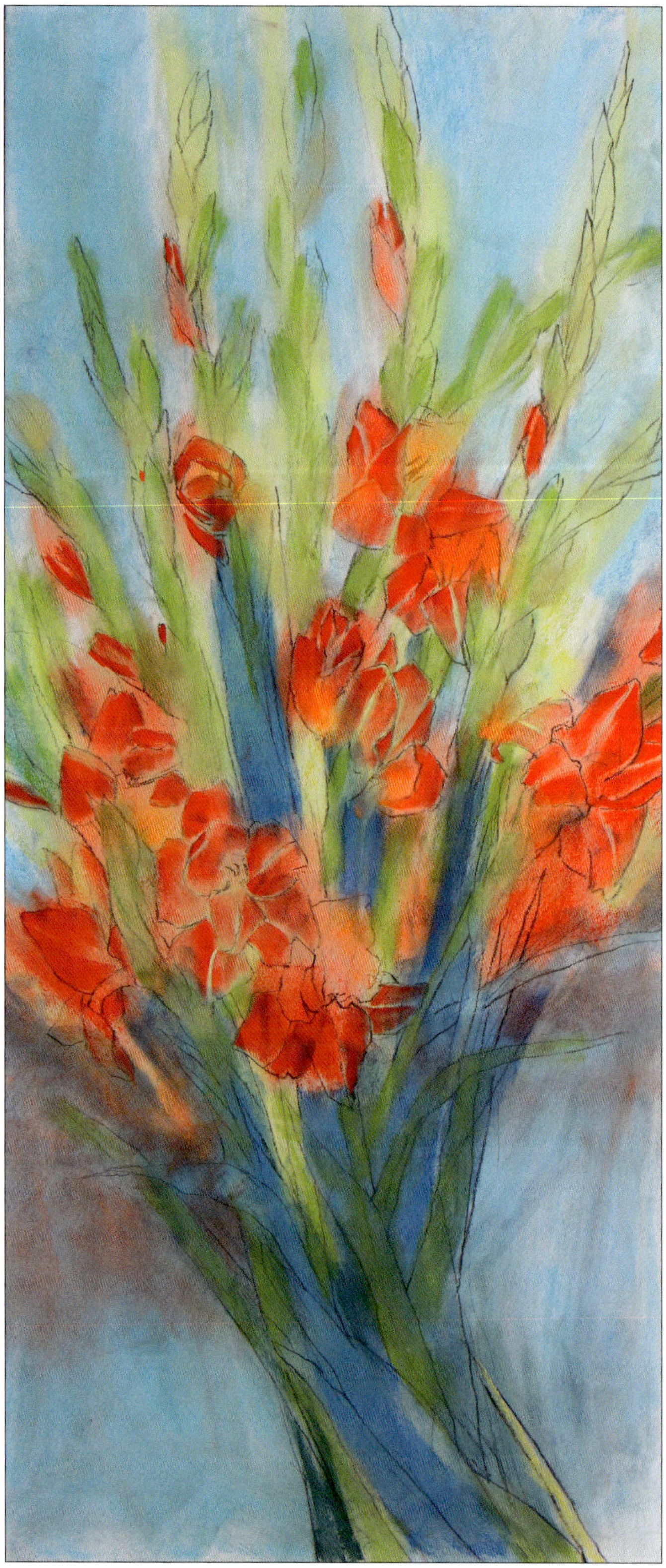

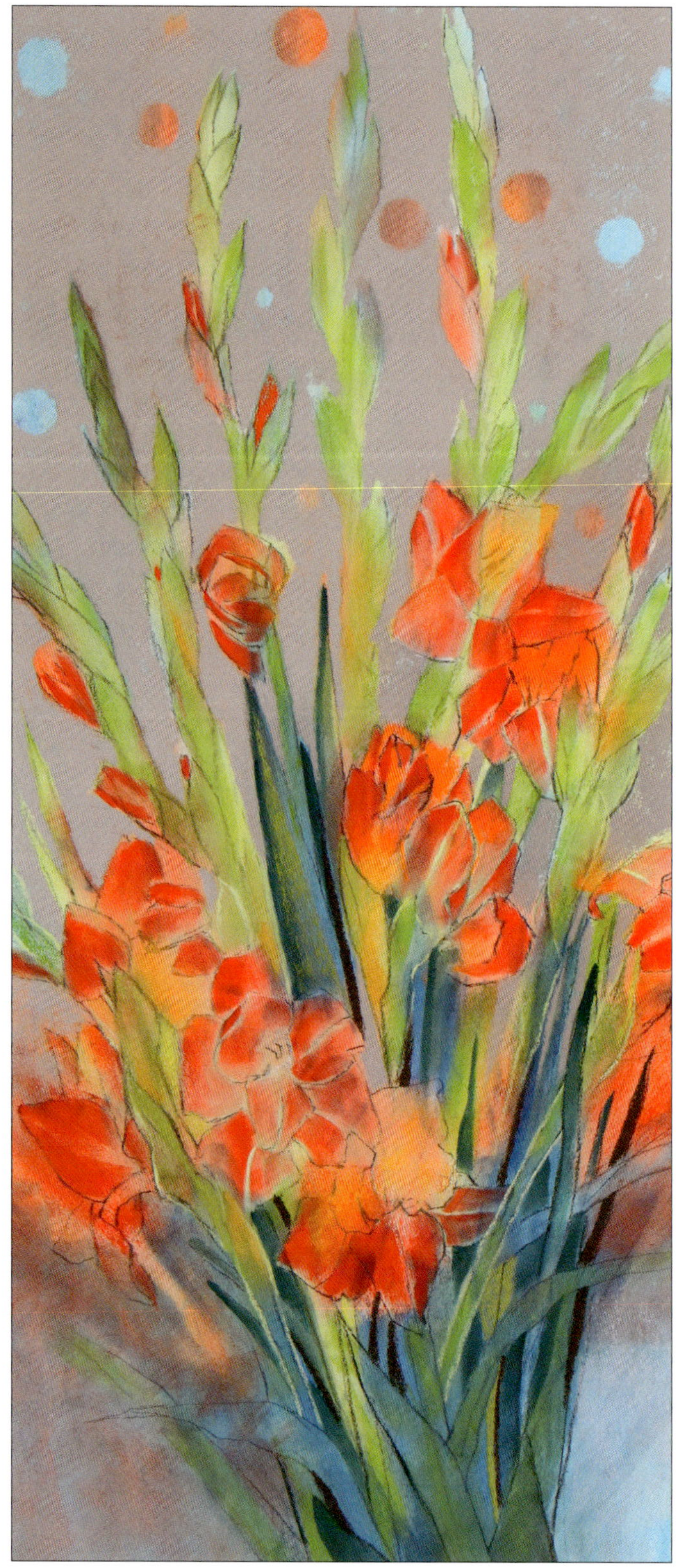

▲2

Zum Verwischen benutze ich weiche Textilien. Hier zum Beispiel war das der alte Kinderpyjama meines längst erwachsenen Sohnes. (Wenn Sie keinen Sohn haben, nehmen Sie einen anderen Schlafanzug …)

▲3

Das alles ist noch ein bisschen zu sehr verschwommen. Das Motiv braucht dunkle Kontraste (blau, grün, braun), um die Blumen plastisch heraustreten zu lassen. Den Hintergrund lockere ich oben mit ein paar dekorativen Punkten auf und probiere dort auch ein warmes Grau aus. Das geht ganz gut, erstens, weil das Bildformat und damit auch die Zwischenräume groß genug sind. Und zweitens kann man, Pastell sei Dank, die Details frisch und fröhlich nacharbeiten.

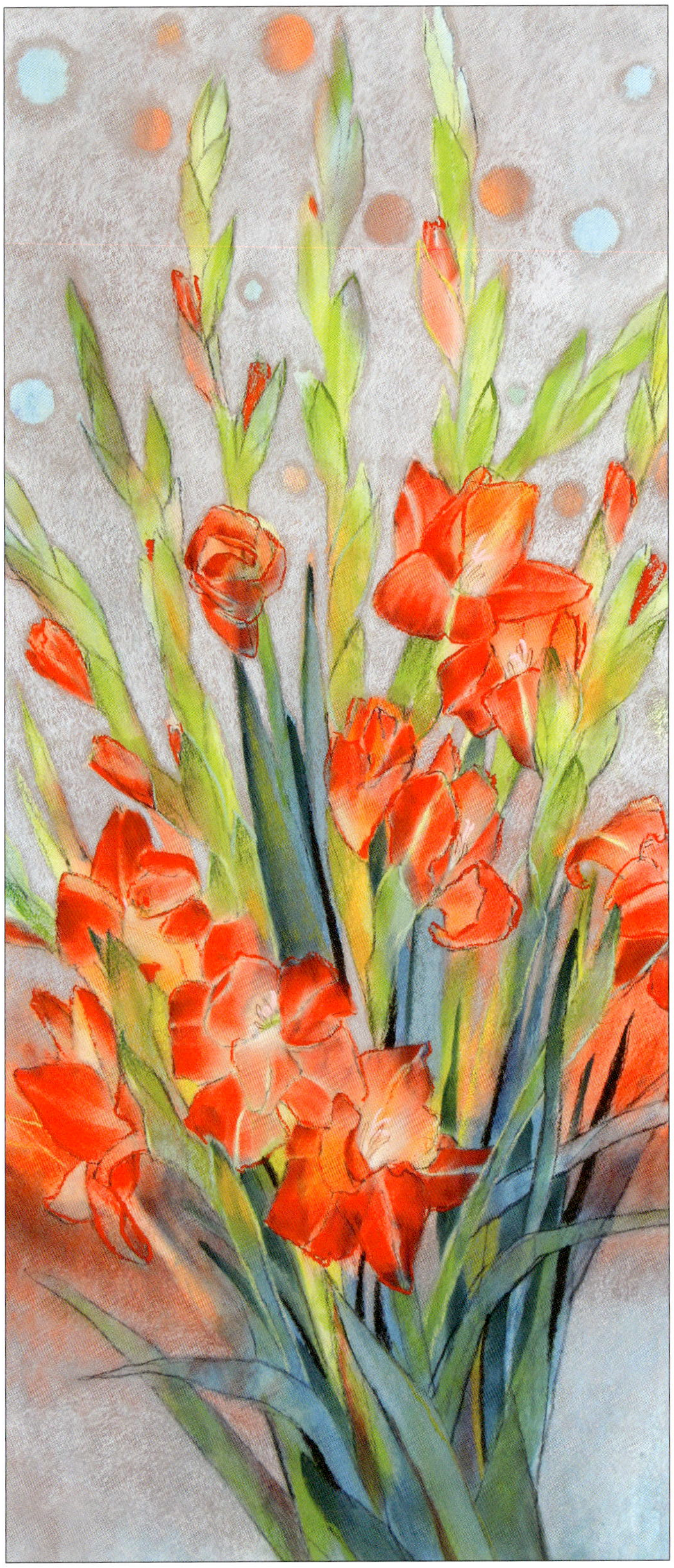

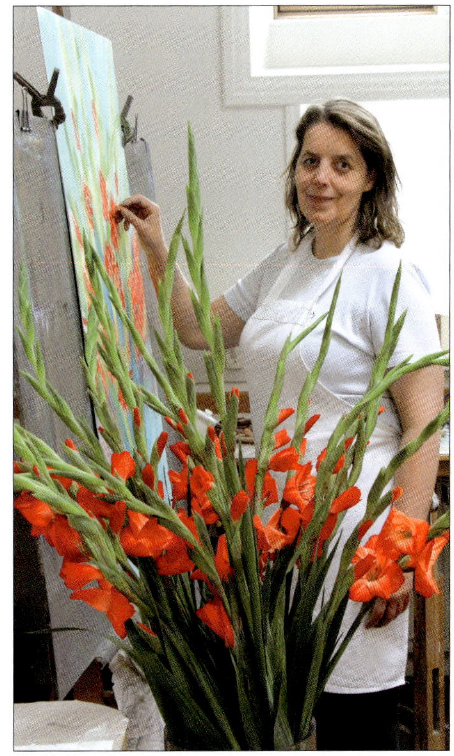

Große Bilder stelle ich auf die Staffelei, damit ich alles gut im Blick habe.

▲4

Das warme Grau überzeugt allerdings nicht. Zu dunkel, die Farben im Bouquet strahlen nicht genug – deshalb der neue Versuch mit einem hellen, kühlen Grau als Kontrast. Zuletzt arbeite ich auch die Details der vorderen Blumen heraus. Die hinteren bleiben eher undeutlich. So erhalten der Gladiolenstrauß und das ganze Bild zuletzt noch etwas mehr Tiefe.

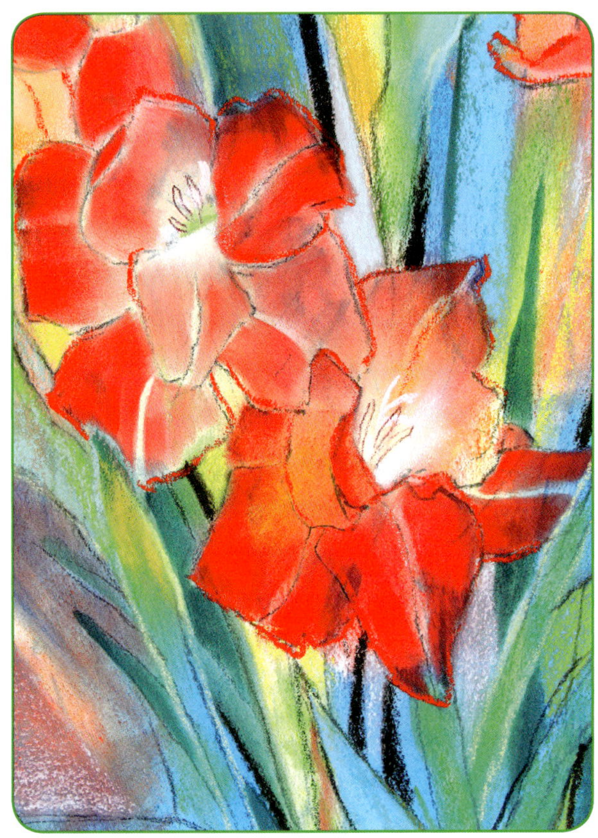

Tipp

Zeichnen Sie den Strauß nicht ab, sondern lassen Sie sich von den Blumen inspirieren. Das im Bouquet vorherrschende Grün ist weniger wichtig als das Rot der Blüten. Und mit dem Blau dazwischen und darüber ist auch das Dunkelgrün der Stängel nicht so prominent wie im Original.

Pfauen

Auch ohne das berühmte Rad zu schlagen, liefern Pfauen schöne Motive für dekorative Zeichnungen – hier auf großer Bühne in einer stilvollen Inszenierung.

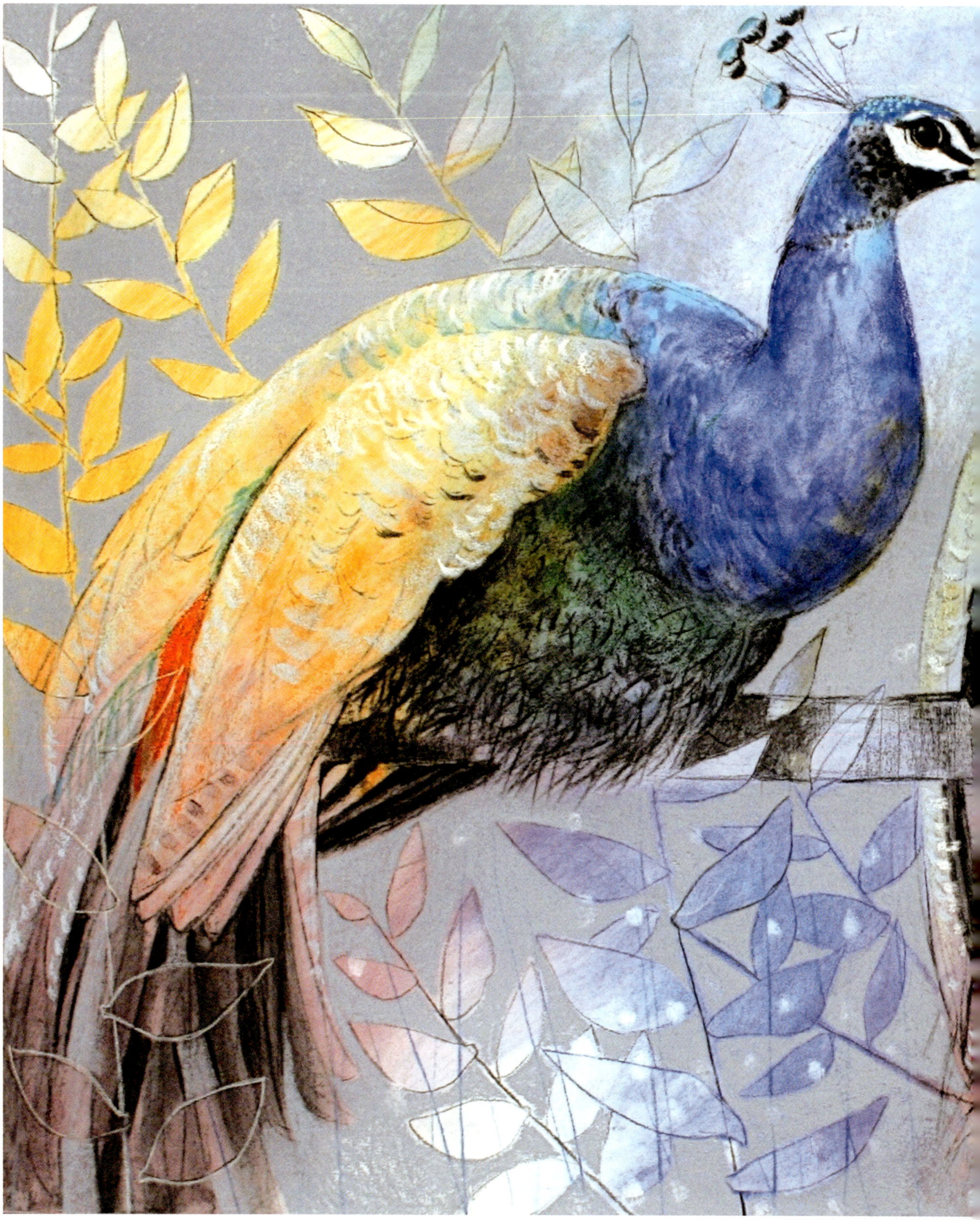

Blau auf Blau mit komplementären Orangetönen: Das bringt eine angenehme Farbharmonie in das großformatige Bild (160 x 90 cm). Den nötigen Kontrapunkt setzen die dunklen Grüntöne am Bauch der Pfauen.

Auf mich wirken Pfauen von Natur aus so, als seien sie dem Atelier eines Jugendstilkünstlers entsprungen: sozusagen von Natur aus stilisiert und mit einem ornamentalen Gefieder versehen, in dem fantastische Farbeffekte erfolgreich ausprobiert wurden. Mit anderen Worten: ideale Modelle für eine Zeichnung im dekorativ-illustrativen Stil mit harten und weichen Kreiden, Pastellstiften und PanPastel für die großen Flächen.

In diesem Panorama zeigen sich die Pfauen ziemlich realistisch und nahezu in Lebensgröße, was die Detailarbeit im Gefieder sehr erleichtert. Die hellen Blautöne im Hintergrund leuchten auch durch die Konturen der ornamentalen Blätterzweige. Das ist ein ebenso einfaches wie effektvolles Stilmittel, um einem naturgetreu gezeichneten Motiv eine fantastisch-dekorative Note zu geben – typisch Jugendstil.

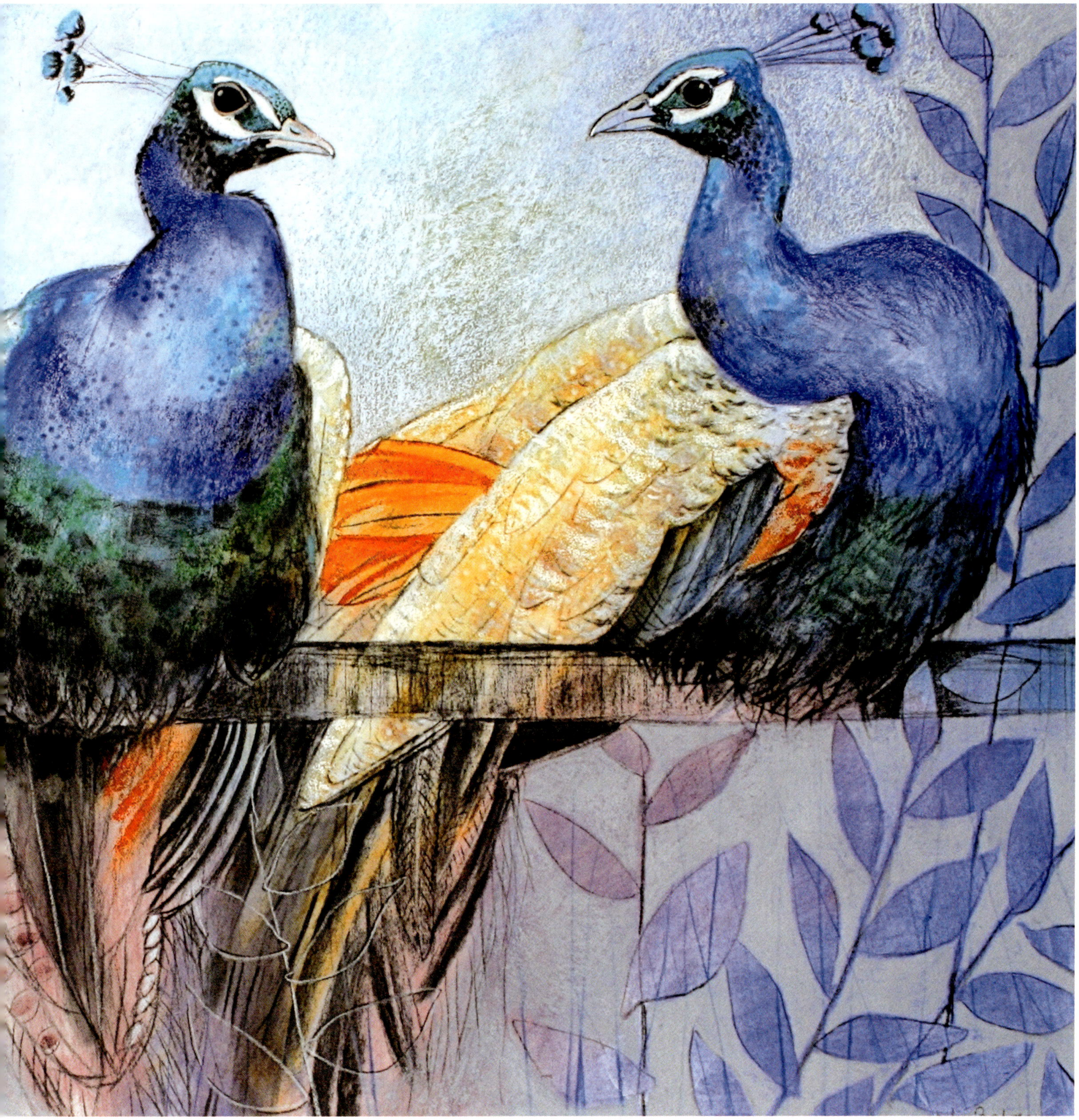

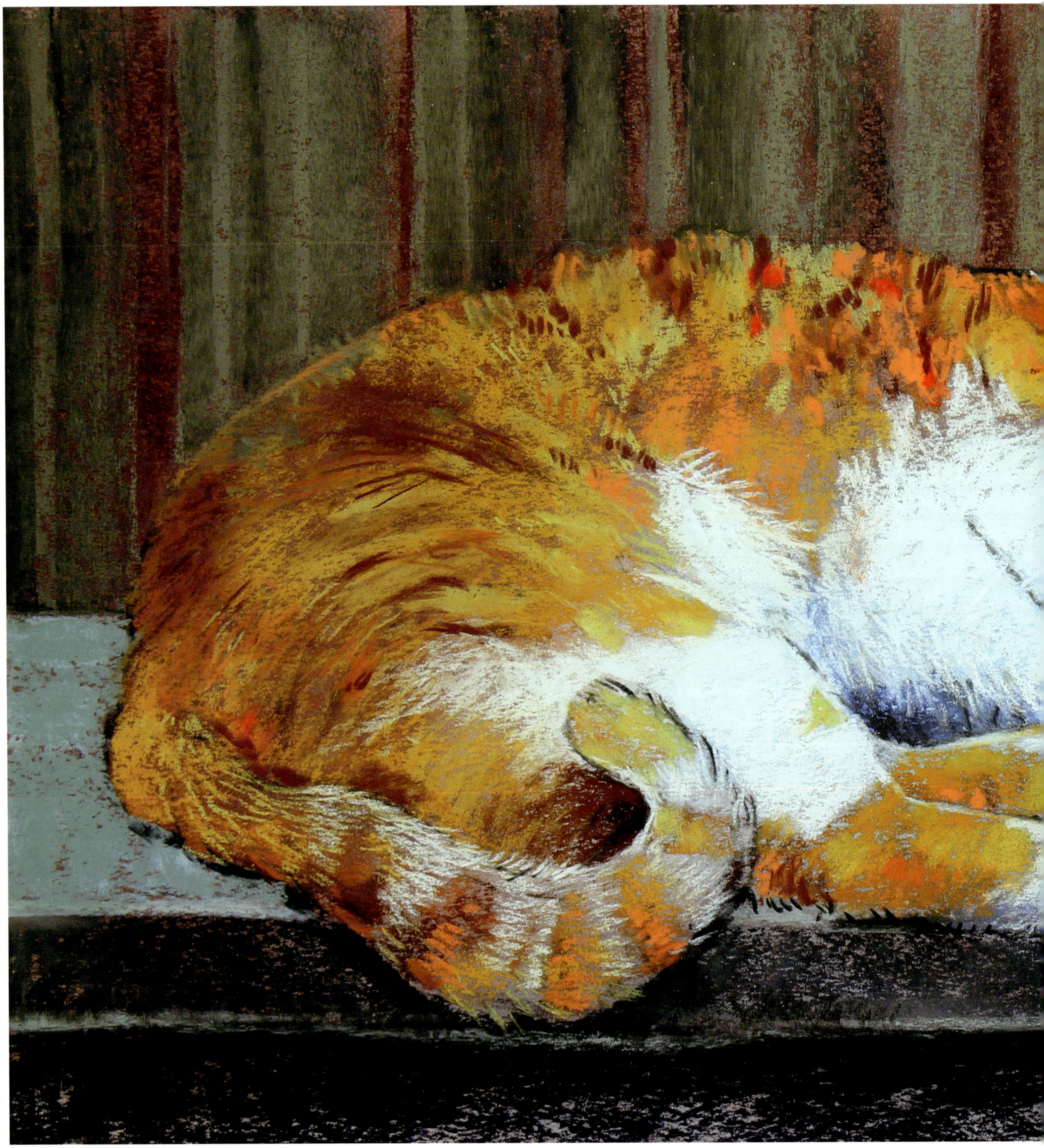

Schlafende Katze

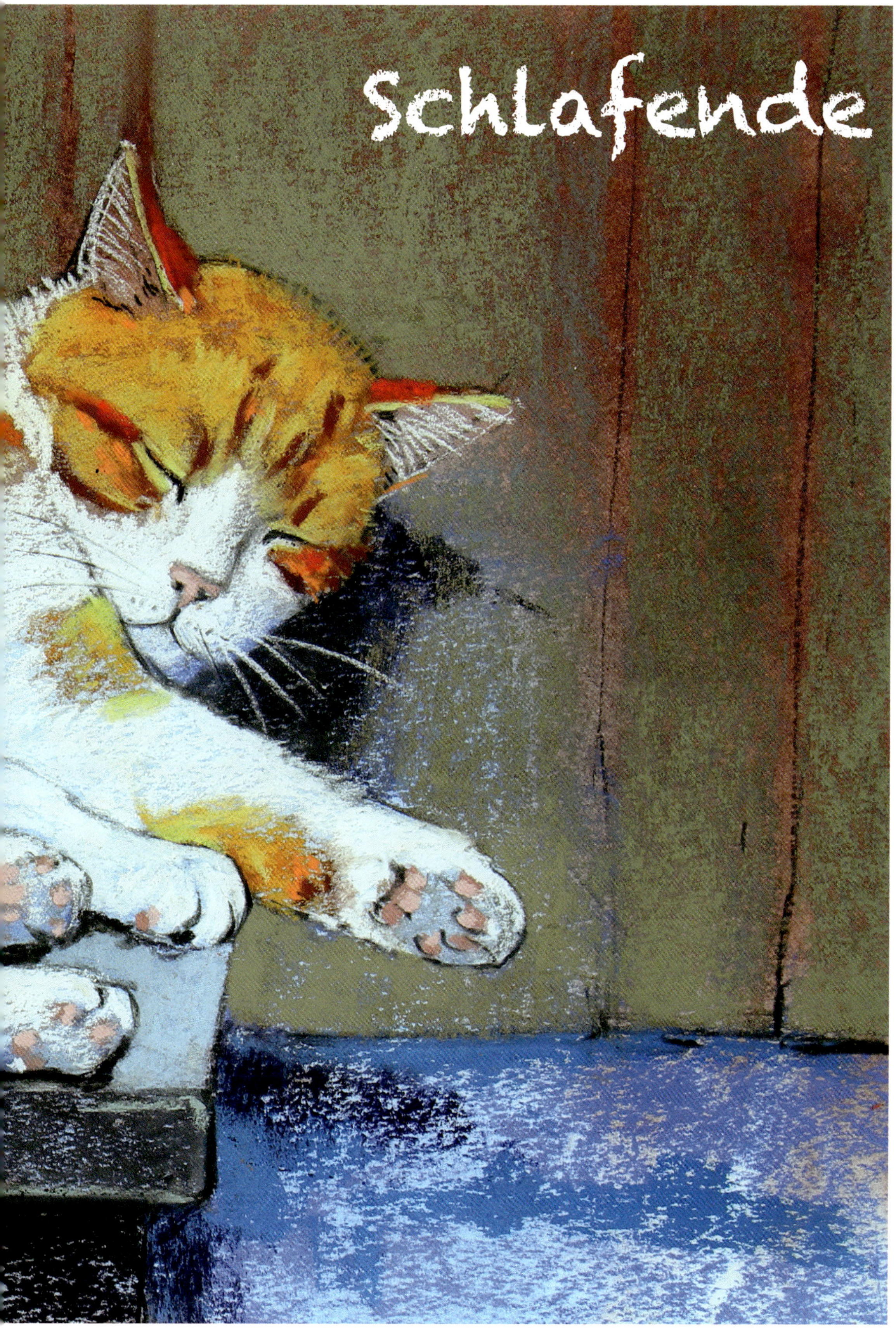

Die Verteilung von Licht und Schatten und die Textur der Oberfläche: Das sind zwei der wichtigsten Mittel, um zum Beispiel der Katze Volumen und dem Fell Fülle zu geben.

Gefieder und Fell machen das Modellieren zu einer vergleichsweise leichten Aufgabe. Denn wenn Sie wie hier mit den Zeichenstrichen der Richtung der Fellhaare folgen, kommt die Katze von selbst in körperliche Form. Bei einer getigerten Katze wird das noch deutlicher, weil sich die Streifen an die Rundungen schmiegen. Dunklere Versionen der Fellfarben setzen den Bereich in den Schatten, helle ans Licht – was wiederum den plastischen Effekt verstärkt.

Video

Siehe S. 9

Mein Material:

- *Starkes Zeichenpapier, 35 x 50 cm*
- *Kohlestift*
- *Pastellkreiden*
- *Pastellstift in Weiß*
- *Fixierspray*

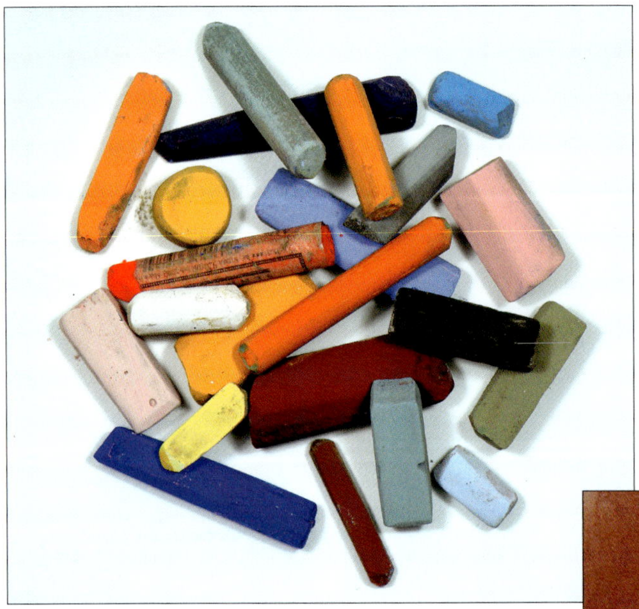

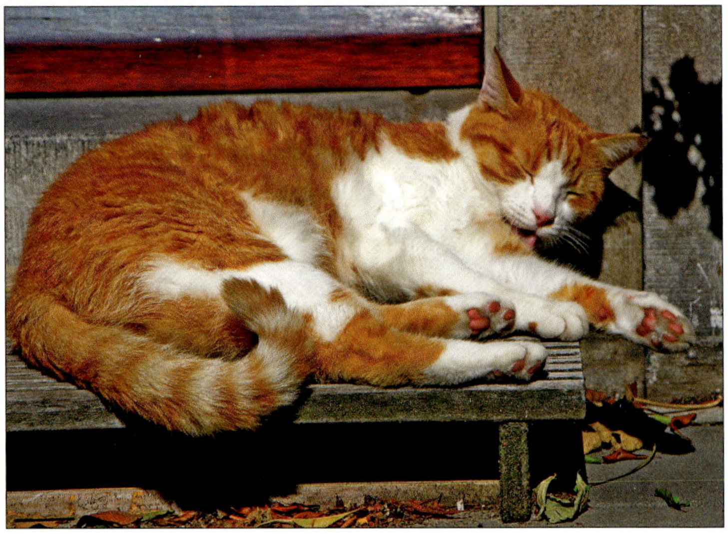

Wenn Sie selbst keine Katze haben, dann sicherlich Bekannte, die ihnen sehr gerne ihre Katzenfotos zeigen. Hier bringe ich Nachbars Liebling ins Bild. In der Sonne leuchtet das Fell in warmen Farben auf, die Konturen und Schattenpartien zeichnen sich deutlich ab.

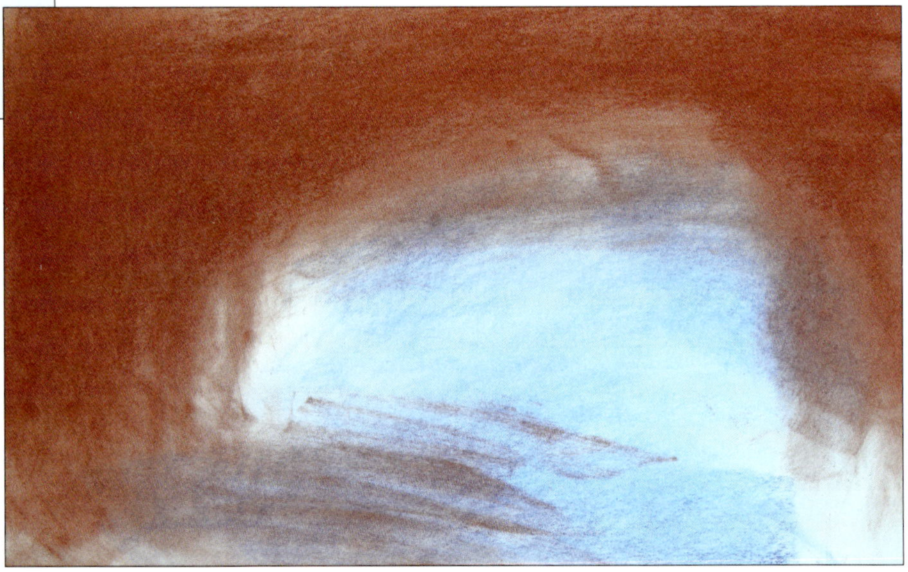

1

Doch vor der Katze kommt der Farbgrund: Die Umgebung in warmen, breitflächig aufgetragenen Brauntönen, die Mitte in einem blassen Blau, das später den weißen Fellpartien einen schattigen Schimmer geben wird. Das Zwischenergebnis wird fixiert.

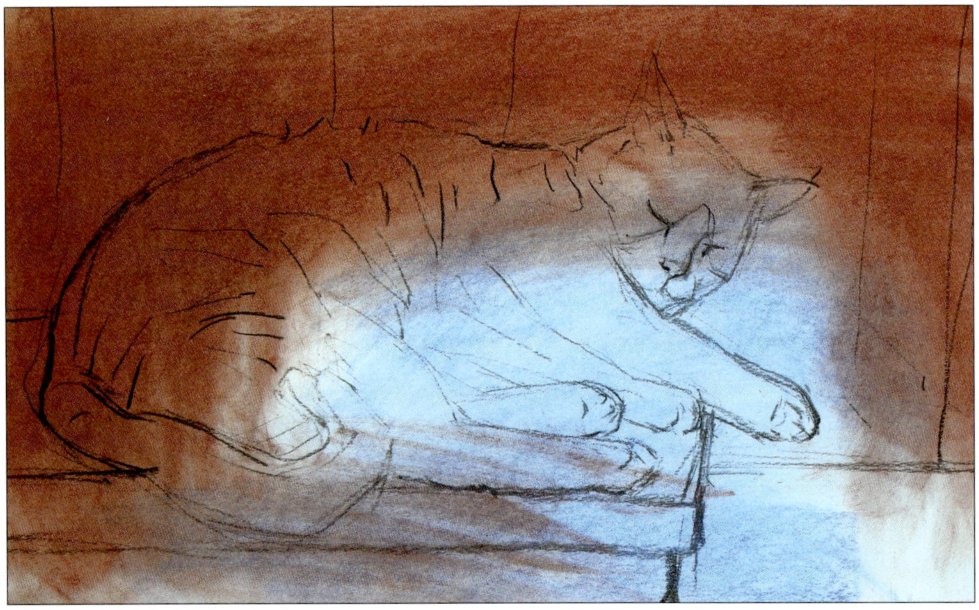

2

Die Katze selbst skizziere ich mit Zeichenkohle – immer mit Blick aufs Foto.

Tipp

Wenn man Tiere naturgetreu zeichnen will, sollte man sich möglichst an die Natur halten und wenig improvisieren, sonst sieht das schnell falsch aus. Auf dem Fixierfilm lassen sich die Striche bekanntlich prima wegnehmen und verbessern, bis die Pose stimmt.

3 ▸

Der Farbgrund hat schon das Fell grundiert. Die rotbraunen Partien werden in dunkleren Tönen verstärkt, die weißen blau schattiert. Die Bretterwand grenzt sich von der Katze mit einem dunkelbraunen Anstrich ab, vorne grundiere ich die Bank.

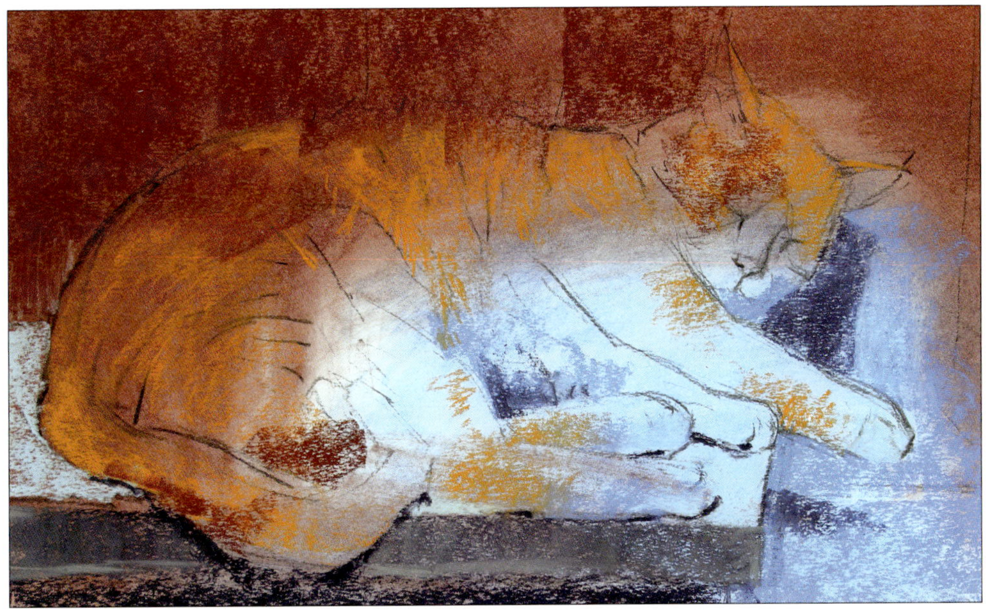

4 ▸

Das dunkle Fellmuster ist nicht nur hübsch, sondern auch praktisch: Die Richtung der Striche modelliert zugleich die Katze. Dazu gehört es auch, den Rücken und die Flanken mit Orangetönen zu beleuchten.

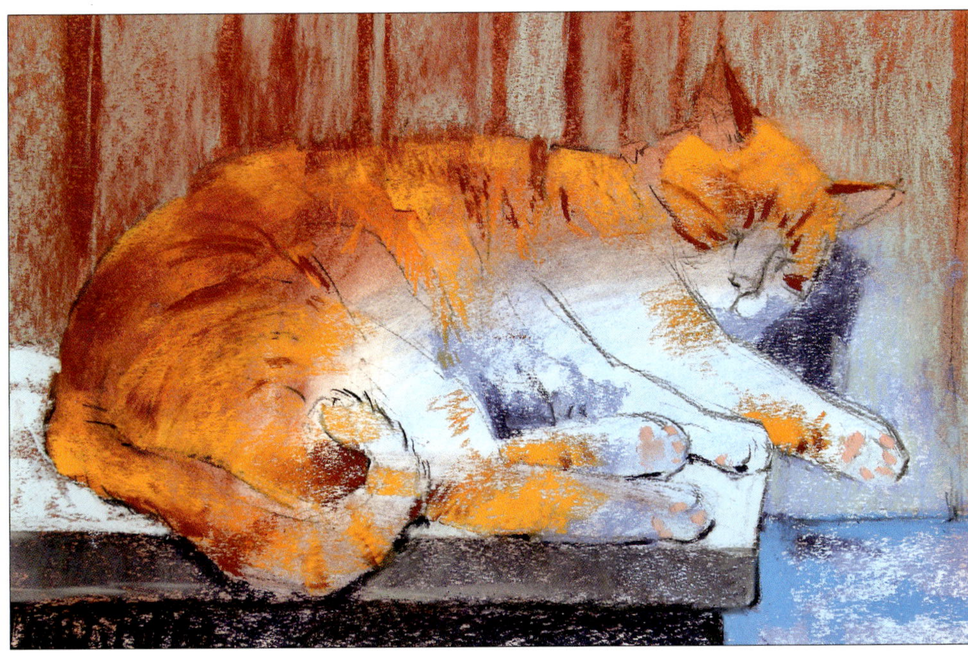

5 ▸

Mit Weiß arbeite ich die weißen Partien im Übergang zum dunklen Fell, am Kopf und an den Tatzen aus. Hinzu kommen immer mehr Details und Kontraste. Um die Katze besser von der Wand abzusetzen, dunkle ich die Wand ab. Rechts zeichne ich den Schlagschatten genauer.

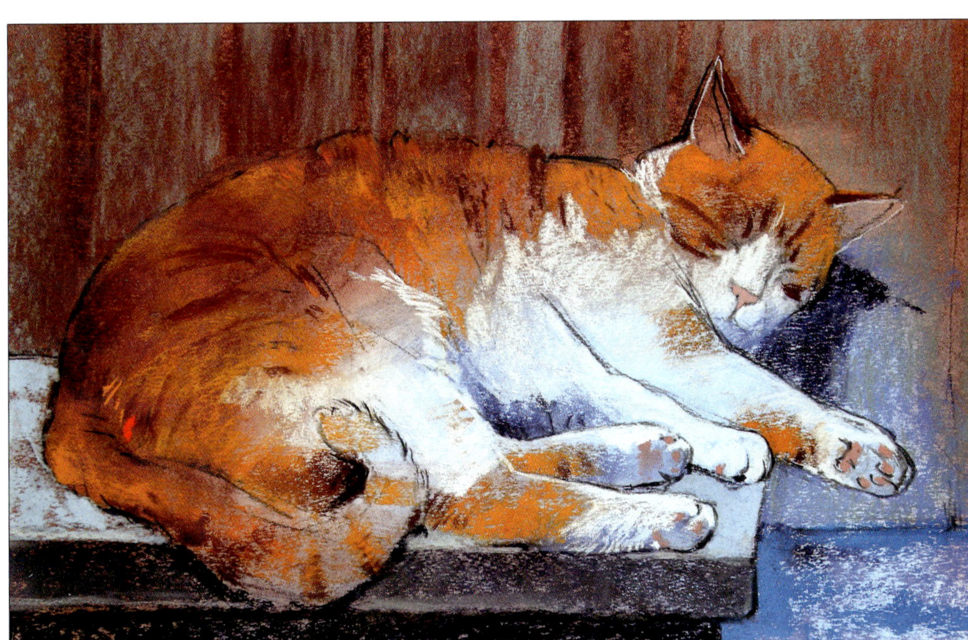

Tipp

Sparen Sie sich die hellsten Farben, speziell das Weiß, für die letzten Phasen auf – Licht liegt immer oben. Weiche Kreiden liefern ein kräftigeres Weiß als harte.

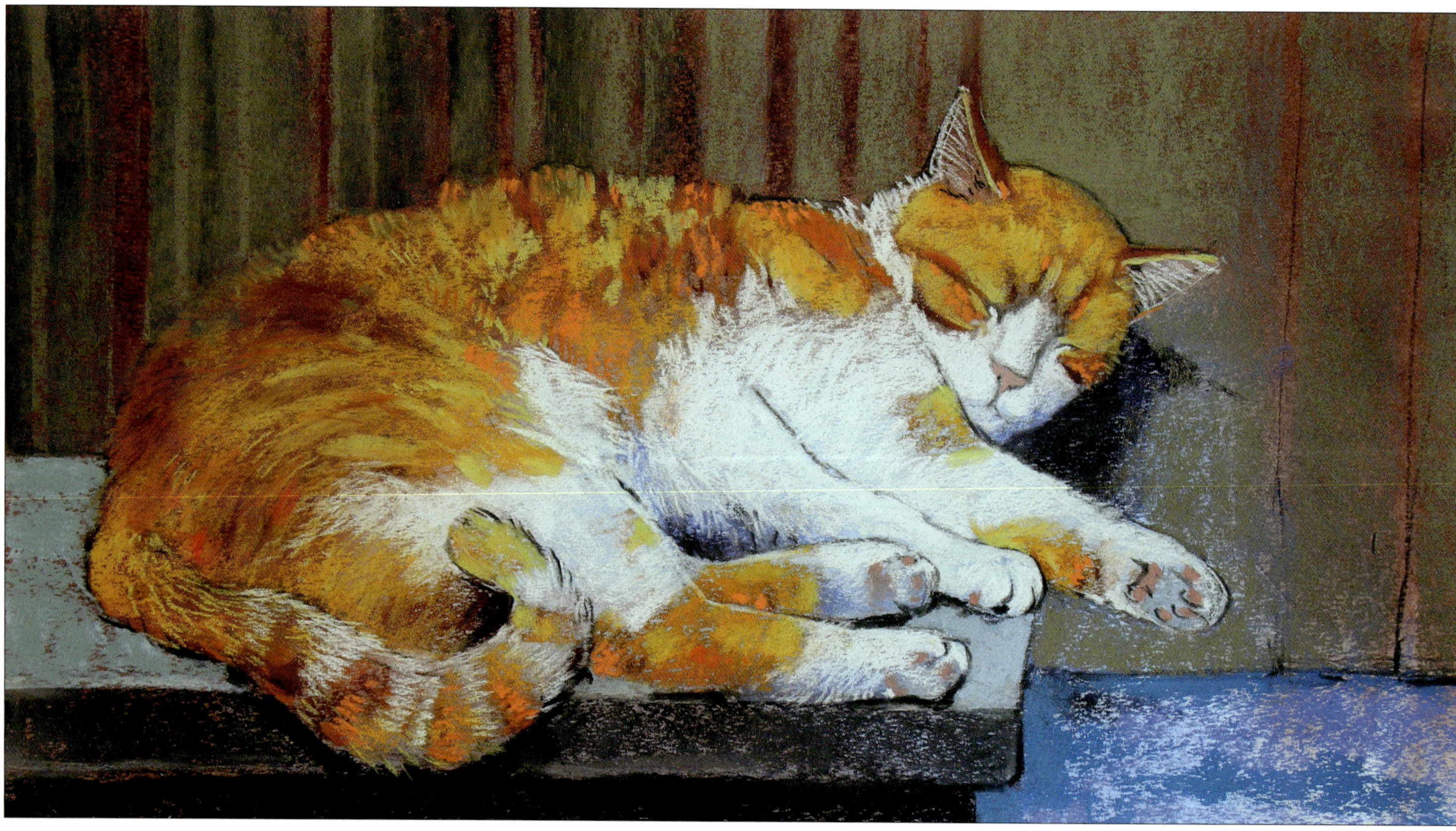

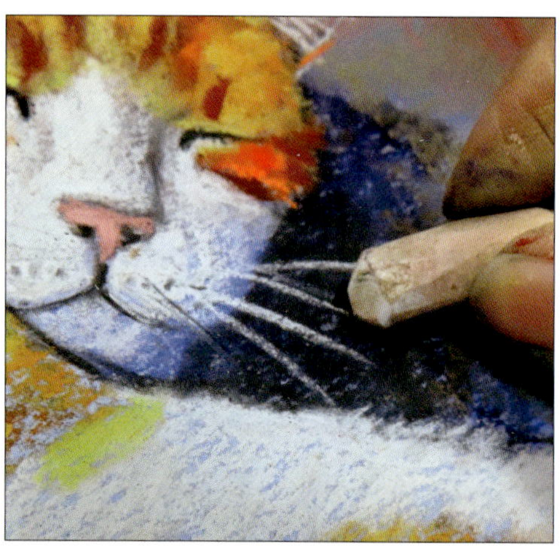

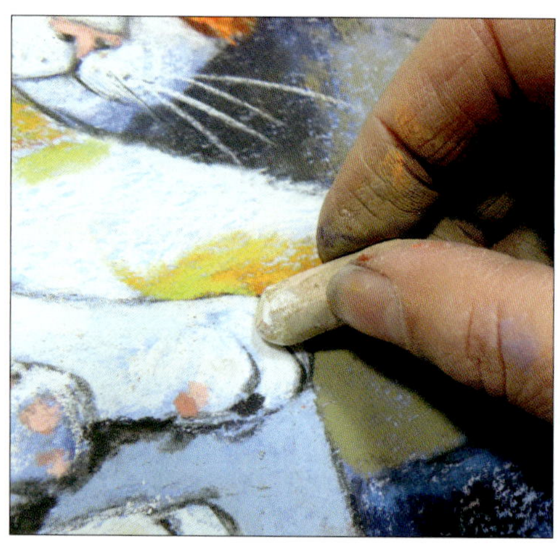

▲6

Mit kurzen Fellstrichen in Ocker, Orange und Weiß und im Wechsel zwischen Linie und Fläche bekommt das Fell Fülle und eine lebendige Textur. Rechts vervollständige ich Bank, Wand und Boden.

◀ 7

Feinarbeit am Kopf und an den Tatzen mit Weiß, Rosa und einem schattierenden Blau.

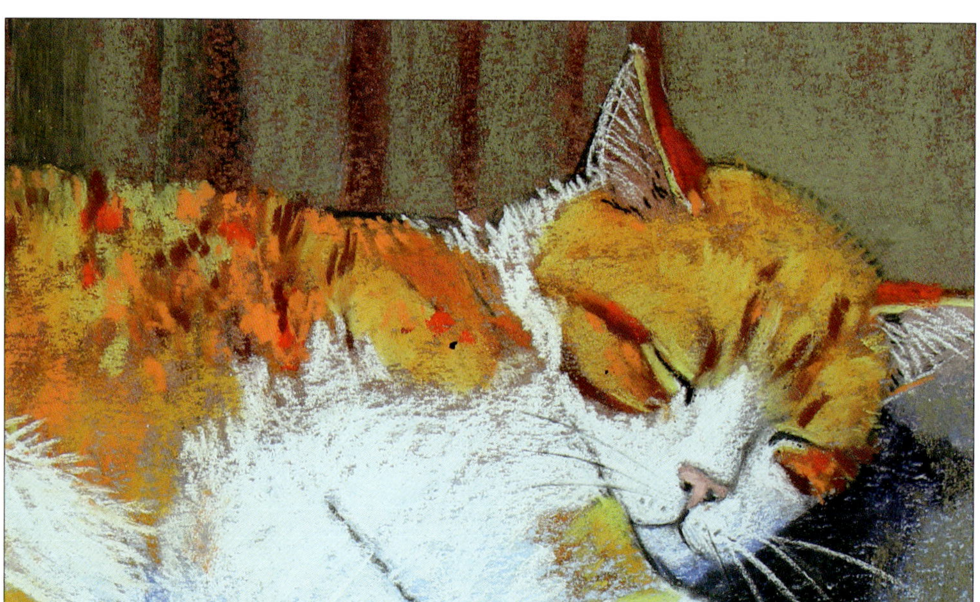

◀ 8

Die letzten Details: Mit roter Kreide zeichne ich zusätzlich Farbtupfer auf Kopf und Rücken. Mit dunklen Linien verdeutliche ich die geschlossenen Augen.

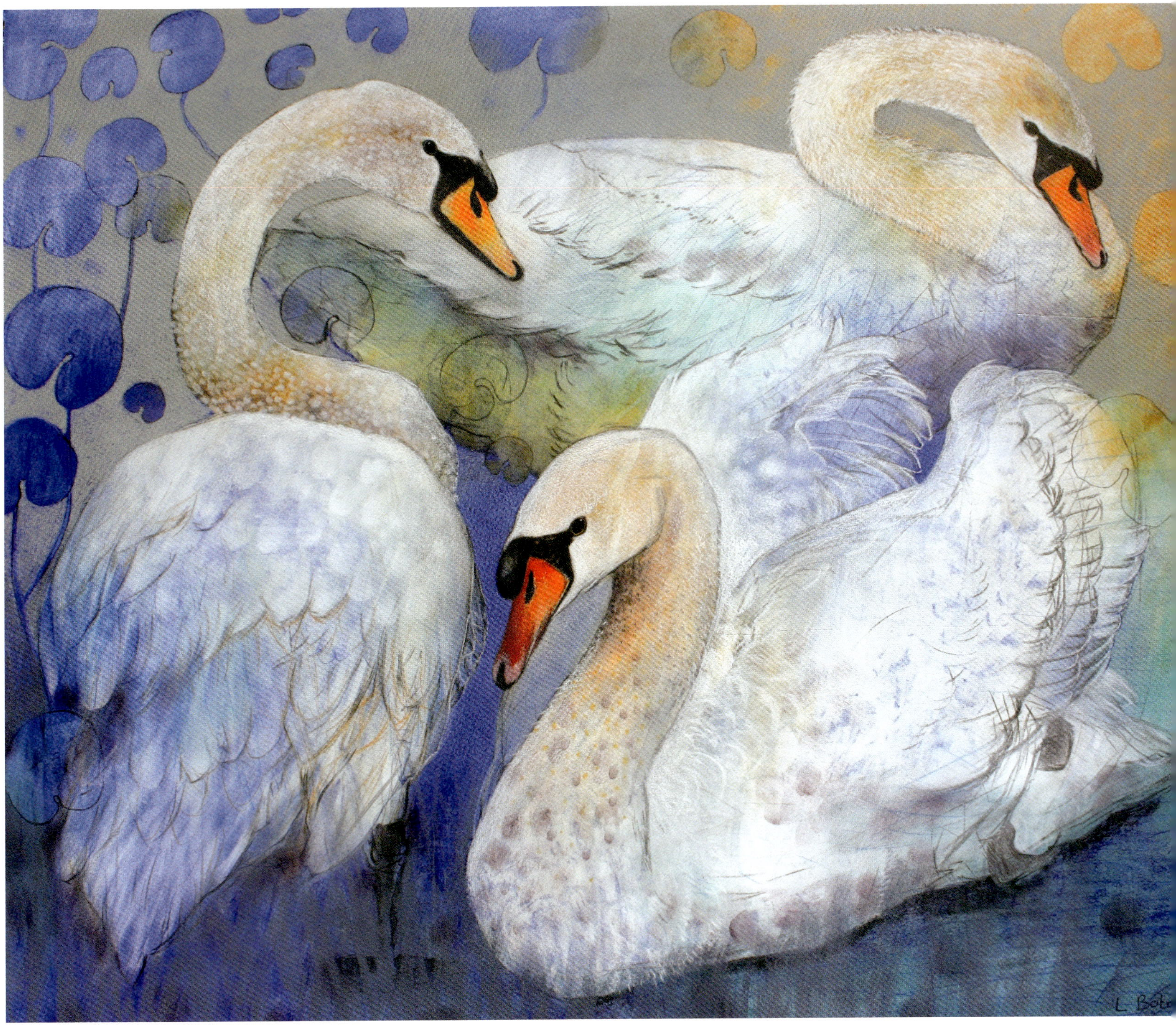

Blau-Weiß-Gold

Dem natürlich eleganten Erscheinungsbild der Schwäne gibt es nicht viel hinzuzufügen – außer einem stilvoll-dekorativen Ambiente …

Die anmutige Gestalt der Schwäne im goldenen Abendlicht inspirierten mich zu diesem großformatigen Pastellbild (120 x 150 cm). Das Blau und Ocker der Grundierung schattiert und tönt das Gefieder und verbindet sich harmonisch mit dem dekorativen Ambiente. Die floralen Ornamente bringen einen Hauch von Jugendstil in den Hintergrund – ein schöner Gegensatz zu den realistisch gezeichneten Schwänen.

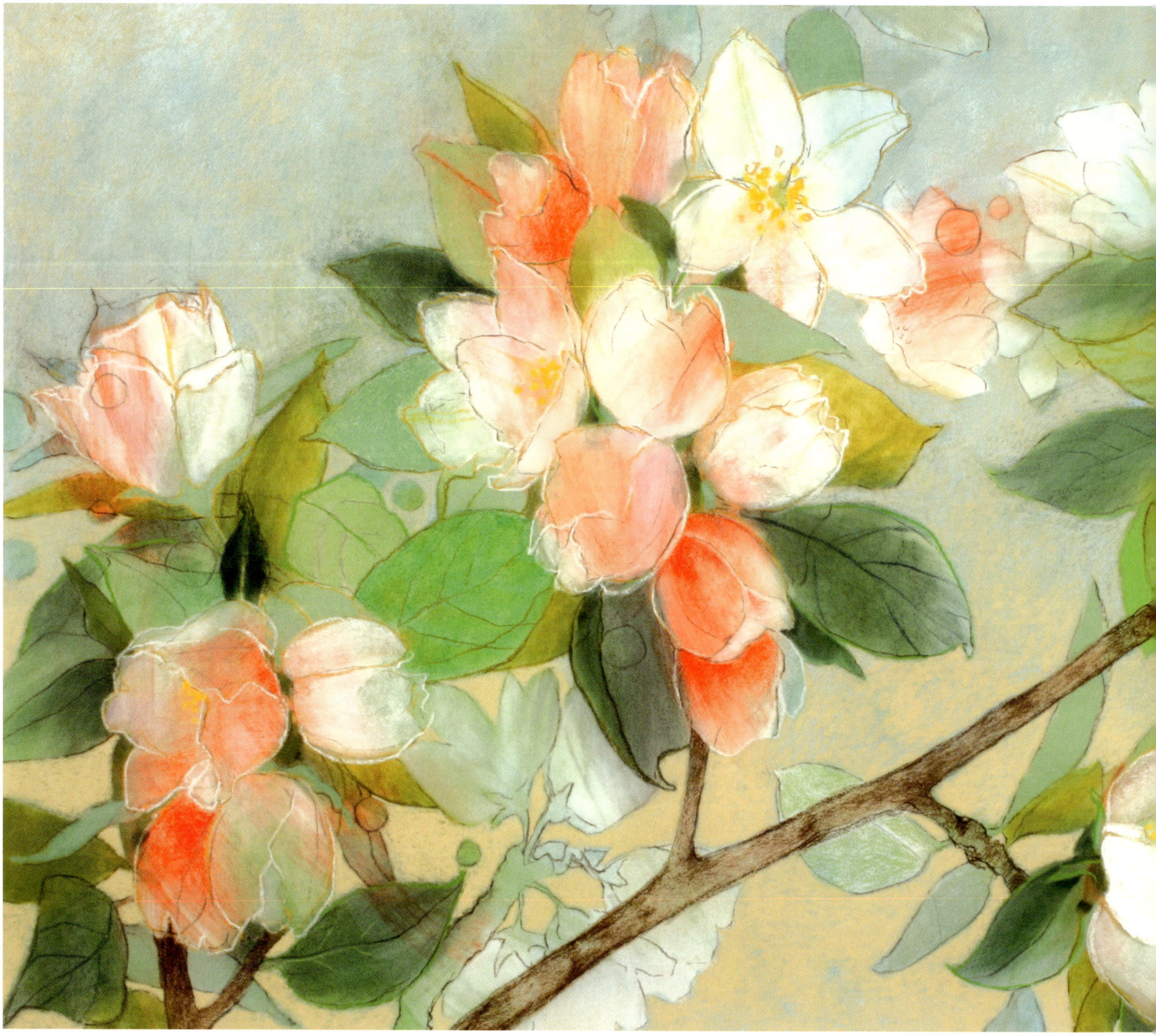

Tipp

Tragen Sie das Fixativ nicht zu dick auf. Leichtes Aufsprühen aus einiger Entfernung reicht. Obwohl transparent, verändert der Fixierfilm die Farben ein wenig und nimmt der Pastellkreide unvermeidlich etwas vom ursprünglichen Schimmer.

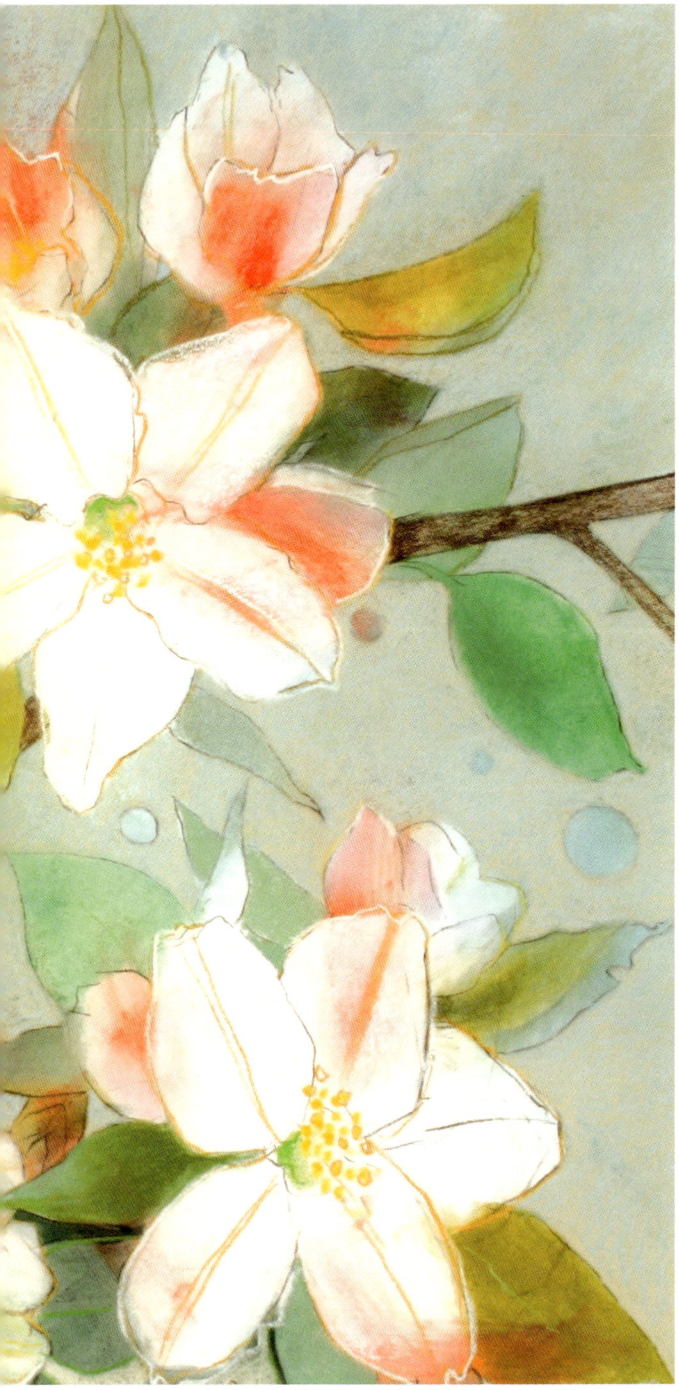

Apfelblüten

Zarte Blüten und leuchtende Pastelle: wie füreinander geschaffen. Auf einem malerischen Farbgrund kommt der Blütenzweig ebenso plastisch wie dekorativ zur Geltung.

Dazu trage ich zunächst an verschiedenen Stellen Blau, Ocker, Rosa und Rot auf; einige Bereiche bleiben ausgespart. Die Farben werden verwischt und leicht verblendet. Mit dunkler und weißer Pastellkreide deute ich die Umrisse der Blüten an, dazwischen die Blätter und Zweige. Die roten Blüten platziere ich in den roten Farbflächen, die weißen an den weiß gebliebenen Stellen.

Weiß auf Weiß, Rosa auf Rosa

Das ist deshalb wichtig, weil sich das Weiß ansonsten mit den Hintergrundfarben vermischen und abstumpfen würde. Natürlich könnte man das Blütenweiß auch kraftvoll deckend auftragen. In diesem Fall aber würden die Blüten unpassend massiv wirken und nicht zur delikaten Erscheinung passen.
Die Blätter brauchen diese zärtliche Rücksichtnahme nicht. Hier darf und soll die jeweilige Hintergrundfarbe mitmischen. Zusammen mit den unterschiedlichen Grüntönen und dem die Komposition „tragenden" Zweig ergibt das ein lebendiges, frühlingshaftes Gesamtbild.

Fixieren – am Schluss …

Pastelle müssen Sie fixieren, also mit dem Fixierspray besprühen. Bis dahin lässt sich die Farbe leicht verwischen: entweder absichtlich, um die Farben zu verziehen oder miteinander verschmelzen zu lassen, oder ungewollt, was recht schnell passieren kann. Schutz bietet erst das Fixativ.

… und zwischendurch

können Sie die Farben ebenfalls fixieren. Das ist immer dann sinnvoll, wenn Konturen und bestimmte Elemente sozusagen ihre Endgestalt erreicht haben und nicht mehr verwischt werden sollen. Auf dem transparenten Fixierfilm lässt es sich prima weiterzeichnen.

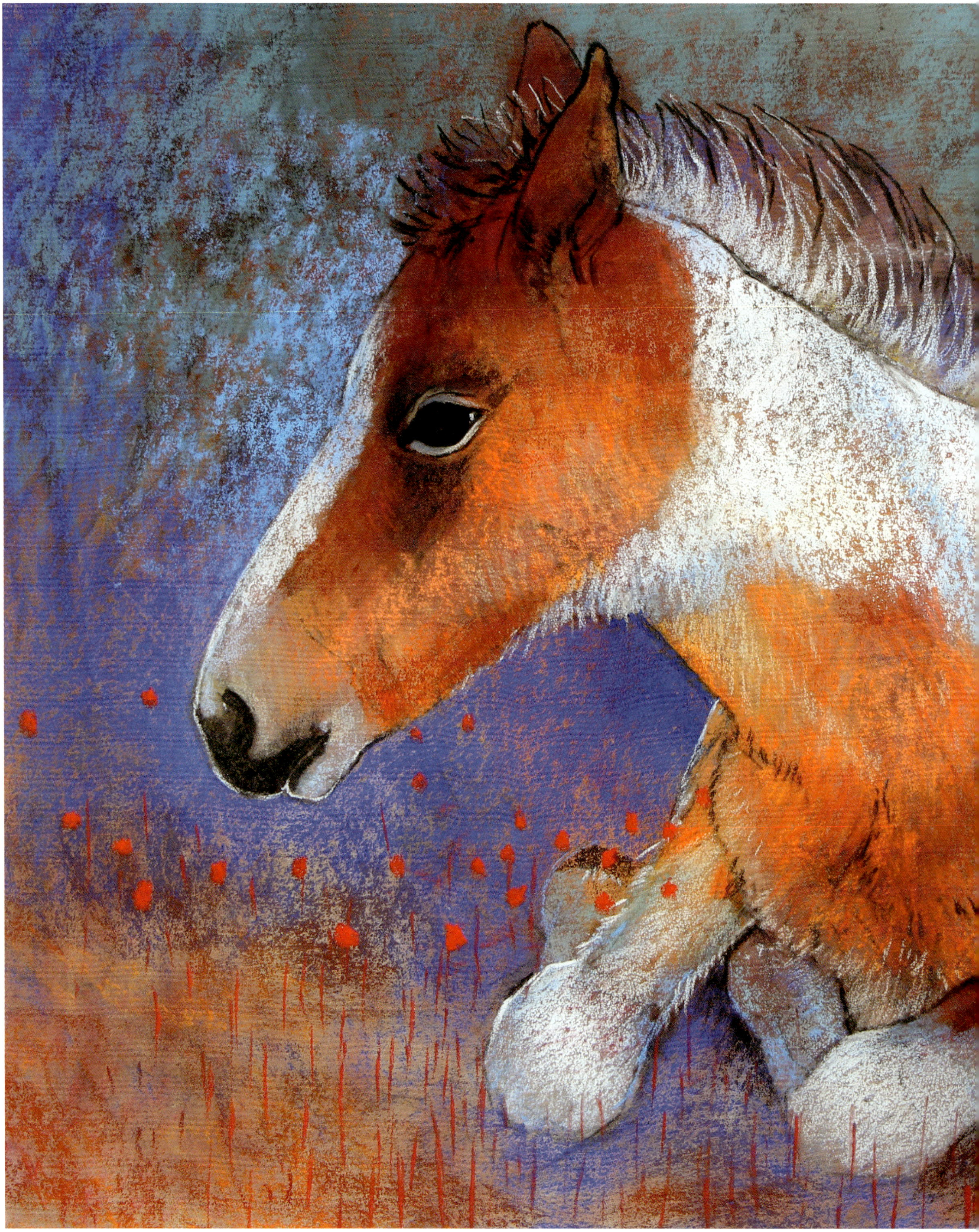

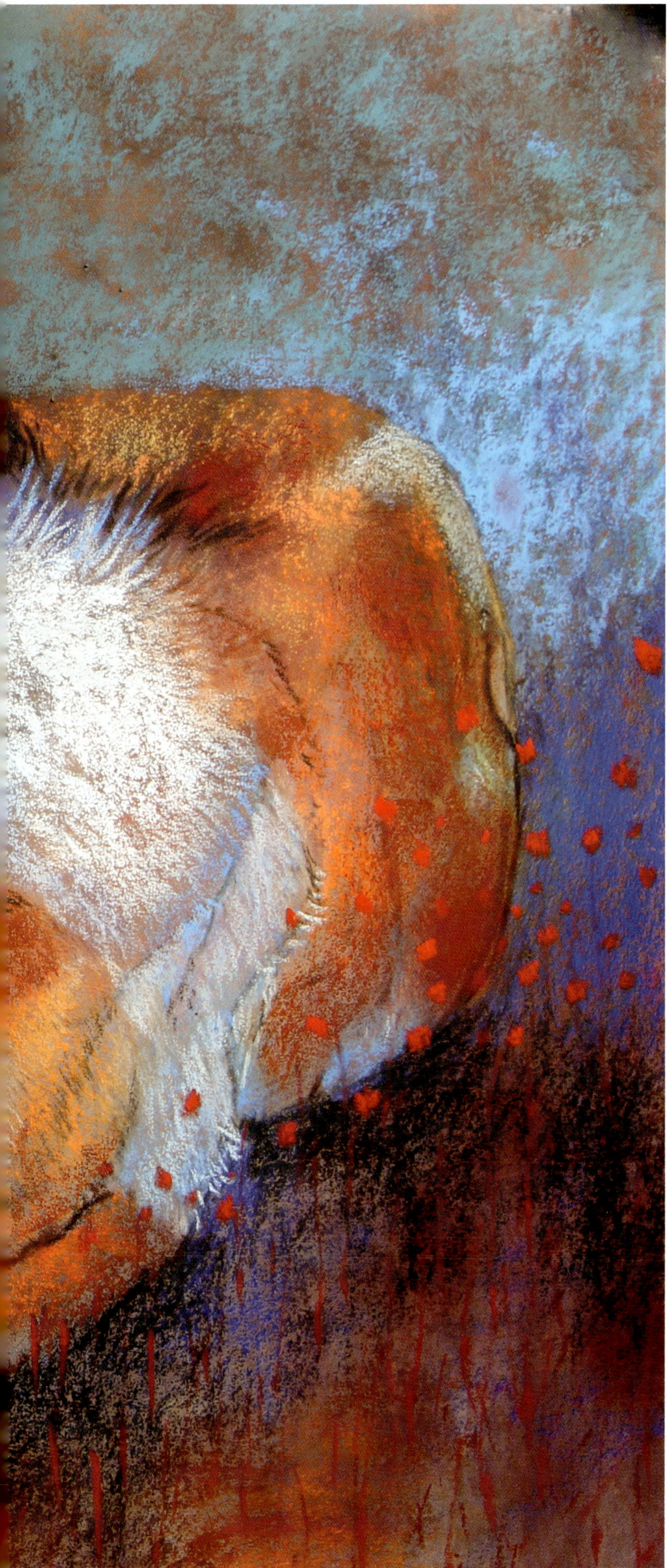

Fohlen

Ein abstrakter Farbgrund für das realistisch ausgearbeitete Fohlen: zusammen ein harmonisches und stimmungsvolles Gesamtbild.

Beim Anlegen eines Hintergrundes können Sie Farben nehmen, die dem natürlichen Umfeld des Motivs zumindest atmosphärisch entsprechen – siehe das Rehkitz auf S. 110. Oder Sie lassen die Natur außer Acht, um zunächst nur die Farben wirken zu lassen. Der Hintergrund wird zum abstrakten und dekorativen Farbgrund. Dazwischen gibt es natürlich eine ganze Skala von künstlerischen Möglichkeiten, die sich oft erst unterwegs ergeben.

Beim Spiel mit den Farbtönen finden Komplementärfarben wie Blau und Orange oft von selbst zusammen. Solche Paarungen haben zwei bemerkenswerte – und nützliche – Eigenschaften: Zum einen wirkt ihre Kombination angenehm harmonisch. Zum anderen steigert sie die Farbwirkung – beide Farben frischen sich gegenseitig auf. Andere Farbpaare sind Rot zu Grün und Gelb zu Violett. Sie liegen als Gegenfarben im Farbkreis einander gegenüber. Wenn man sie vermischt, was man tunlichst vermeiden soll, entsteht ein Grau.

Hier also leuchtet das Rotbraun und Orange im Kontrast zum Blau im Farbgrund förmlich auf. Umgekehrt verstärkt sich das Blau, das als Schattenton im weißen Fell und im Vordergrund mitspielt. Die Fellfarben wiederum finden sich unten am Boden wie auch im oberen Bildbereich wieder, die dort das Blau und Türkis abtönen. All dies schafft eine schöne Verbindung zwischen Motiv und Hintergrund – der schließlich gar nicht mehr so abstrakt wirkt.

Auf und davon

Auf, Grünfink, zur Sonne, zur Freiheit! Wer von uns wollte sich nicht auch manchmal von der Erdenschwere lösen? Zumindest in die künstlerische Arbeit können wir ein wenig von dieser Leichtigkeit mitnehmen.

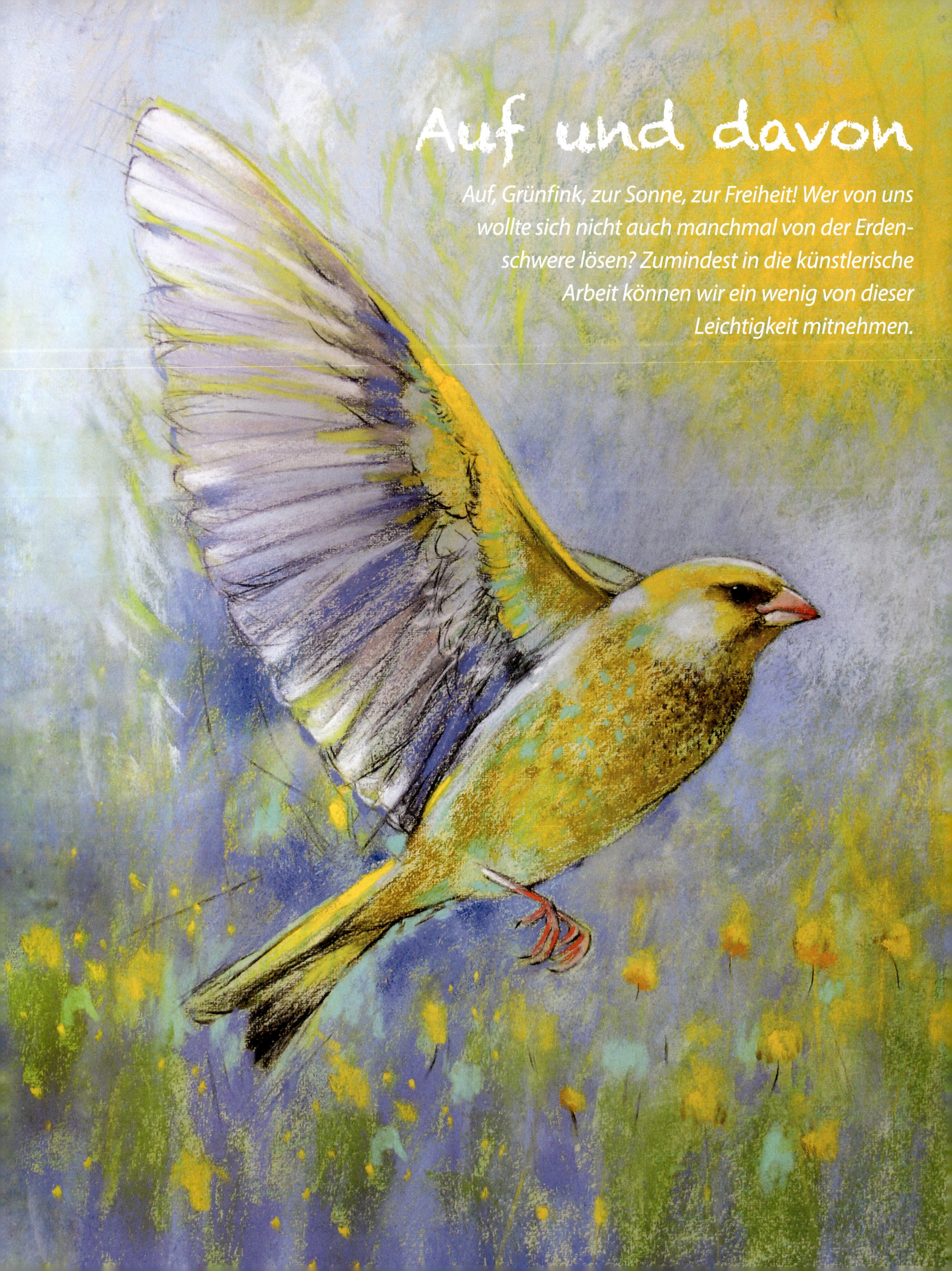

Die leuchtende Farbstimmung bringt der sozusagen impressionistische Hintergrund. Den Grünfink dagegen zeichne ich ziemlich naturgetreu. Das ist in diesem Fall recht einfach, weil in der Seitenansicht perspektivische Verkürzungen fehlen. So lassen sich Körper und der Flügel des Grünfinks problemlos in Form bringen. Das Gefieder spielt über den typischen Grünton hinaus in hübschen Tönen aus Blau, Gelb und Braun; da kann man gerne etwas kräftiger und farbenfroher werden. Da ich den Vogel mit den Pastellstiften und Kohlekonturen eher realistisch ausarbeite, hebt er sich schön vom ganz anders gestalteten Hintergrund ab. Hier trage ich die Andeutungen von Blumenwiese, Himmel und Sonnenschein mit breiten Kreidestrichen auf und verwische sie zu weichen Übergängen. So entsteht hinten ein weiter, luftiger Raum, in den wir unseren Vogel frei und fröhlich entschweben lassen.

Mein Material:

- *Pastellpapier glatt (z. B. Ingres Fine Art), 56 x 42 cm*
- *Pastellstifte und Pastellkreiden siehe Seitenrand*
- *Kohlestift*
- *Fixierspray*

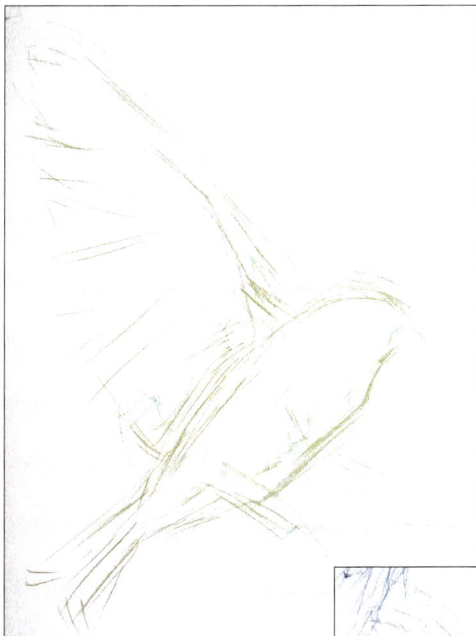

▲1
Zum Skizzieren nehme ich gleich den grünen Pastellstift und zeichne mit lockeren Strichen die Gestalt, die ja mit Körper und Flügel recht einfach ist.

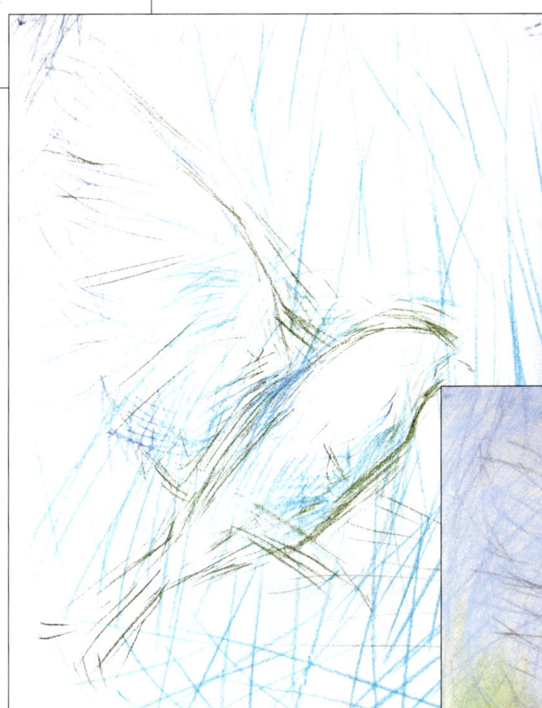

▲2
Sobald ich die Form gefunden habe, verdeutliche ich die Umrisse mit weiteren Farben und lockere den Hintergrund mit freien Strichen auf.

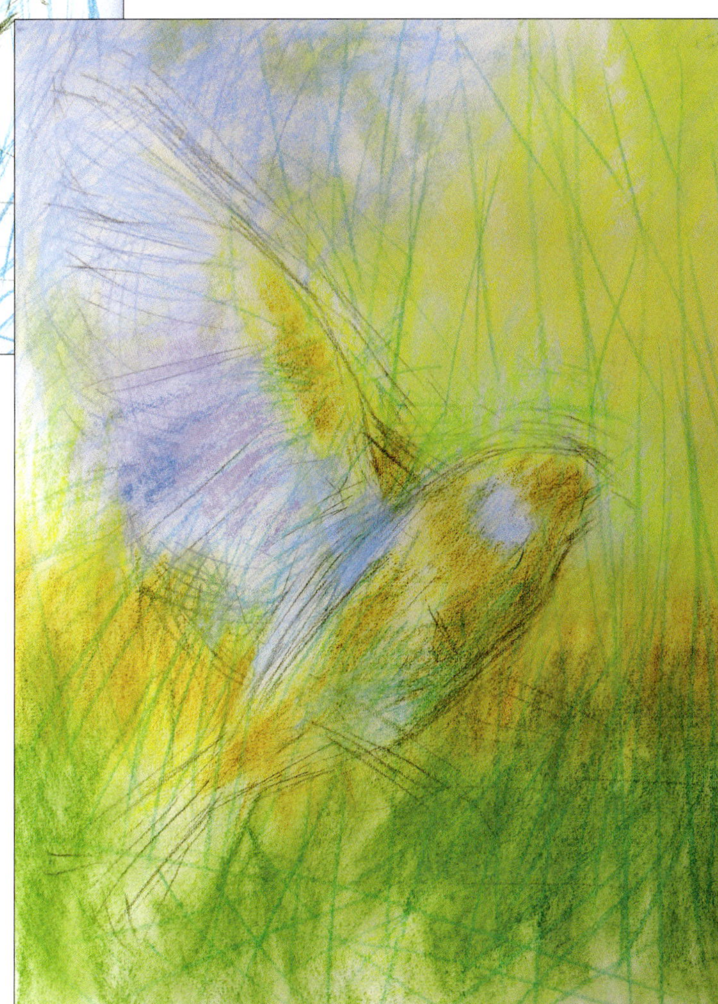

3 ▶
Ganz frei und intuitiv gestalte ich den Farbgrund: nun aber mit breiten Strichen der Pastellkreide, die ich da und dort mit dem Finger verwische. Unten das dunklere Fundament, links oben der blaue Himmel und rechts davon gelbes, sattes Sonnenlicht.

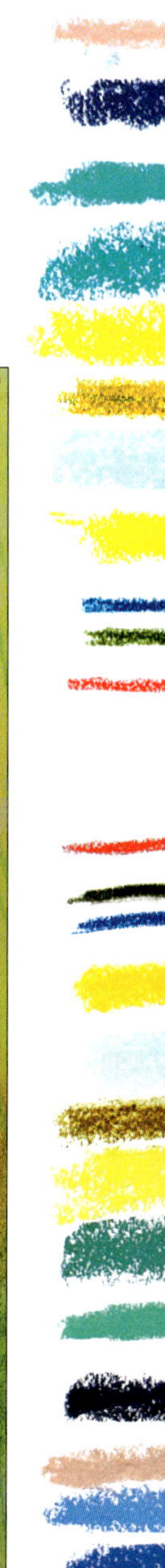

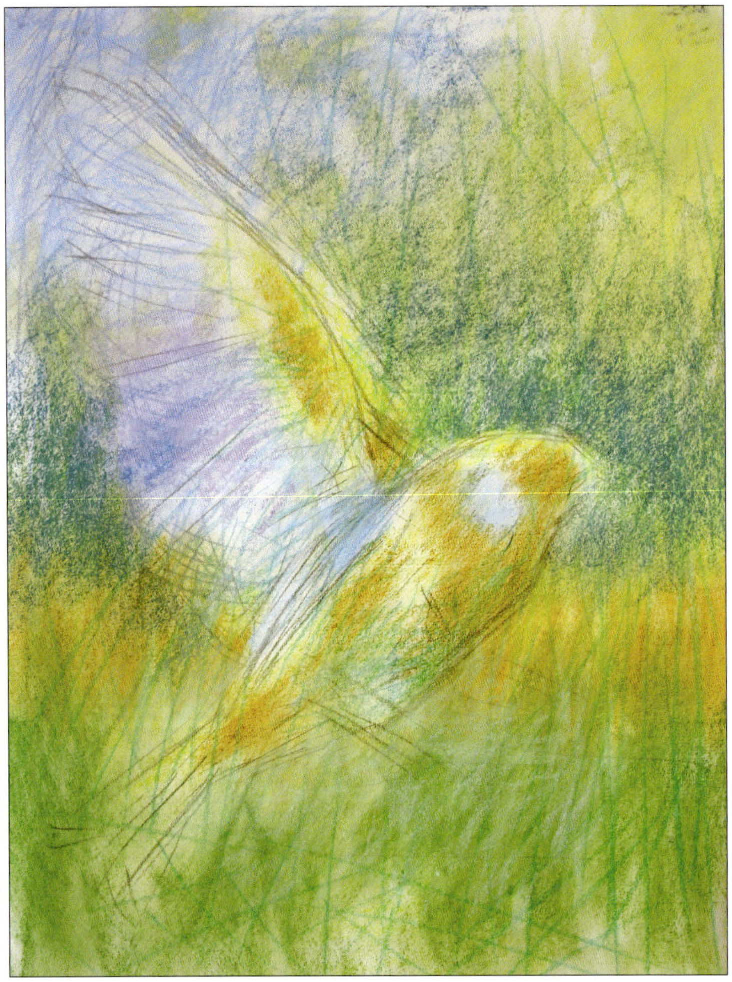

◀ 4

Um meinen Grünfink aus dem Farbenmeer herauszuholen, dunkle ich ringsum den Hintergrund mit groben Kreidestrichen ab.

▼5

Dann zeichne ich die Konturen mit dem Kohlestift nach: Die Linien nicht durchziehen, sondern locker stricheln – das wirkt freier. Damit findet der Grünfink auch zu seiner schlanken, dynamischen Form.

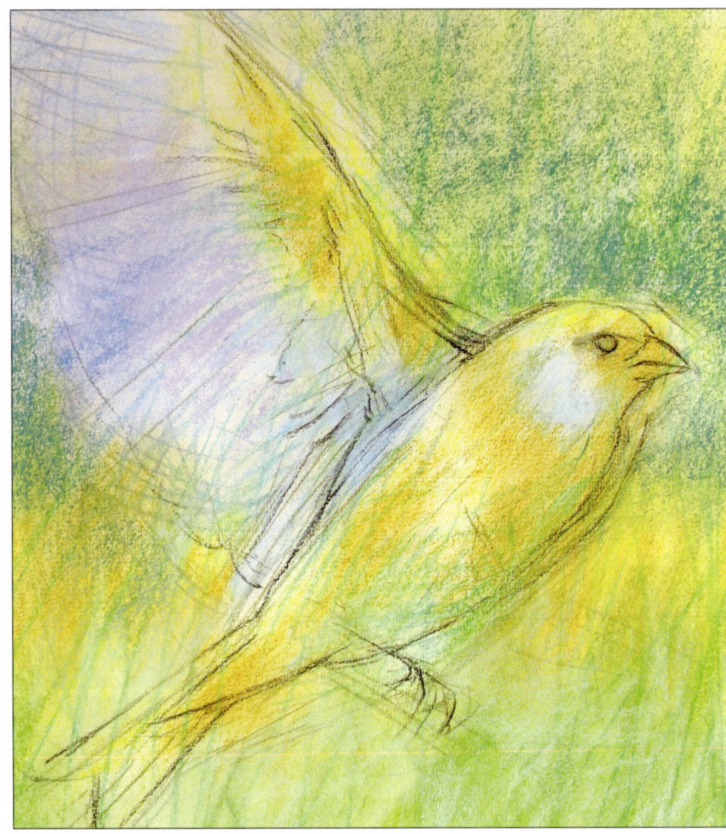

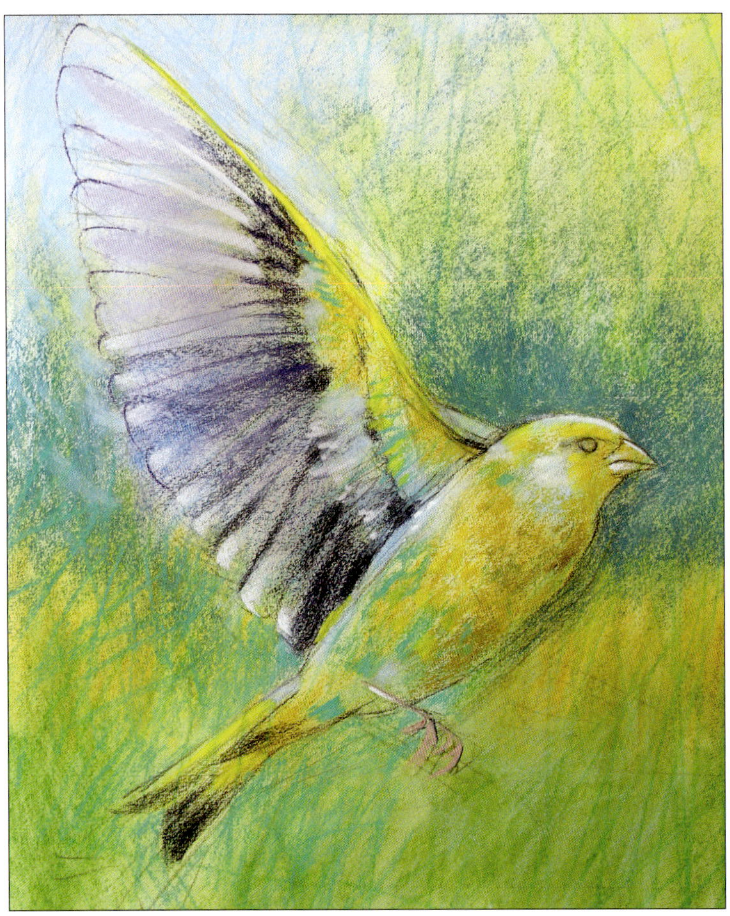

◀ 6

Ringsum verstärke ich die Farben, auch der Körper erhält farbige Schattierungen. Die Schwungfedern zeichne ich ebenso schwungvoll (und ein wenig verwischt) nach.

Tipp

Das ist das Faszinierende an Pastellen: Nichts ist fix, solange nichts fixiert ist. Sie können Striche und Farben ausprobieren, mit dem Finger verwischen, lasierend oder deckend übermalen und sich damit dem Wunschbild annähern.

7

Bei den Details vom Kopf bis zu den Krallen lässt sich nicht viel improvisieren; mein Grünfink soll präzise nach Grünfink aussehen. Entsprechend genau zeichne ich mit den passenden Stiften die Augen (das winzige Glanzlicht nicht vergessen!), den Schnabel und die Krallen. Dann tupfe ich die Sprenkel ins Gefieder.

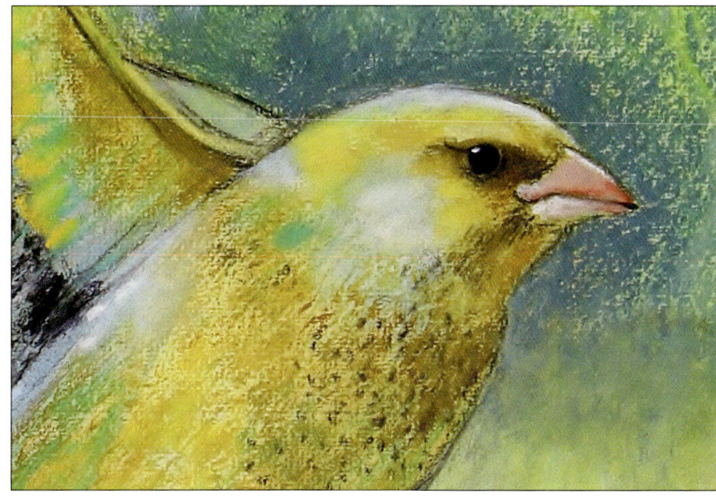

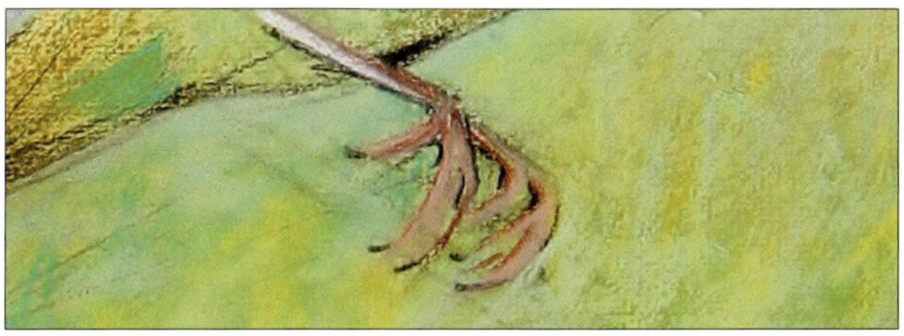

Tipp

Auch mit der Richtung des Farbstrichs heben Sie den Vogel heraus. Ziehen Sie also die Hintergrundfarbe nicht parallel zur Kontur, sondern senkrecht zu ihr. Das grenzt die beiden Bildebenen (Motiv und Hintergrund) besser voneinander ab.

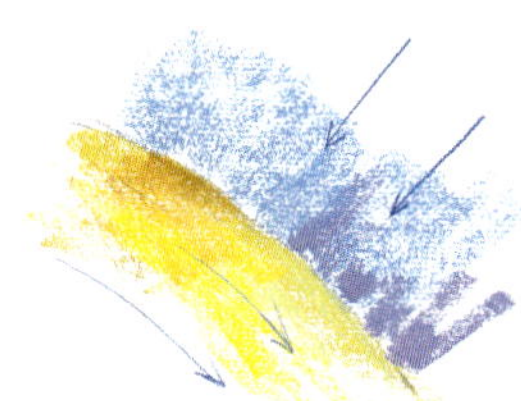

Senkrechte Striche für eine klare Grenze

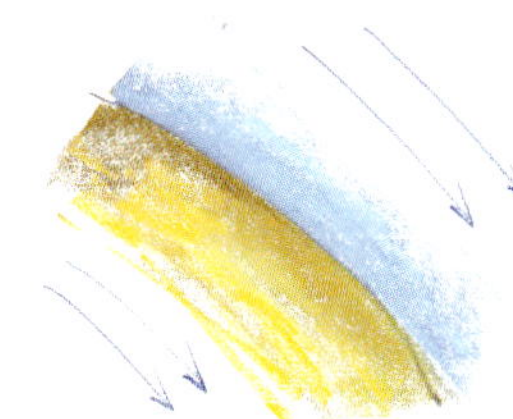

Der Kontur entlang für eine weiche Grenze

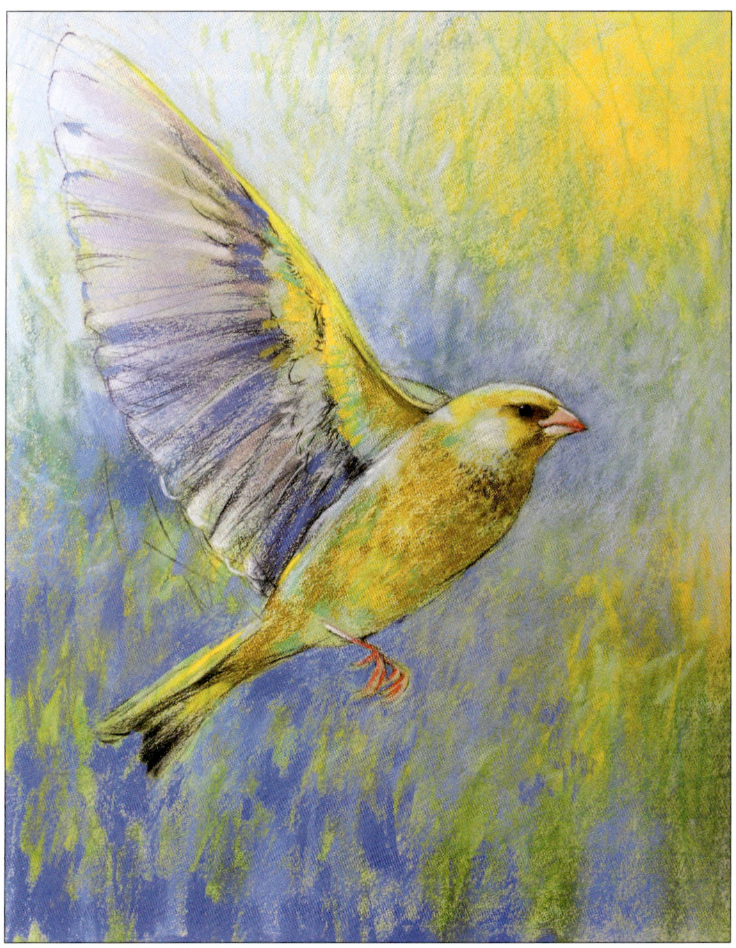

8

Wie kommt der Grünfink im Grünen noch besser zur Geltung? Indem ich ein kräftiges Blau hineinzeichne und wische. So entsteht auch ein schöner Verlauf vom kühlen, dunkleren Blau und Grün nach rechts oben ins warme, sonnige Gelb; und das bringt auch Tiefe ins Bild. Und mit strahlend gelben Farbtupfen, ein paar roten Akzenten und rechts mit hellgrünen Strichen verwandelt sich all dies in eine fröhliche Blumenwiese.

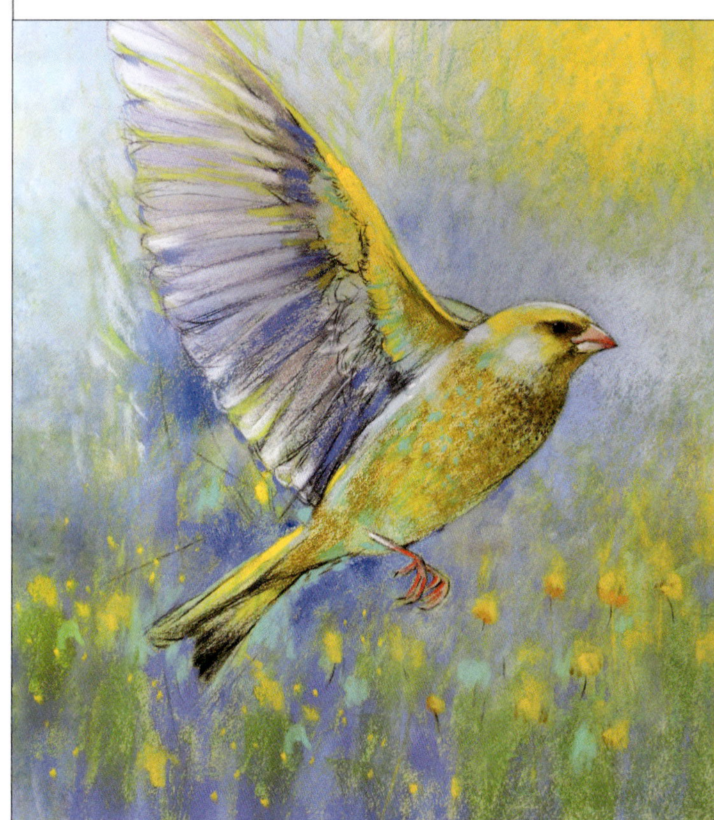

König Fasan

Auch andere Fasane beeindrucken mit ihrem farbenfrohen Federkleid, das nach Pastellen geradezu ruft. Doch dieser spezielle Vogel hat eine besondere Geschichte: Täglich grüßt mich Herr Fasan …

Denn jeden Tag führt ihn sein Morgenspaziergang über Feld und Flur an den Stadtrand meiner Heimatstadt Den Haag. Im ersten Tageslicht inspiziert dieser Fasan nach Art eines kleinen bunten Märchenkönigs den Garten eines bestimmten Hauses. Hier wandert er ein wenig herum, als wollte er nach dem Rechten sehen, und kehrt nach abgeschlossener Besichtigung wieder in sein eigentliches Reich zurück. Für die Hausbewohner, sofern schon wach, ist das immer wieder ein märchenhafter Anblick. Also beauftragte mich der Besitzer, seinen morgendlichen Gast zu porträtieren – eine reizvolle Aufgabe. Und so geschah es auch an einem grauen Morgen, dass dieser fabelhafte Fasan vor meinen Augen (und meinem Fotoapparat) aus dem Nebel auftauchte …

Für die Pastellzeichnung auf normalem Zeichenpapier verwende ich den Kohlestift (für die Vorzeichnung), Pastellstifte und Pastellkreide in den Farben des Federkleides. Besonders beeindruckend ist das exzentrische Rot und Blau am Kopf im Kontrast zum sonstigen Gefieder. Doch auch das gibt Gelegenheit, mit all den schichtweise aufgetragenen Tönen zu spielen, die Federn am Rücken und Schwanz im Licht schimmern zu lassen und die Schattenpartien in warmen, dunklen Tönen abzudunkeln. Um all dies bestmöglich zur Wirkung zu bringen, bleibt der Hintergrund in warmen Grautönen. Das bringt die Farbigkeit des Gefieders umso intensiver zur Wirkung – und die Atmosphäre eines Auftritts im Morgengrauen ins Bild.

Mein Material:

- *Zeichenpapier (50 x 65 cm)*
- *Pastellfarben (Stifte, Kreiden)*
- *Kohlestift oder Kohlestäbchen*

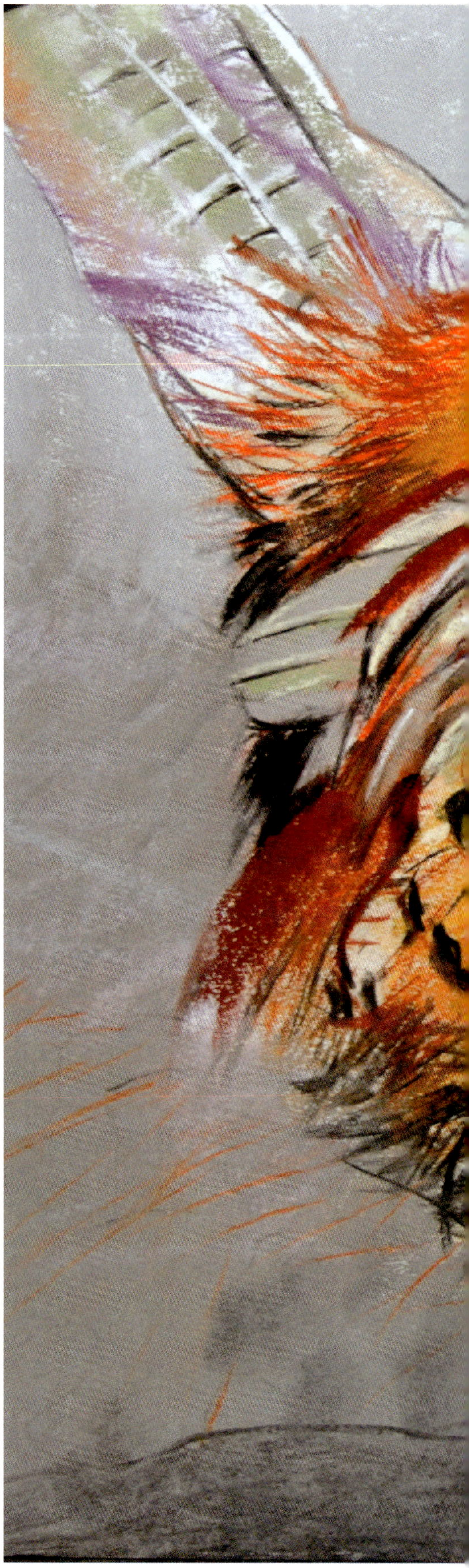

Farbenfroh im Morgengrauen: König Fasan auf seinem täglichen Rundgang durch Nachbars Garten.

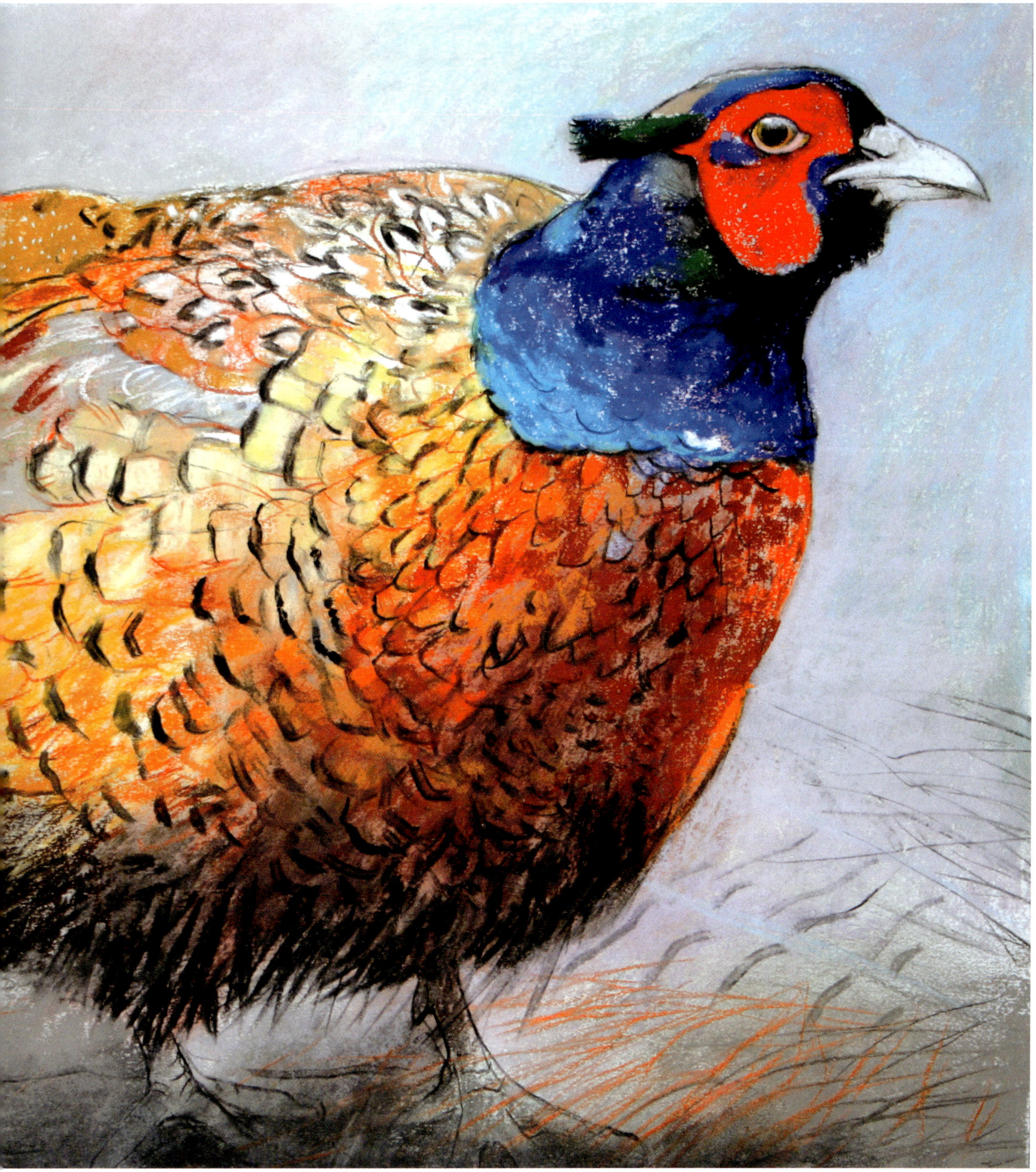

Hunde

Im klassischen Porträt mit wachem Blick oder in einer stillen Stunde und Szene?

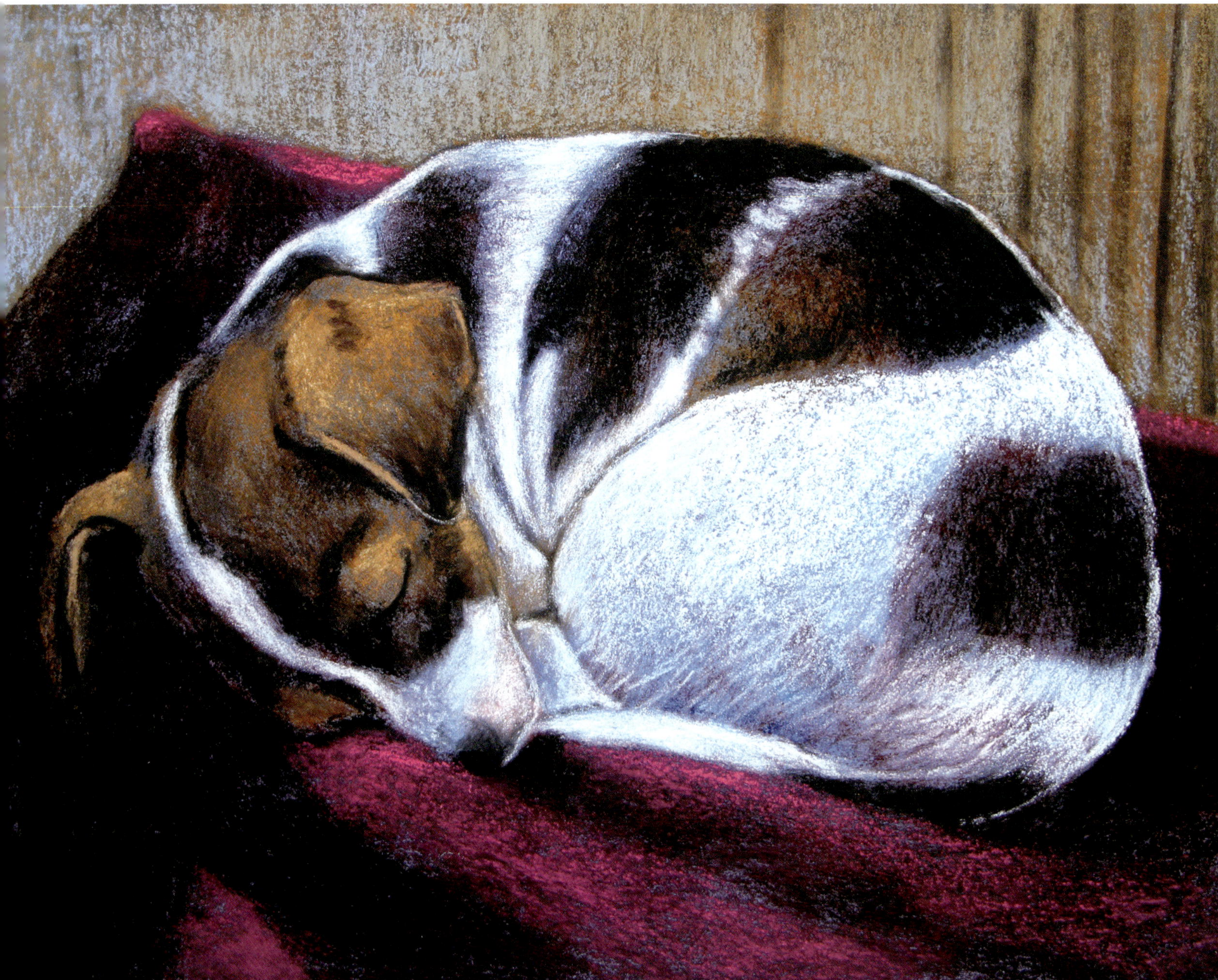

Schlafende Hunde soll man nicht wecken, sondern zeichnen (und zur Sicherheit auch fotografieren). Hier nehme ich für Decke und Wand warme, harmonische Farben, die zur ruhigen Atmosphäre passen und den Schläfer weich einbetten.

Die Kohlezeichnung bildet die Gestalt realistisch ab – die Konturen lassen sich auch von einer Vorzeichnung oder von einem Foto abnehmen und übertragen. Hingegen haben Sie bei der farbigen Ausgestaltung des Hintergrundes viele Freiheiten. Im Porträt können Sie zum Beispiel das Blau des Farbgrundes für Stirn und Ohren übernehmen – ein schöner künstlerischer Akzent!

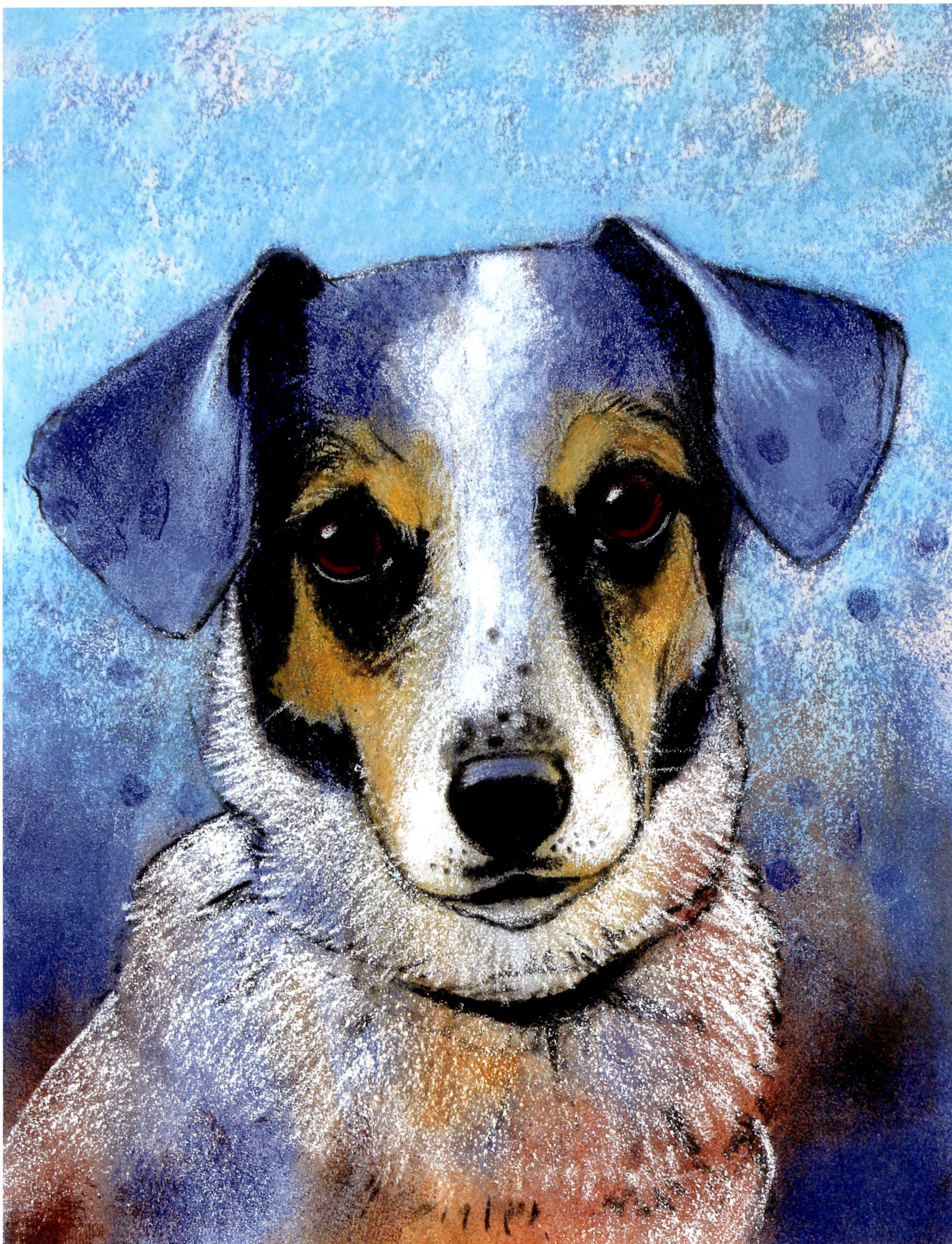

Das Porträt vor einem dekorativen Hintergrund, der durch den Verlauf von unten dunkel nach oben hell Tiefe erhält und mit dem Fixierspray festgehalten wird. Sodann werden die einzelnen Bereiche farbig ausgearbeitet und Details verdeutlicht. Mit Licht und Schatten und dem gestrichelten Fell bekommt der Hund schließlich seine charakteristische Form.

Lilien

Ein Blütenzweigzweig vom Floristen, dazu etwas Efeu – nicht in der Vase, sondern locker drapiert und hingelegt: Inspirationen für stilvolle florale Stillleben vor einem farbstarken Hintergrund.

Die Draufsicht liefert eine ungewöhnliche und interessante Perspektive für eine dekorative Illustration – einerseits botanisch ziemlich korrekt, andererseits skizzenhaft und dann mit dem kraftvollen Farbgrund auch malerisch. An den beiden Beispielen sehen Sie, wie stark die Untergrundfarbe den Charakter der Zeichnung beeinflusst: Das hitzige Rot zieht das Ensemble zu sich heran und verstärkt zugleich das komplementäre Blattgrün. Das kühle Blau hingegen hält Distanz, rückt selbst in den Hintergrund und lässt damit das Ensemble klar hervortreten.

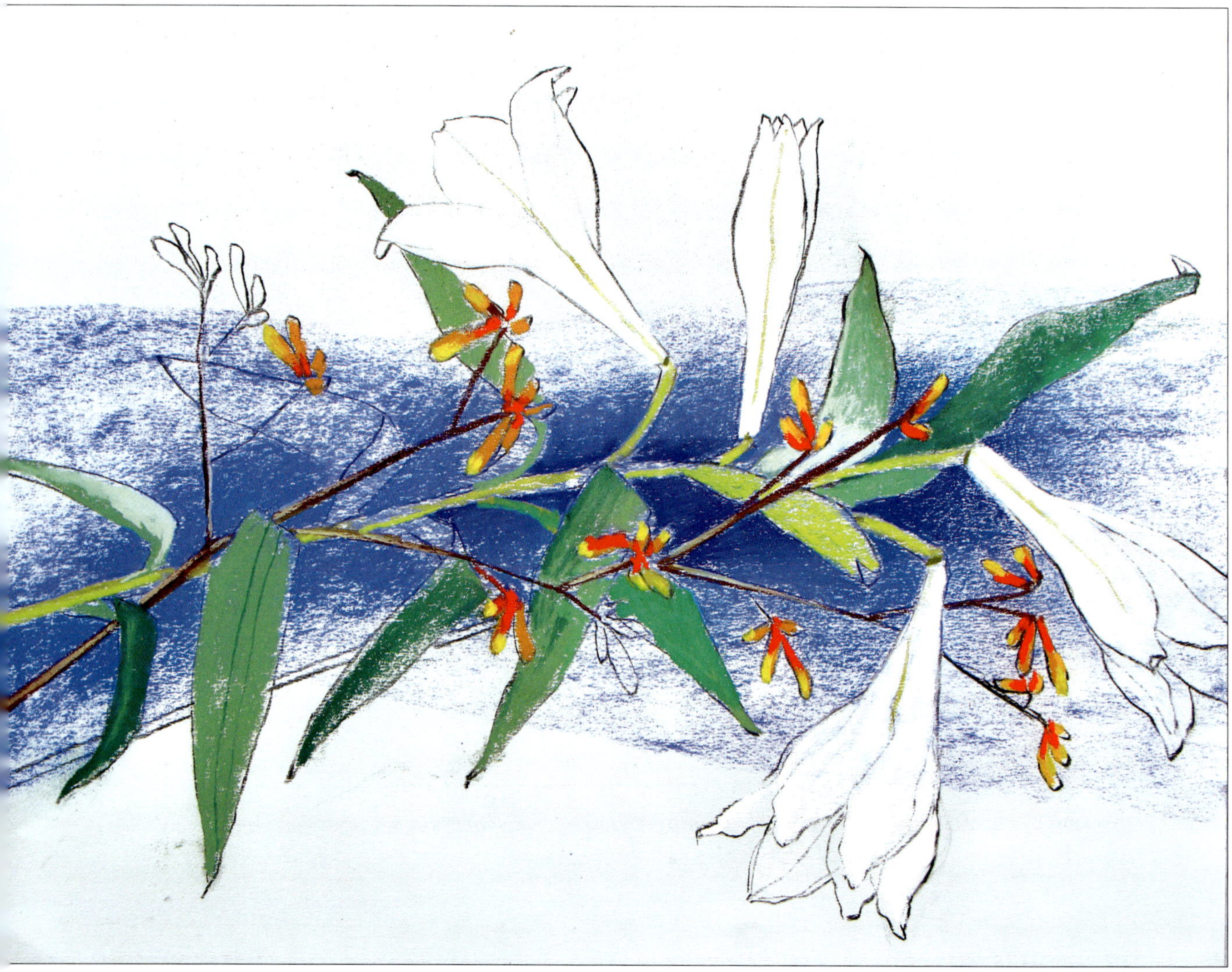

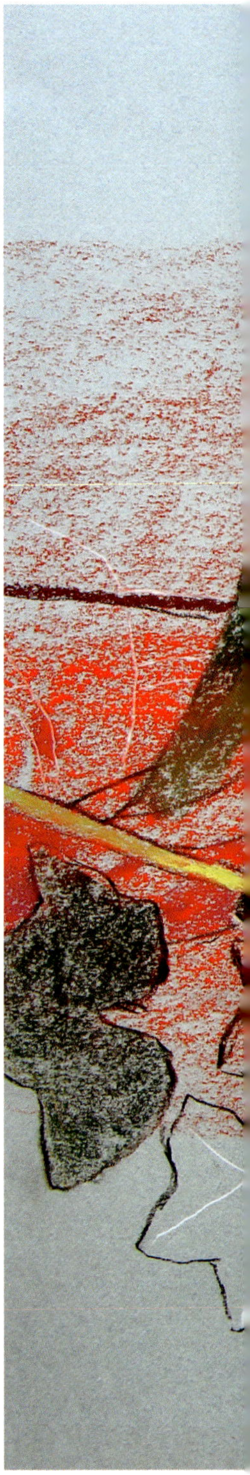

Ein Pastell der etwas anderen Art mit klaren Konturen über die blaue Mitte hinaus. Die Blätter werden farbig und weiß ausgearbeitet oder bleiben skizzenhaft. Der dekorative Zeichenstil ist ungefähr gleich wie im Bild rechts, die Bildwirkung und Farbstimmung völlig anders.

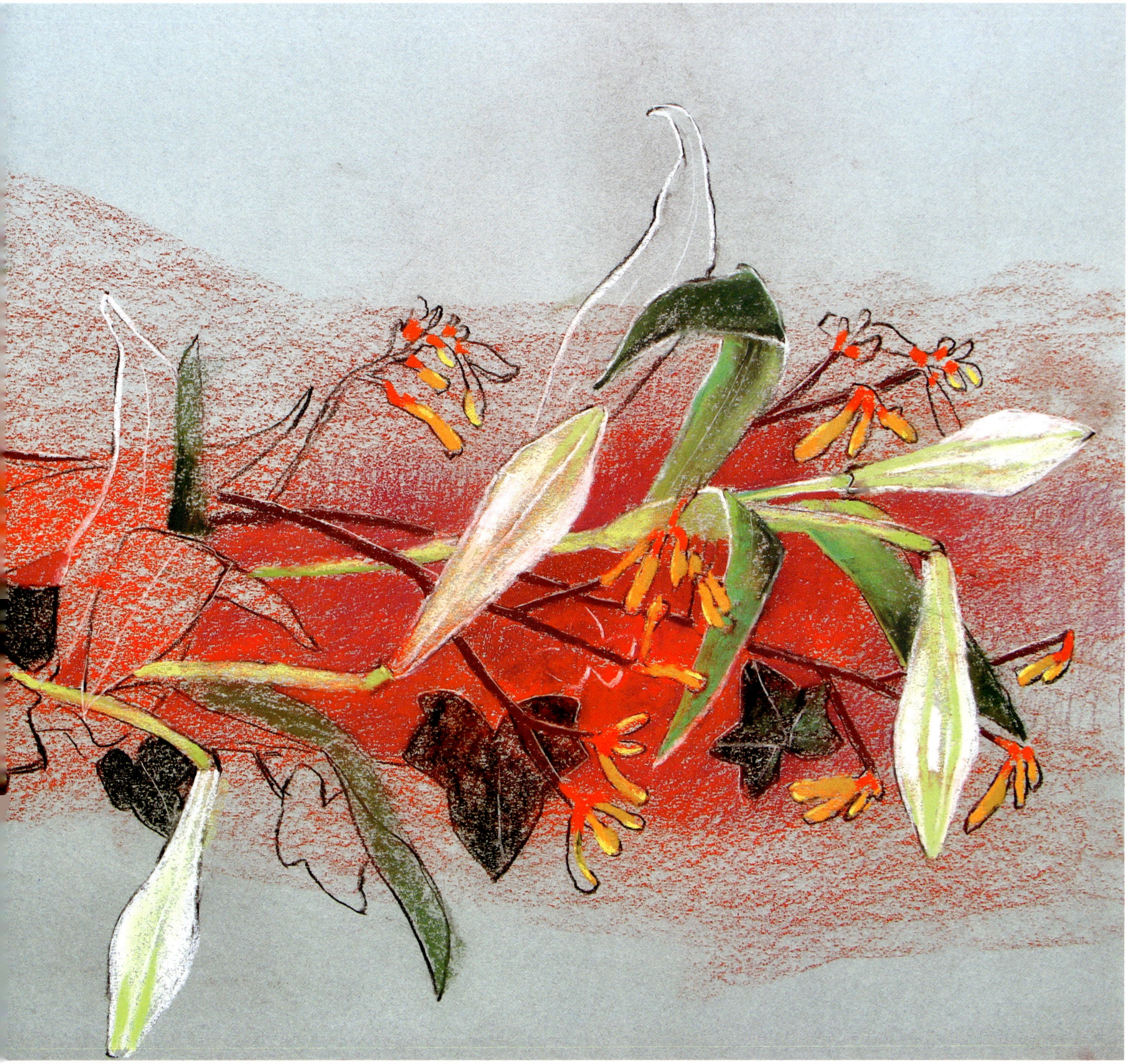

In diesem Beispiel mildert der graue Ton des Zeichenpapiers die Kontraste ab und verbindet das Motiv mit dem Hintergrund, den ich mit der Breitseite des roten Kreidestücks auftrage. Ringsum lasse ich die Streifen hell auslaufen. Diese Striche bleiben sichtbar. Sie geben dem Farbfeld viel Schwung und Dynamik.

Einige Konturen bleiben frei stehen. Ansonsten koloriere ich das Ensemble mit kraftvollen, meist deckenden Strichen in Grün, Ocker, Gelb, Orange und Weiß, außerhalb des Farbfeldes auch in Rot. Für Details nehme ich Pastellstifte, mit denen ich auch die Konturen dunkelbraun und weiß nachziehe.

Mein Material:

- *Zeichenpapier in Weiß und Hellgrau*
- *Pastellkreiden und -stifte (siehe Bilder)*
- *Kohlestift*

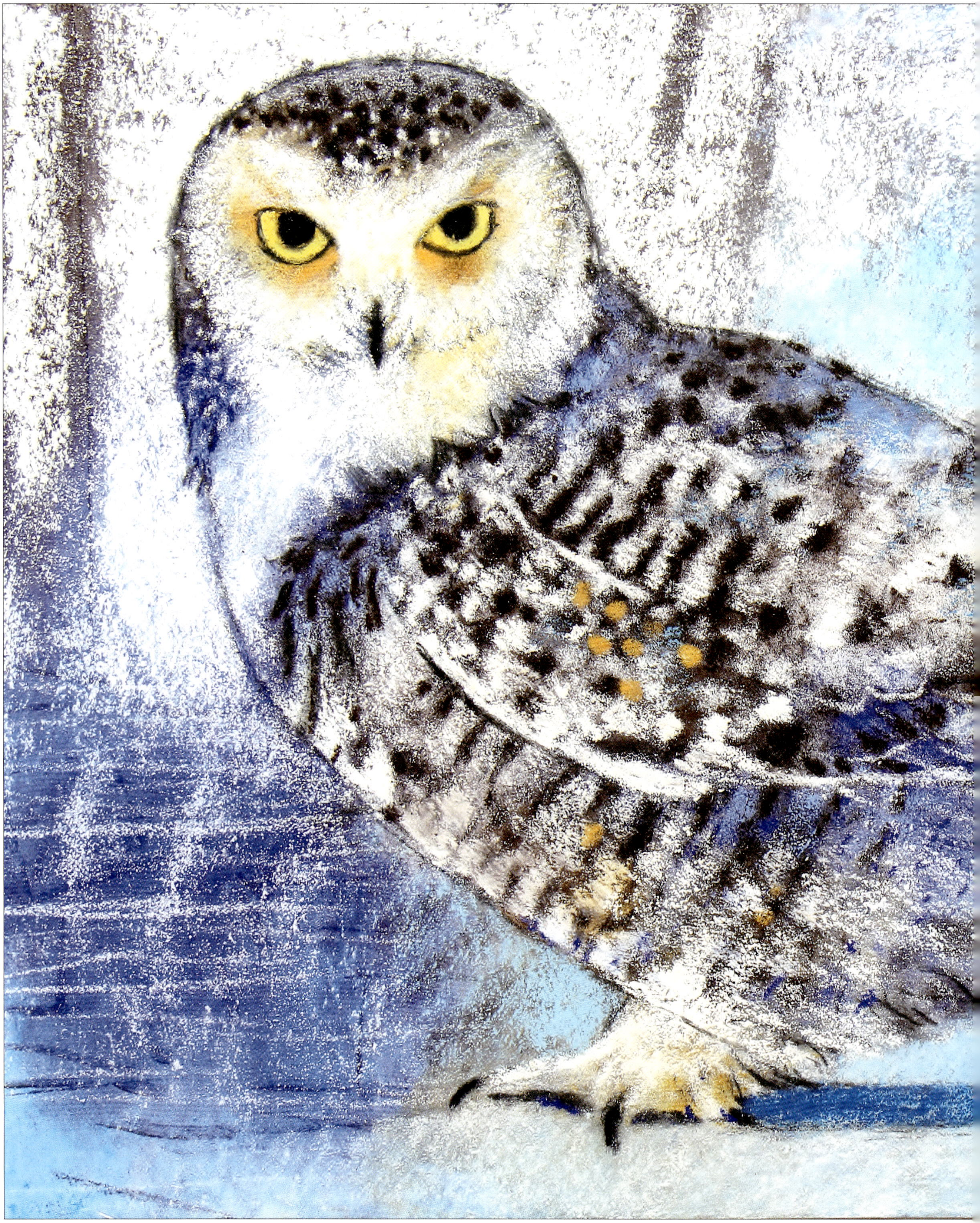

Schnee-Eule

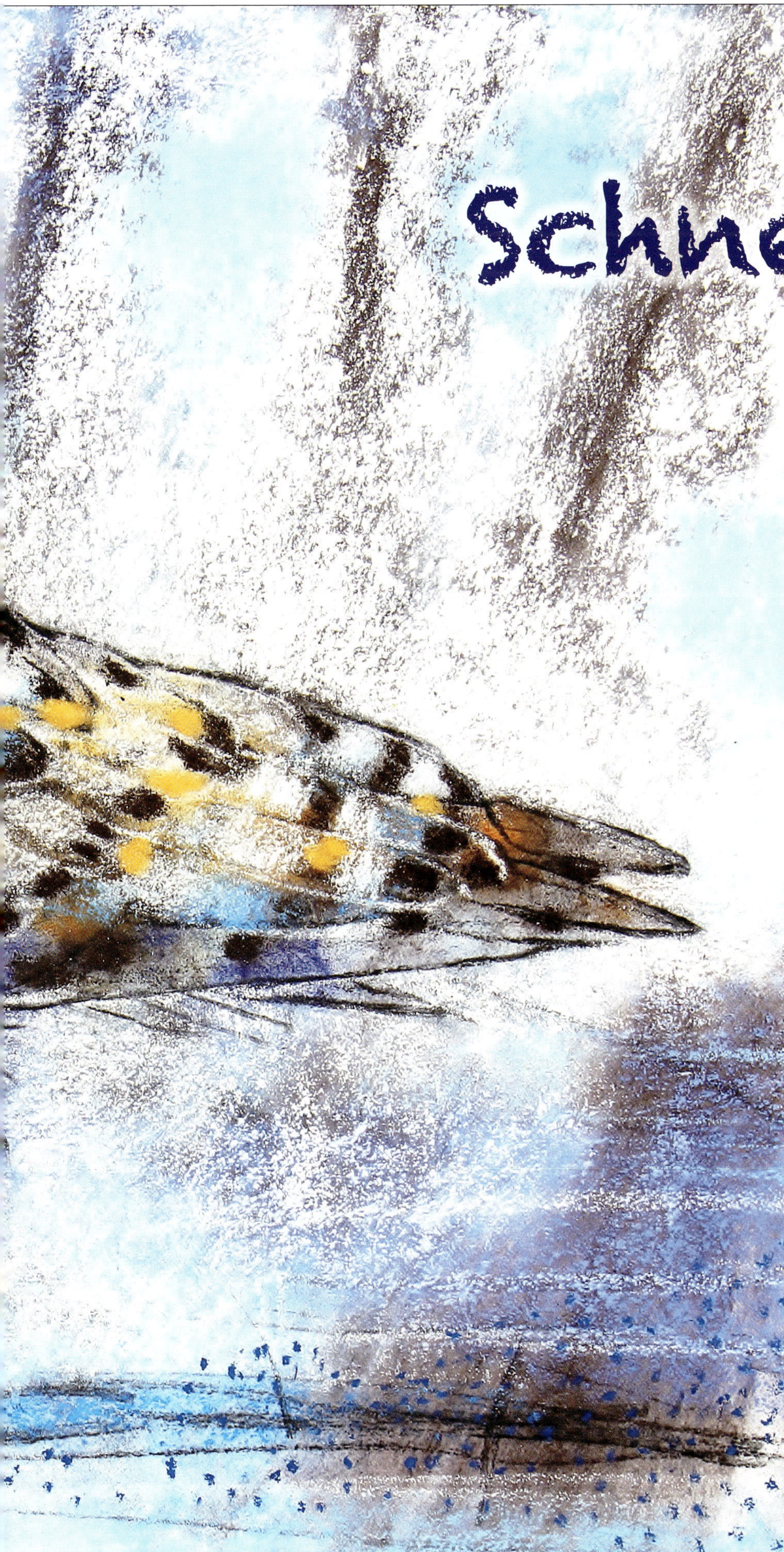

Inmitten einer eisigen, kristallklaren Winterwelt blickt uns die Schnee-Eule entgegen. Der kraftvolle Auftrag der wenigen Pastellfarben erinnert an ein Fresco.

Schnee und Eule im Gleichgewicht: Das ist ein schönes Beispiel, wie sich Motiv und Hintergrund gegenseitig wirkungsvoll unterstützen können – farblich, stilistisch und atmosphärisch, und hier auch durch die Art des Farbauftrags. Hinten sind das durchbrochene Flächen und breite Striche in kalten Blautönen, die auch das frostige Weiß sprenkeln. Vorne kratzen weiße Linien über das Eis (und sind natürlich auch nur gezeichnet). Solche Strukturen und Farben spielen untergründig auch in der Eule mit, die mit klaren Umrissen in den Vordergrund tritt. Von Natur aus hat die Schnee-Eule zwar ein schwarz-weiß gesprenkeltes Federkleid, doch hier nehme ich das leuchtende Orange der Augen kurzerhand mit ins Gefieder. Die warmen Töne kontrastieren stark mit den kalten Farben ringsum – in meinen Augen sieht das einfach besser aus und gibt dem Bild einen freundlicheren Touch.

⊕ Video

Siehe S. 9

Mein Material:

- *Zeichenpapier, leicht körnig, A3*
- *Pastellkreiden (siehe Abbildung)*
- *Kohlestift*
- *Fixierspray*

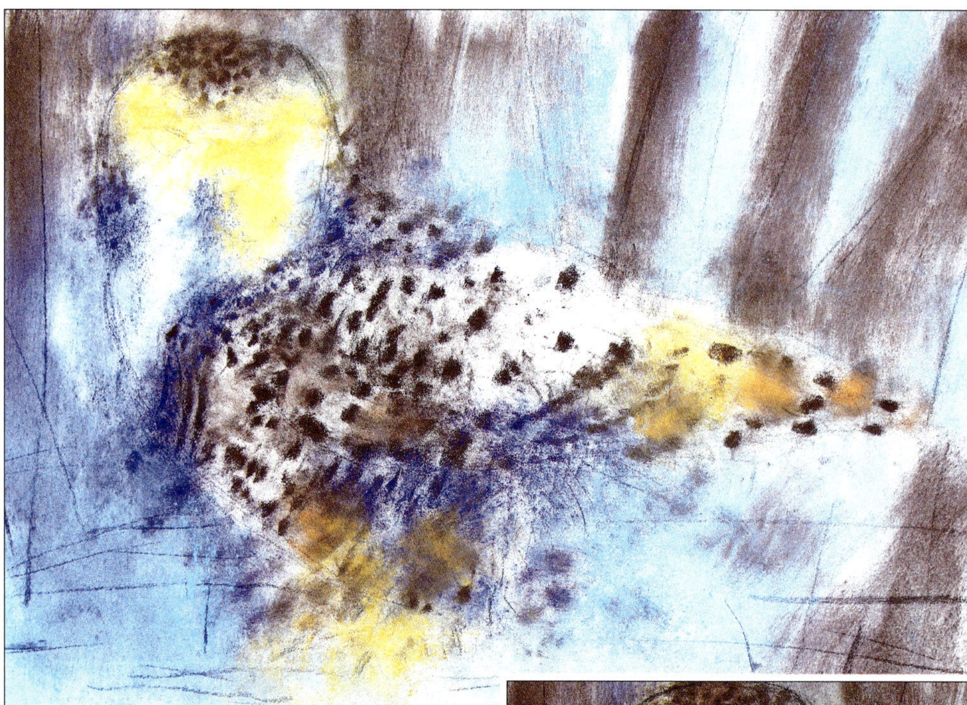

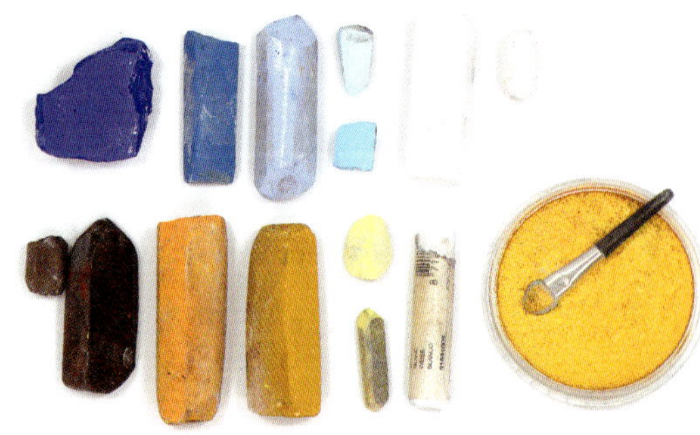

Für Eis, Schnee und Gefieder brauche ich nur wenige Farben: Dunkel- bis Hellblau und Türkis, Brauntöne von Dunkel bis Ocker, Gelb, Schwarz und Weiß.

▲1

Der Farbgrund in Dunkel- und Hellblau, Weiß und Dunkelbraun für die senkrechten Striche – alles intuitiv und zufällig aufgetragen und leicht verwischt. Die ungefähre Form der Eule töne ich oben, hinten und unten gelb und betupfe sie kurz und kräftig mit Braun und Blau.

2 ▶

Mit dem Kohlestift bekommt die Eule nun ihre klaren Konturen.

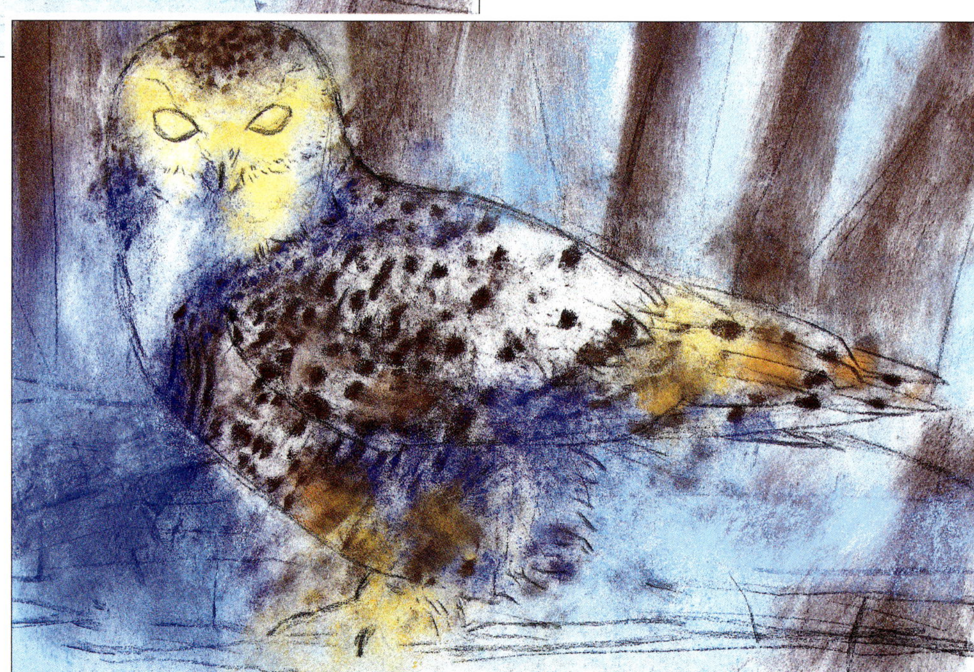

3

Die Figur wird verdeutlicht, der Hintergrund mit der breiten Seite des weißen Kreidestumpfes überzogen– nicht allzu kräftig, damit eine körnige Struktur bleibt: Schnee, Frost, klirrende Kälte …

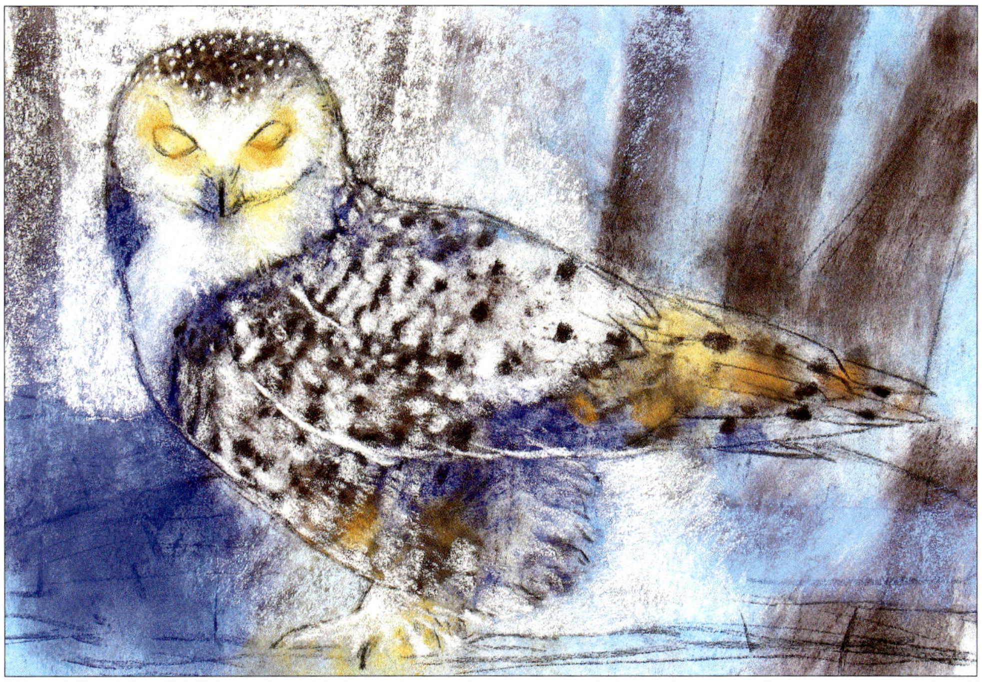

4

Kurze Striche in Braun, Grau, Ocker, Schwarz und Weiß, dazu Punkte und feine Linien geben dem Federkleid eine hübsche Textur, die Flügel heben sich leicht ab. Das passt gut zum grafisch-illustrativen Erscheinungsbild.

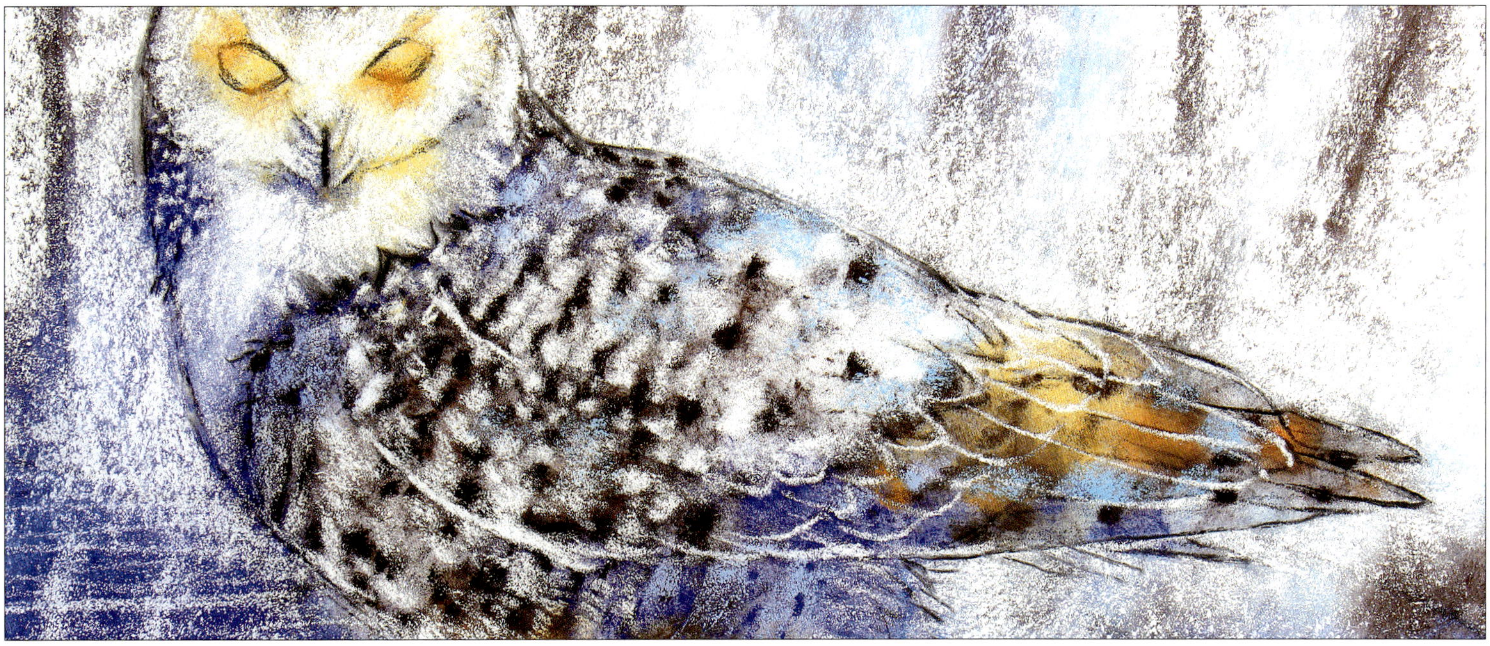

5

Zuletzt das Gesicht mit dem ausdrucksstarken Blick: helles Gelb, schwarzbraune Konturen und schwarze Pupillen. Die Augenhöhlen schattiere ich unten in Ocker und etwas Braun. Ein kurzer schwarzer Strich wird der Schnabel, ringsum zart gestrichelter weißer Flaum. Fertig.

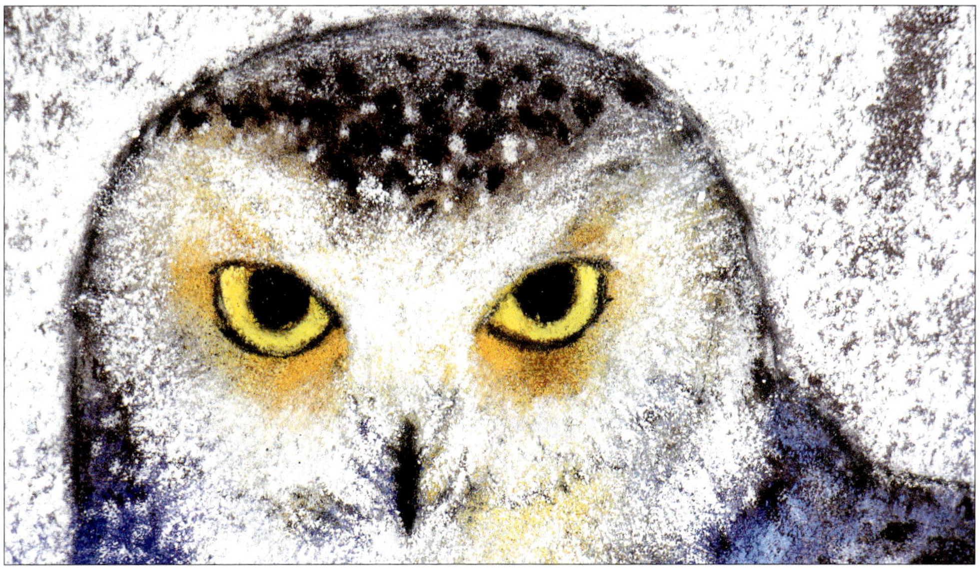

Sommertagstraum!

Inspiriert von der blühenden Natur, zünden die Pastellfarben ein prachtvolles Feuerwerk an Farben und floralen Formen. Ein sommerliches Freudenfest!

Das Motiv ermuntert dazu, viele – möglichst sogar alle! – Farben ins Bild zu bringen. Erstaunlicherweise liefert der Blumengarten kaum unangenehme Farbkombinationen, man kann in diesem Fall also herrlich unbekümmert mit einer ganzen Palette von Pastellkreiden zu Werke gehen. Nur Schwarz darf nicht mitspielen. Hier würde es das strahlende Licht verschlucken, das auf dem Motiv liegt, und allzu hart mit dem strahlenden Weiß kontrastieren. Für die tiefsten Schatten nehmen Sie lieber dunkle Blau- oder Grüntöne. Die harmonische Grundierung für alles liefert das warme Braun des Pastellpapiers. Obwohl fast überall mehr oder weniger deckend überzeichnet, bestimmt es die Atmosphäre mit und sorgt dafür, dass von ganz unten kein „falsches" Licht durchblitzt.

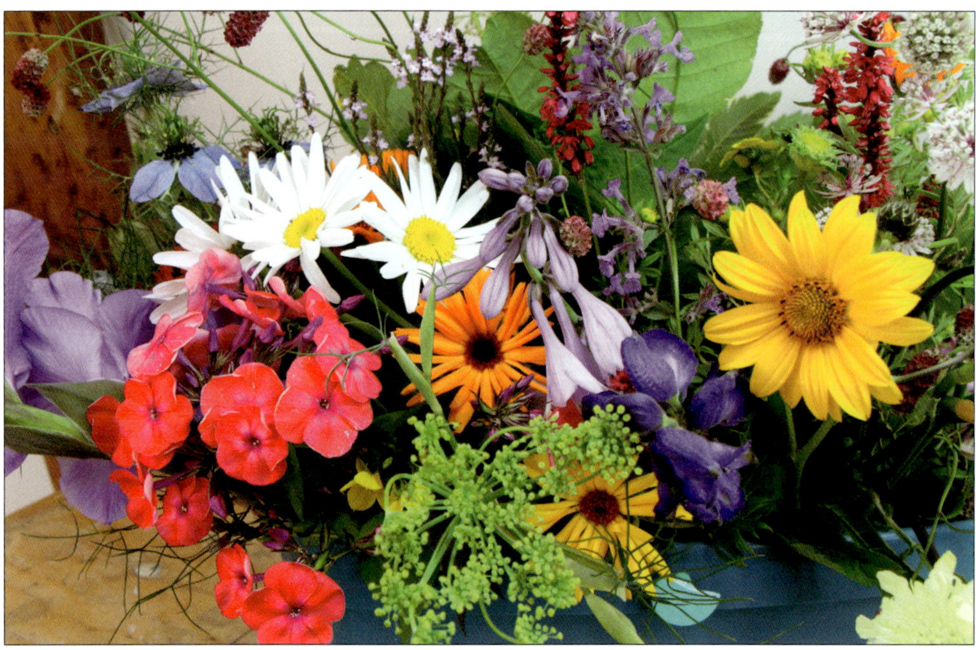

Ein Blick in den Blumengarten meiner Mutter. Das Foto liefert mir ein ungefähres Vorbild für die Gestalt und Farbigkeit der Blumen, die sich beim Zeichnen dann wie von selbst neu arrangieren …

⊕ Video
Siehe S. 9

Mein Material:
- *Pastellpapier in Braun*
- *Pastellkreiden (Farbtöne siehe unten)*
- *Kohlestift*

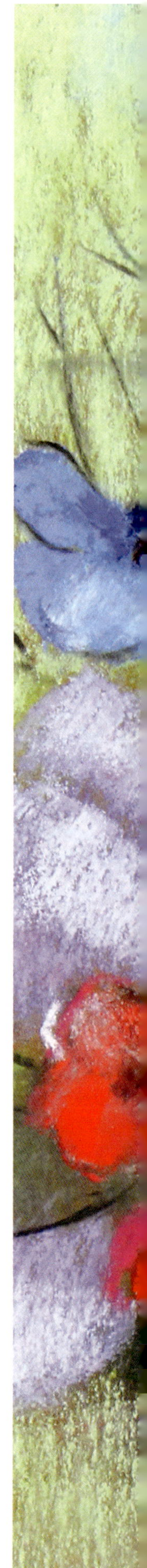

Ein Blütenmeer in leuchtenden Pastellfarben: der Mutter Natur nachempfunden, doch eigenhändig arrangiert und freudig zum Blühen gebracht.

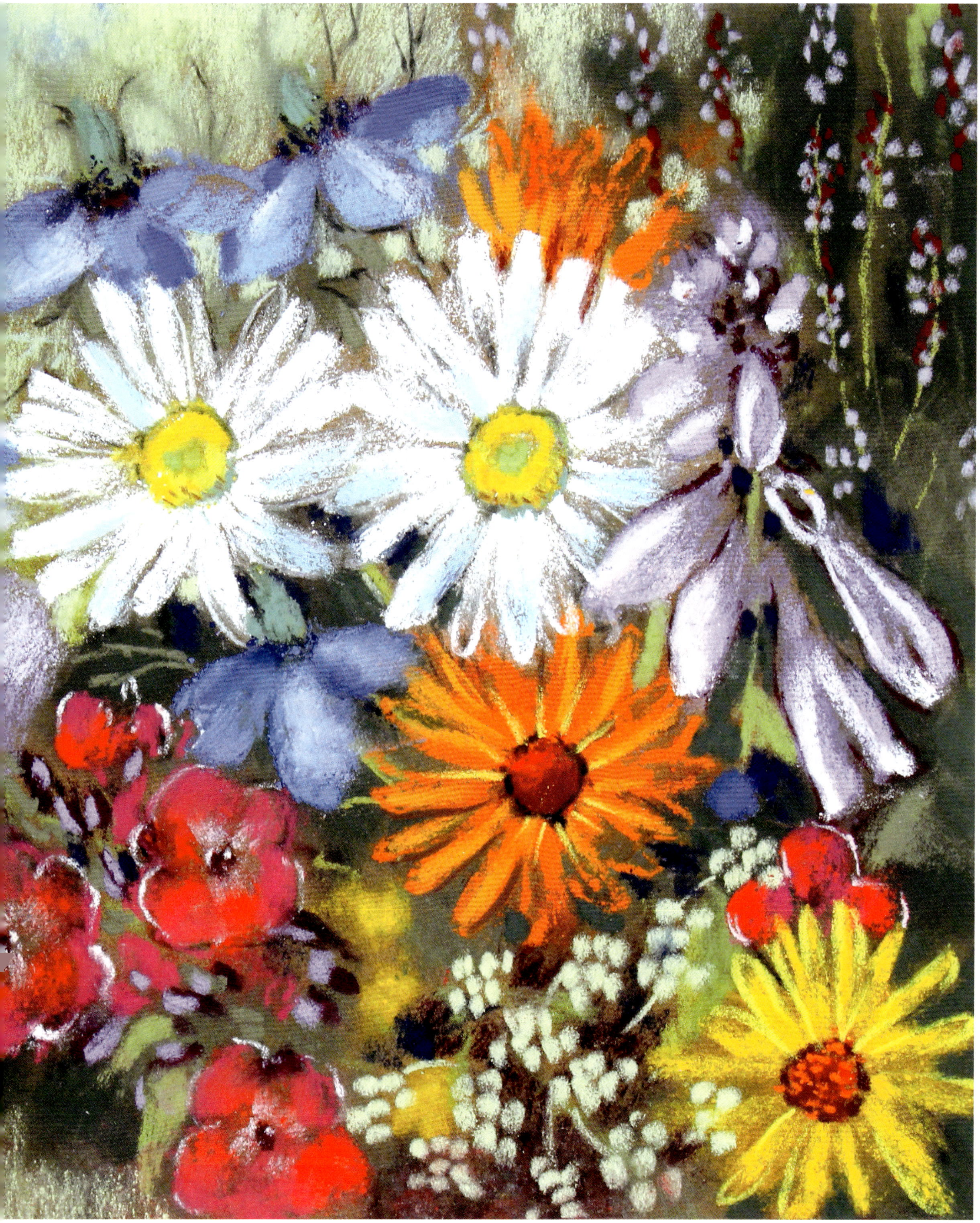

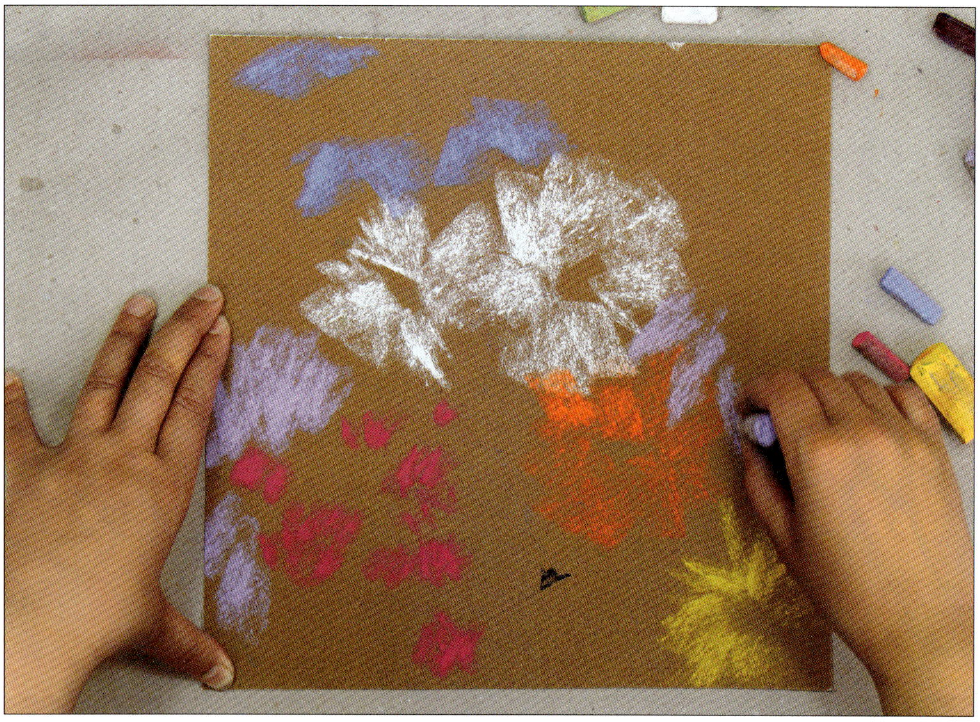

◀ 1

Ich habe eine ungefähre Vorstellung, wo welche Blumen – und Farben – erscheinen sollen. Blickpunkt sind die weißen Blüten, die ich oberhalb der Bildmitte andeute. Ringsum werden weitere Farbfelder verteilt.

2 ▶

Von denen kommen nach und nach weitere Töne hinzu, in denen die Blüten und Grüppchen erst einmal grundiert werden. Um den Überblick über die Verteilung auch der Schattenpartien zu behalten, geschieht das simultan auf der ganzen Bildfläche.

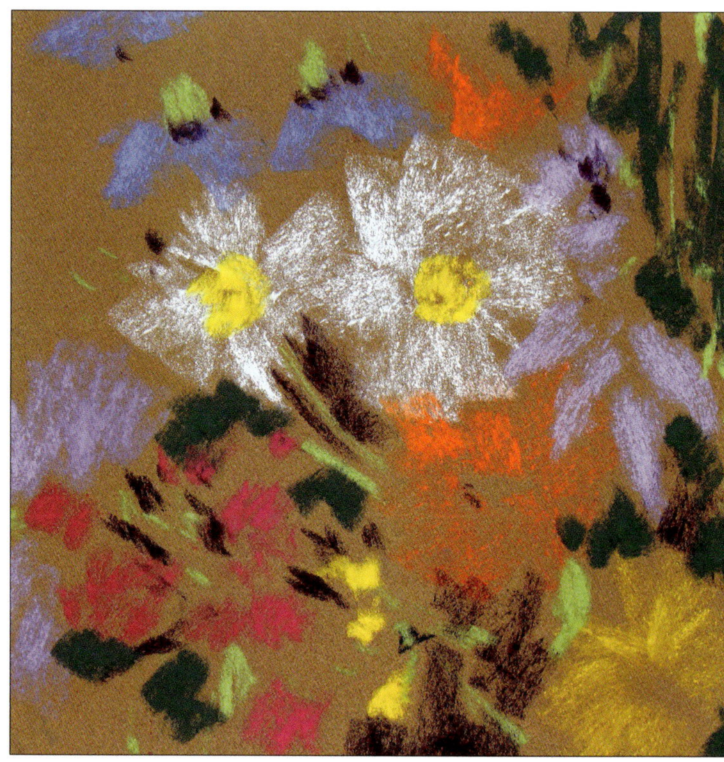

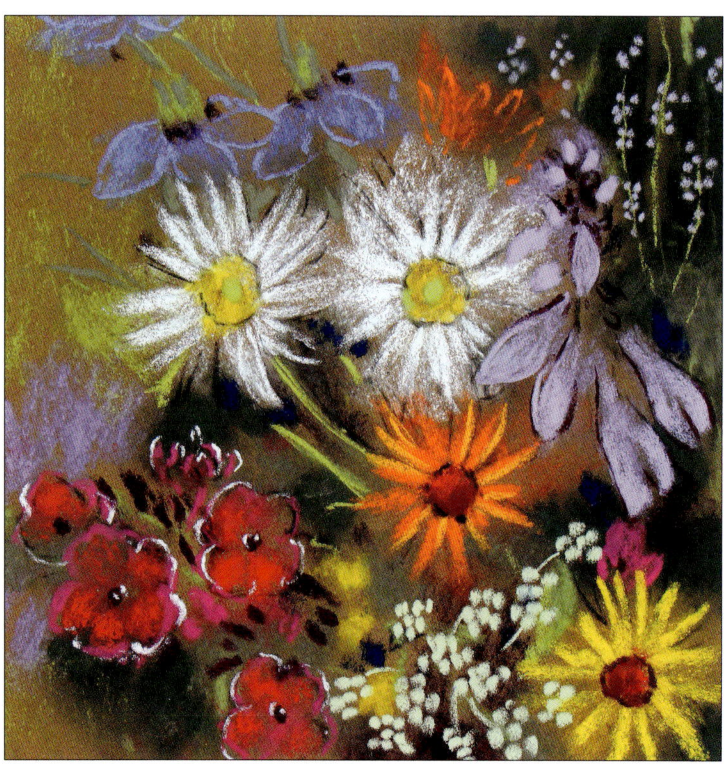

◀ 3

Beim Verwischen mit einem Tuch treten die Schatten bescheiden in den Hintergrund. Umgekehrt treten die Blüten mit kräftigen Farben ans Licht – wo sie sich farblich nicht deutlich genug abheben, bekommen sie helle oder dunkle Konturen. Zusätzliche Licht- und Schattenränder verstärken den plastischen Eindruck.

4

Nach und nach werden weitere Blüten eingefügt, Kontraste verstärkt und Details ausgearbeitet. Und weil das so spielerisch geht, verleitet das zum freudigen Weitermachen. Was dem Bild nicht in jedem Fall guttut. Also: rechtzeitig aufhören und fixieren!

Das Licht von links bringt helle Töne in den ungleichmäßig aufgetragenen Hintergrund. Ein paar dunkle Linien lockern ihn zusätzlich auf.

Ziehen Sie die weißen Blütenblätter kräftig und deckend von innen nach außen. Zum Schattieren nehmen Sie ein helles, zartes Blau.

Zarte Blüten aus Linien und Tupfen in Hellviolett beleben die tiefen Schatten.

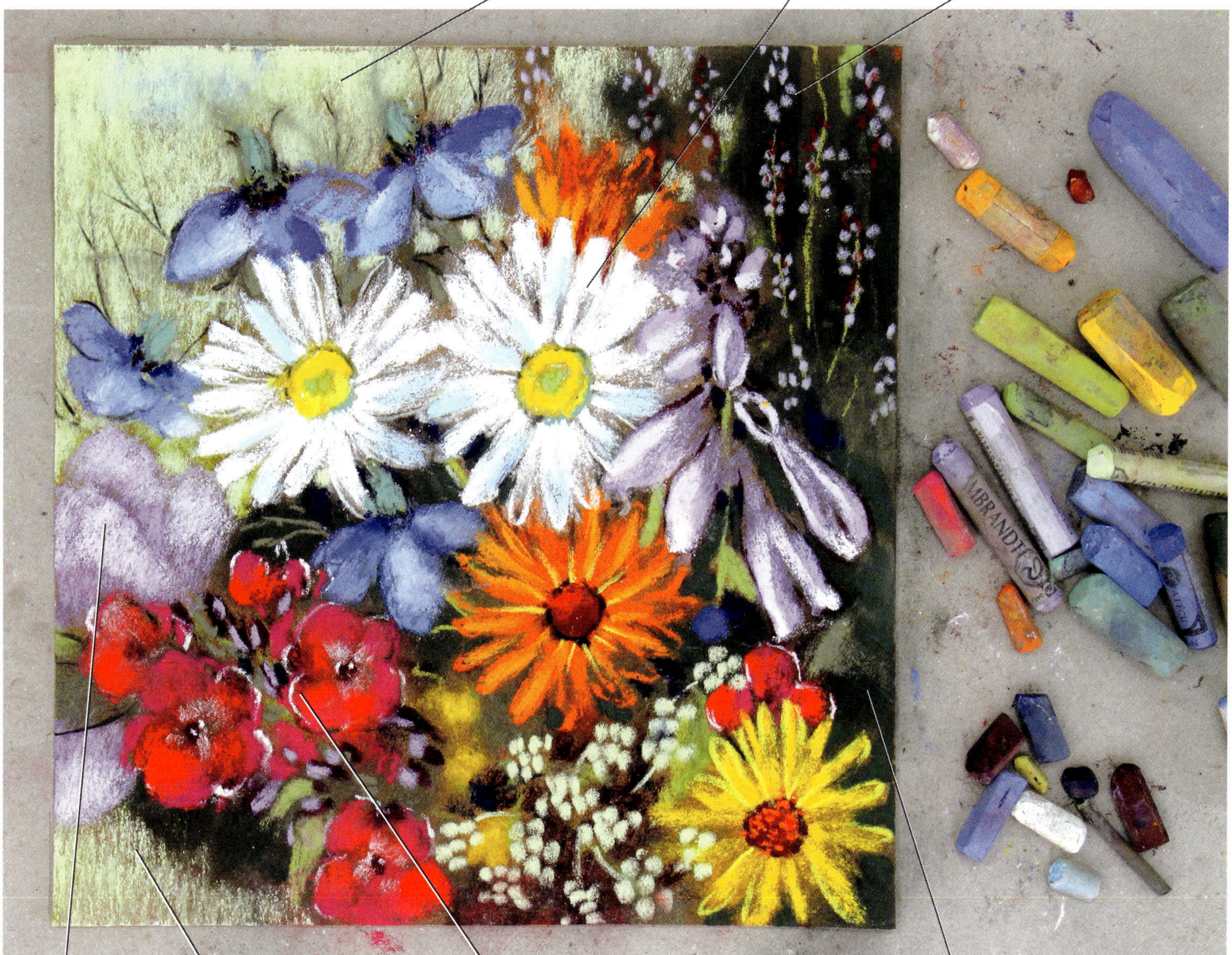

Weich verwischte Formen treten zurück und geben dem Arrangement damit Tiefe.

Feine, kurze Striche in Weiß auf Grün bringen Glanz in den Hintergrund.

Weiße Glanzlinien heben die dunkleren Blüten ans Licht.

Rechts die Schattenseite: nicht schwarz, sondern als verwischte Mischung aus dunklen Tönen.

Rehkitz

Umspielt von Licht und geborgen im Gras blickt das Rehkitz mit großen Augen in die Welt. So bilden Motiv und Hintergrund eine schöne Einheit.

Pastellkreiden laden sozusagen von Natur aus zum Verwischen ein. In meinen Workshops erlebe ich immer wieder, wie viel Freude es auch Anfängern macht, die Farben mit dem Tuch oder dem Finger ineinanderzuziehen, sie zu verblenden und auf diese Weise interessante Zwischentöne zu erzeugen. So entsteht ein atmosphärischer Farbgrund, der dann auch das Motiv stellenweise sozusagen durchleuchtet.
Doch beim allzu fröhlichen und wiederkehrenden Mischen und Verwischen mit Hand und Tuch können die Farben ihre Leuchtkraft verlieren. Seien Sie also lieber sparsam. Wenn Sie es zu bunt treiben, erreichen Sie das Gegenteil, die Farben stumpfen ab.
Das gilt besonders für das Motiv selbst. Hier lasse ich die Hände davon und zeichne nur noch mit den Kreiden weiter – auch beim Verblenden, Schattieren und Beleuchten. Dazu möchte ich auch Ihnen raten. Einzelne Details lassen sich zwar mit dem Finger glätten und verdichten – aber lieber nicht in andere Bereiche wischen!

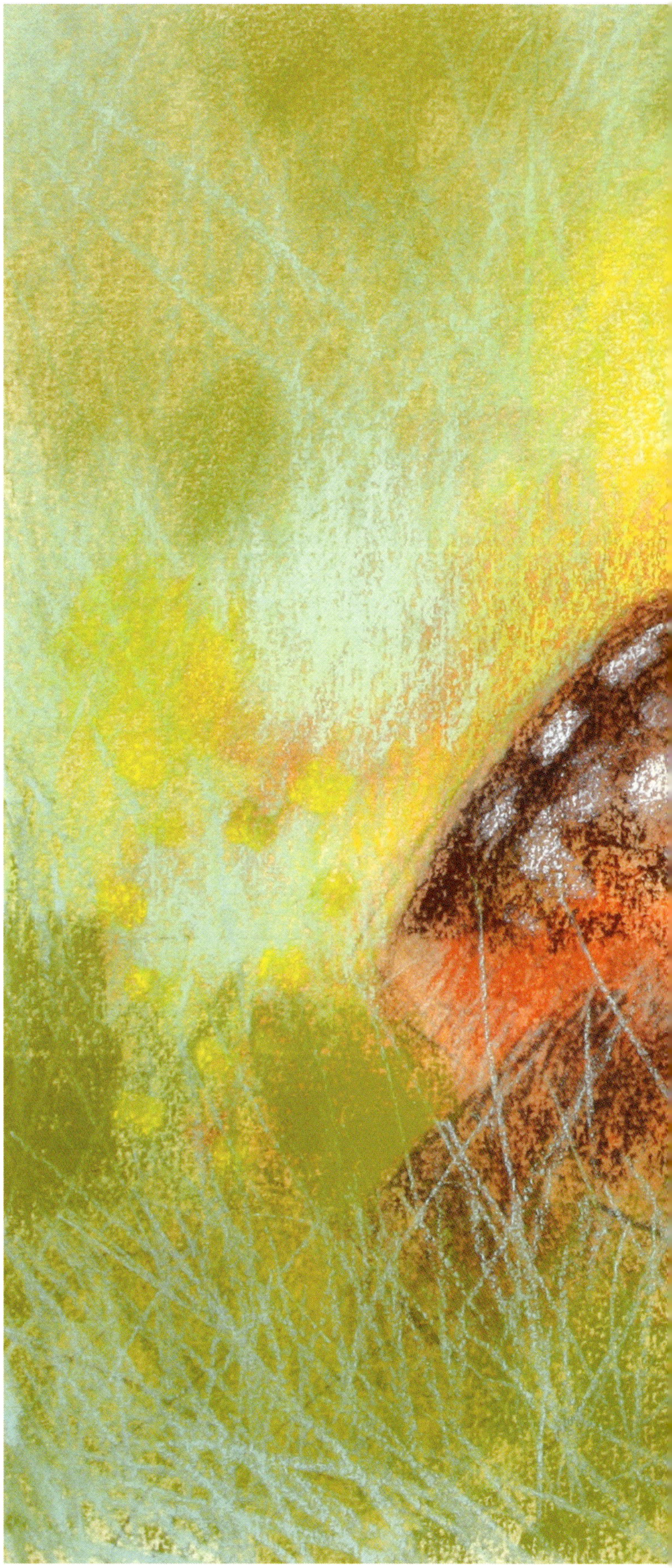

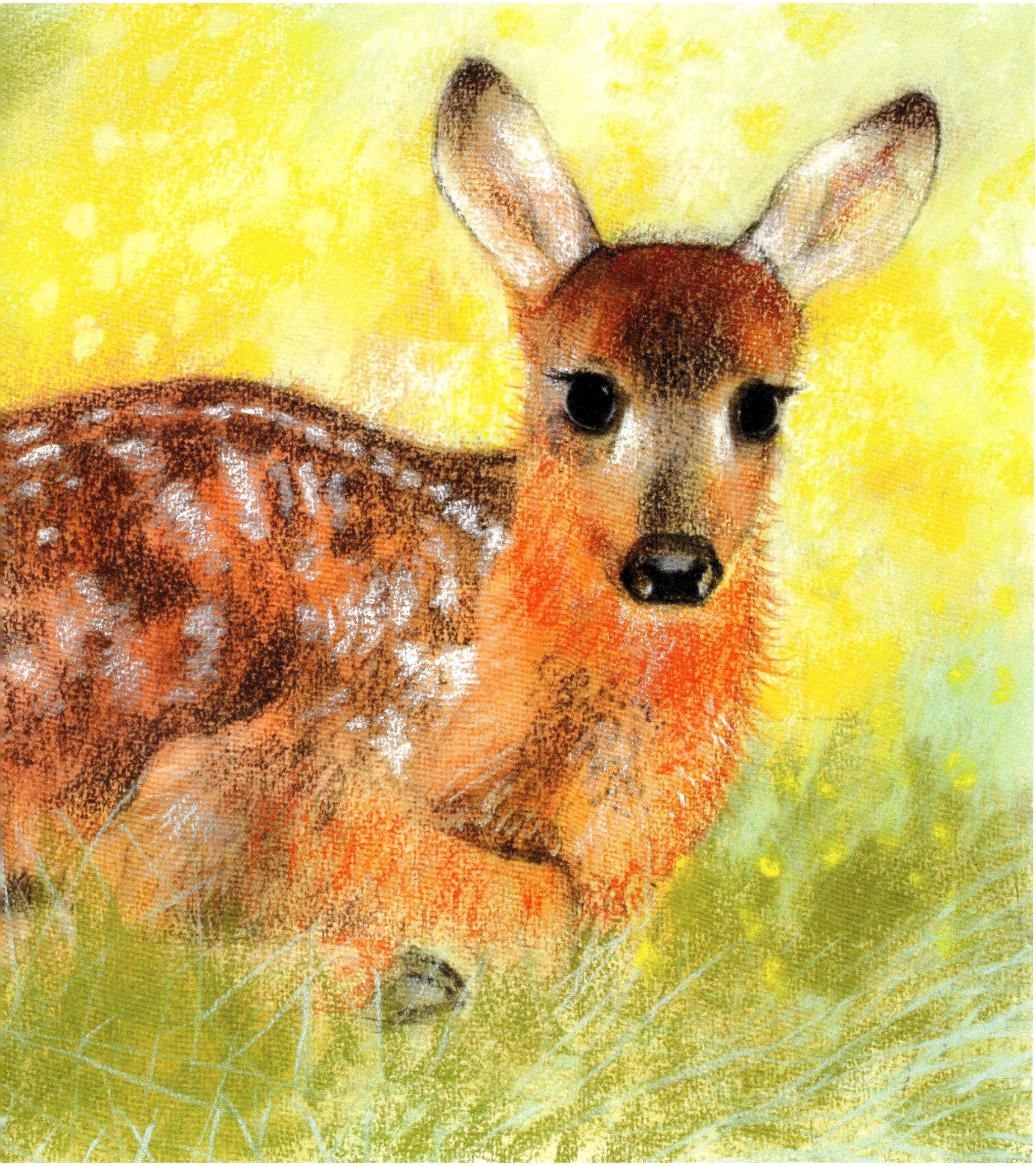

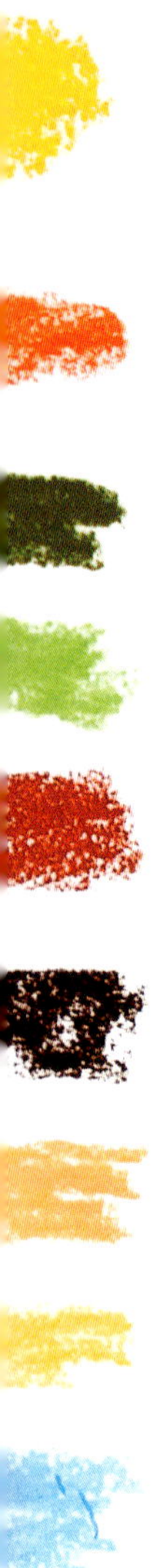

Mein Material:
- *Zeichenpapier (z. B. von Schut), 225 g, 24 x 32 cm*
- *Pastellkreiden (Farbtöne siehe links)*
- *Kohlestift*

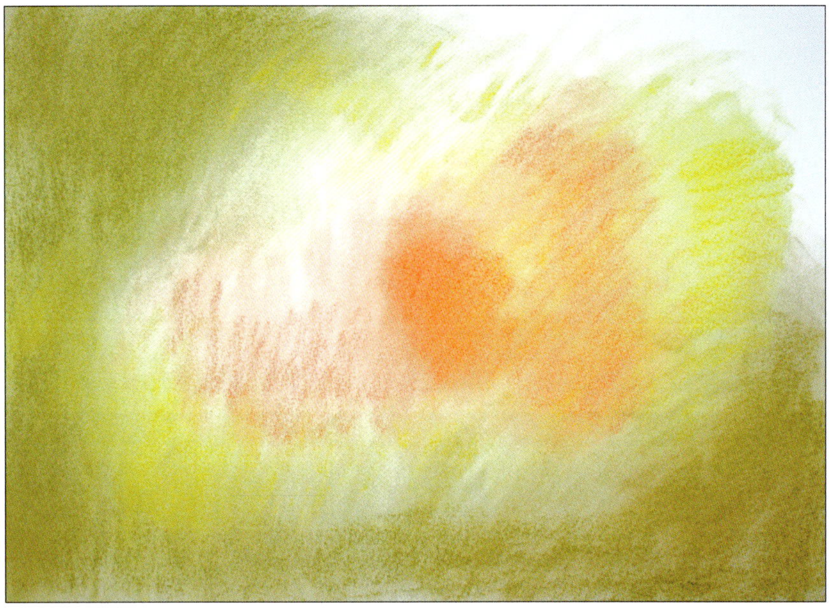

◀ 1

Schon beim Auftragen und Verwischen der diversen Pastellfarben habe ich eine gewisse Vorstellung, wo „Bambi" sitzen soll. Das sind anfangs nur rötliche Schraffuren, umhüllt von Tönen in Gelb und Grün.

2 ▶

Mit kräftigeren Rottönen nimmt „Bambi" im Bild deutlicher Platz. Hinzu kommt mehr Sonnengelb für den oberen Bereich, unten sind das dunklere Schraffurfelder. All dies wird frei und locker mit dem Tuch verwischt. Danach gebe ich dem Farbgrund mit hellen Strichen noch eine leichte Struktur.

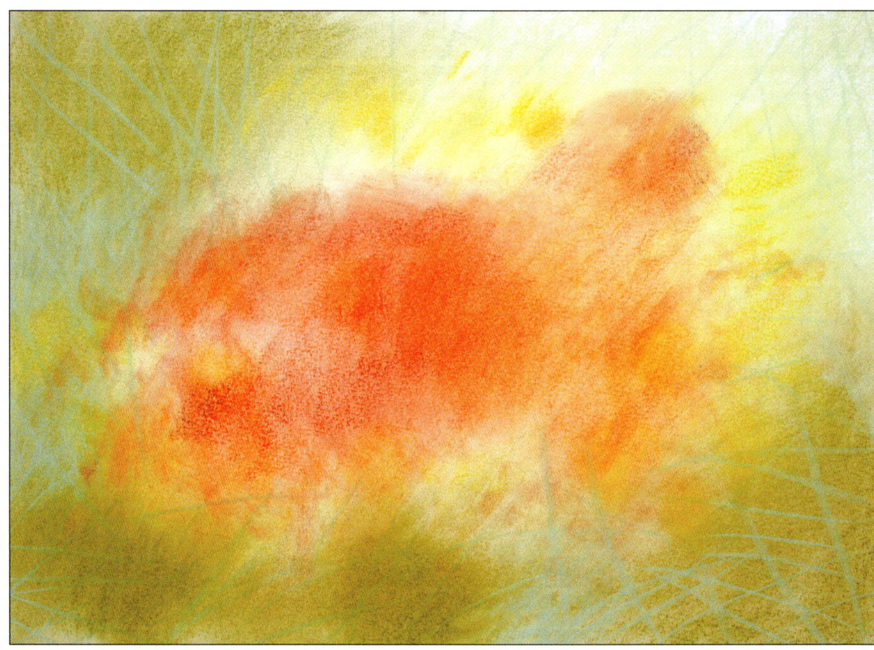

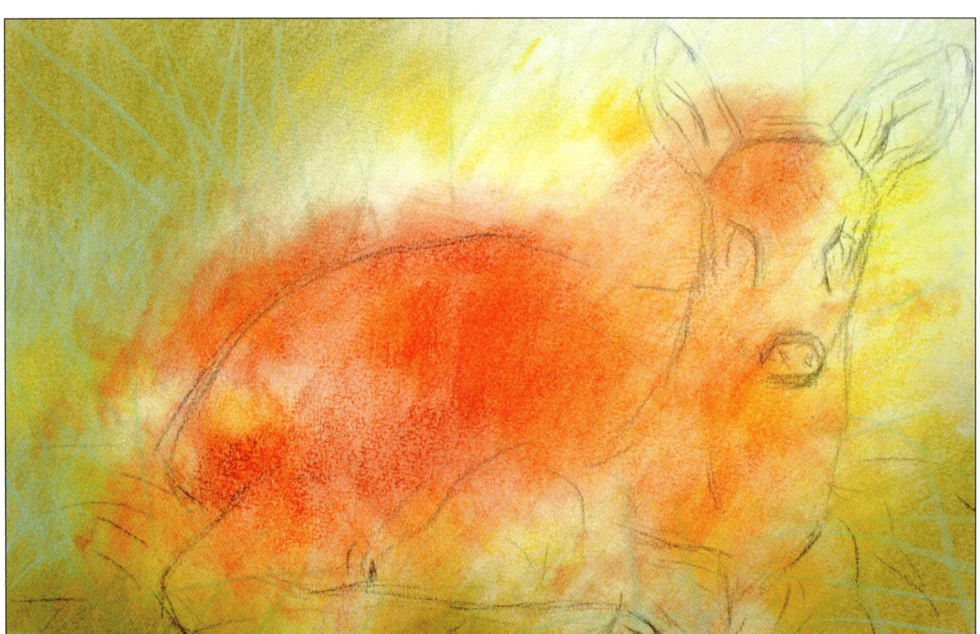

◀ 3

Mit dem Kohlestift zeichne ich die Konturen über die Farbflächen hinweg.

Tipp

Mit dem Kohlestift können Sie sich unbesorgt von der Skizze aus der Figur nähern – der Strich lässt sich leicht wegwischen. Oder Sie legen die Zeichnung anderswo an und kopieren die Konturen auf den Hintergrund.

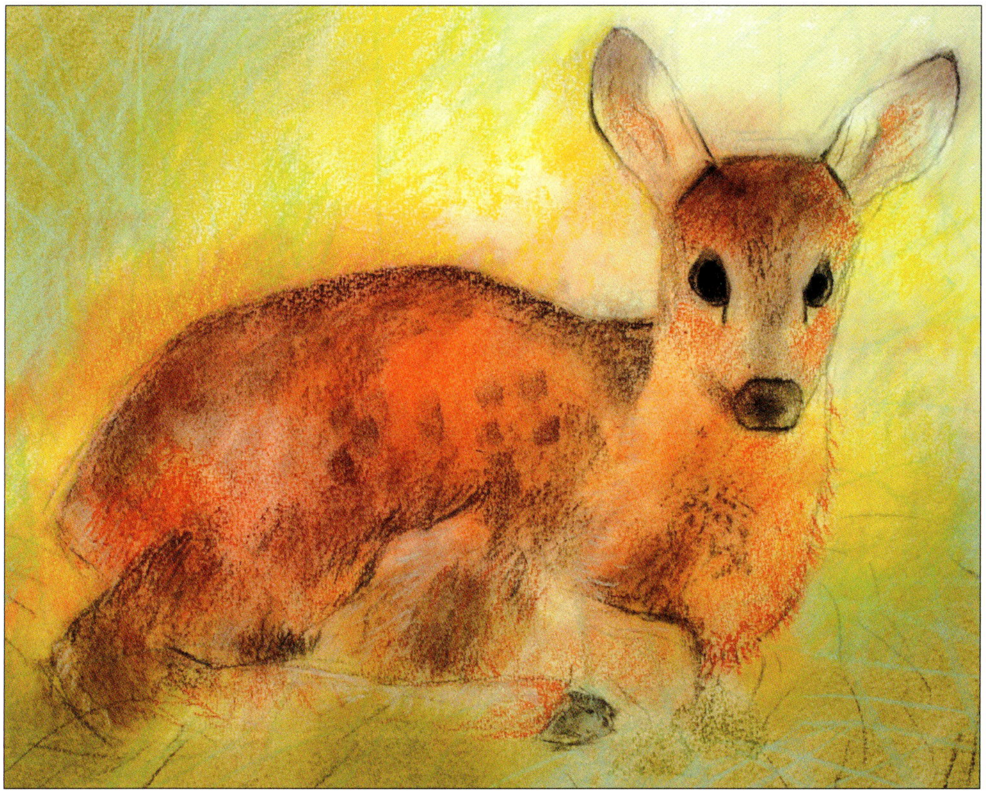

◀ 4

Mit Rotbraun grundiere ich das Fell, mit Dunkelbraun zeichne ich die Schatten, Augen und Schnauze und verdeutliche da und dort die Konturen. Ringsum ziehe ich das Gelb und Orange an den Körper heran – rechts heller als links, was dem Hintergrund Tiefe gibt. Ein paar kurze Striche am Hals deuten die Textur des Fells an. Dabei tanze ich beständig zwischen Motiv und Hintergrund hin und her, um eine gute farbliche Balance zu finden.

5 ▶

Nach und nach nähert sich das Bild seiner Endgestalt: auf dem Fell mit weißen Tupfen und zarten Lichtern und umgekehrt mit dunklen Schatten- und Fellstrichen. Augen und Nase werden detailliert ausgearbeitet. Der Hintergrund erhält oben mit hellen Strichen und Tupfen mehr Licht und Struktur. Unten deuten wirre blasse Linien Grashalme an. Und dann noch ein dekorativer Akzent: Die Hintergrundfarbe findet sich als gelbe Punkte unten in der Wiese wieder, das weiße Fellmuster im sonnigen Gelb.

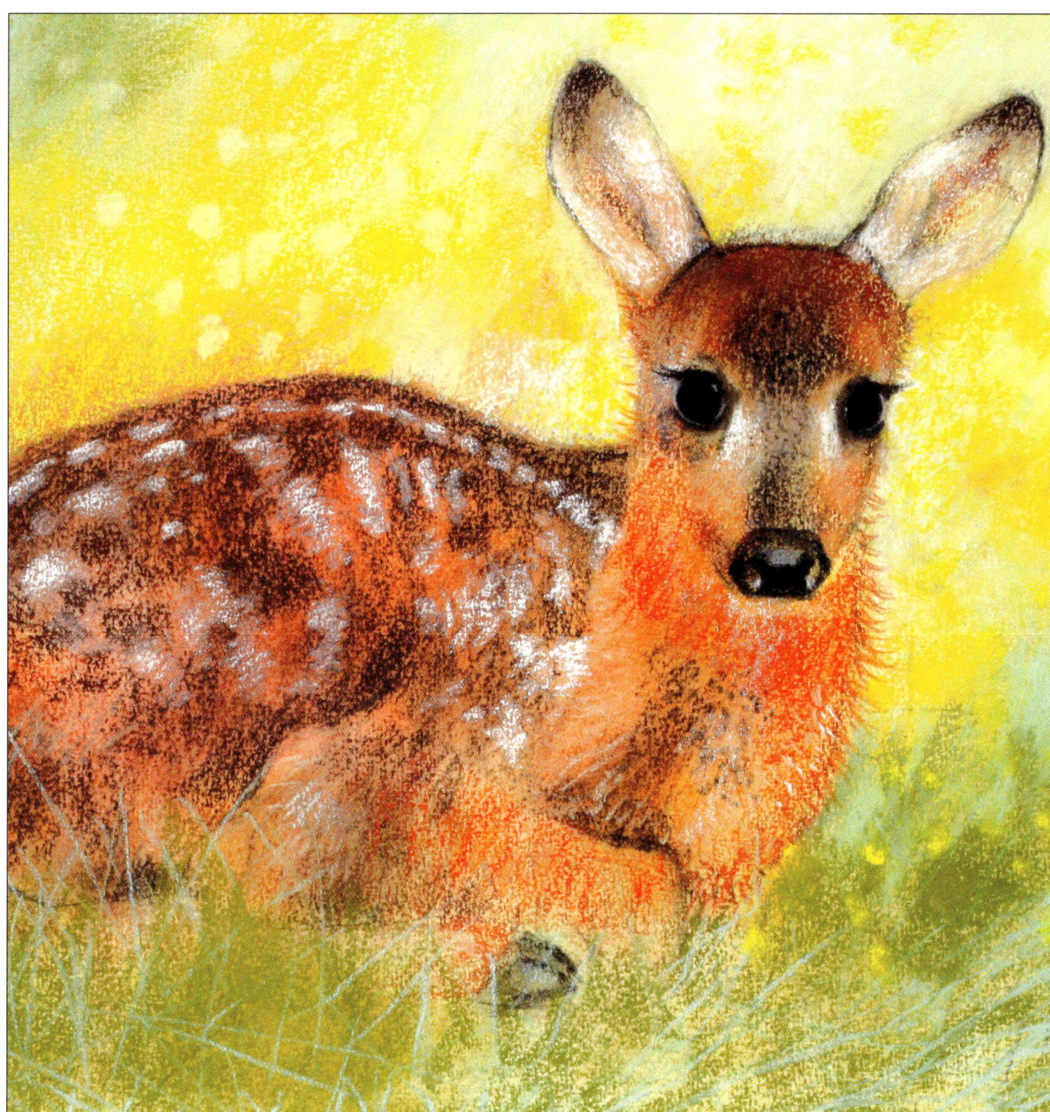

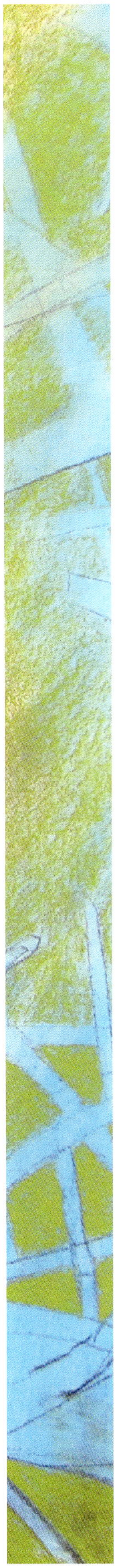

Wildschwein

Der Bursche (vielmehr die Dame) hat Charakter. Stämmig, stark und entschlossen tritt das Wildschwein aus dem Dickicht. Grundlage ist ein großzügig aufgetragener, von Dunkelgrün ins Gelb laufender Pastellgrund, der auch im Motiv selbst mitspielt. Das Fell wird schwach in Weiß, Braun und Rot grundiert, stellenweise verwischt und dann in ähnlichen Tönen borstig gestrichelt. Die Schattenpartien werden blau-violett (nicht schwarz!) abgedunkelt. Auch am fein ausgearbeiteten Kopf kommen in den hellen Partien die Grüntöne durch. Dazu kommt zuletzt ein dekorativ-grafisch angelegtes Gewirr von Stämmen und Ästen. Dieses spielt links ins dunkle, warme Violett, rechts ins helle Türkis und bringt damit Tiefe ins Bild.

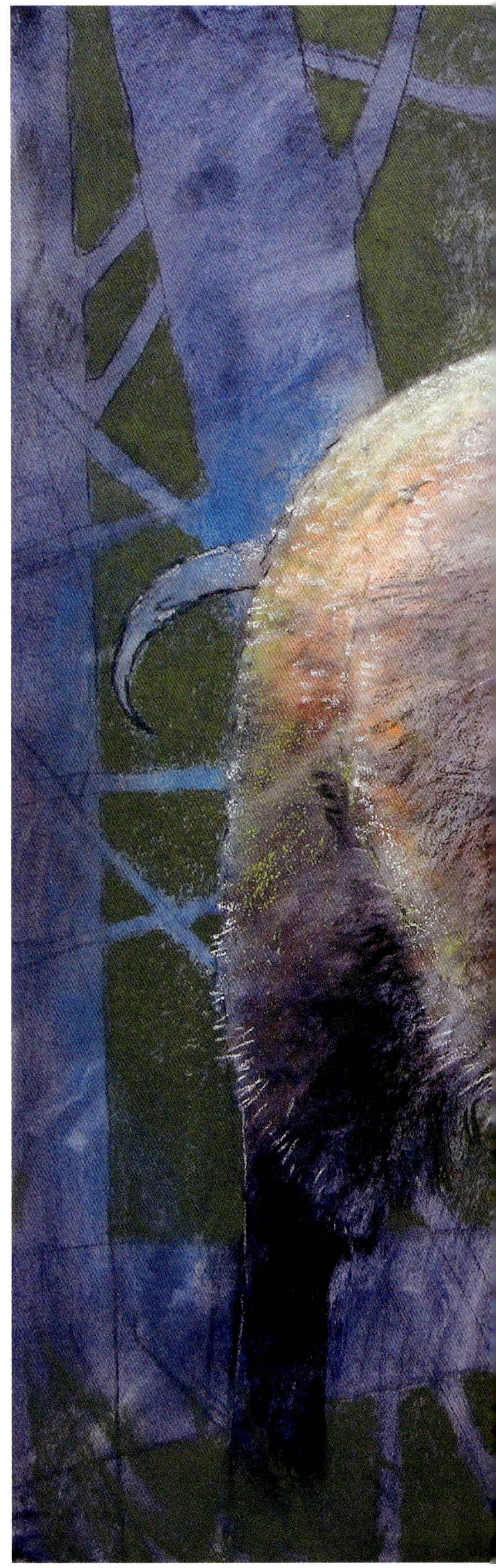

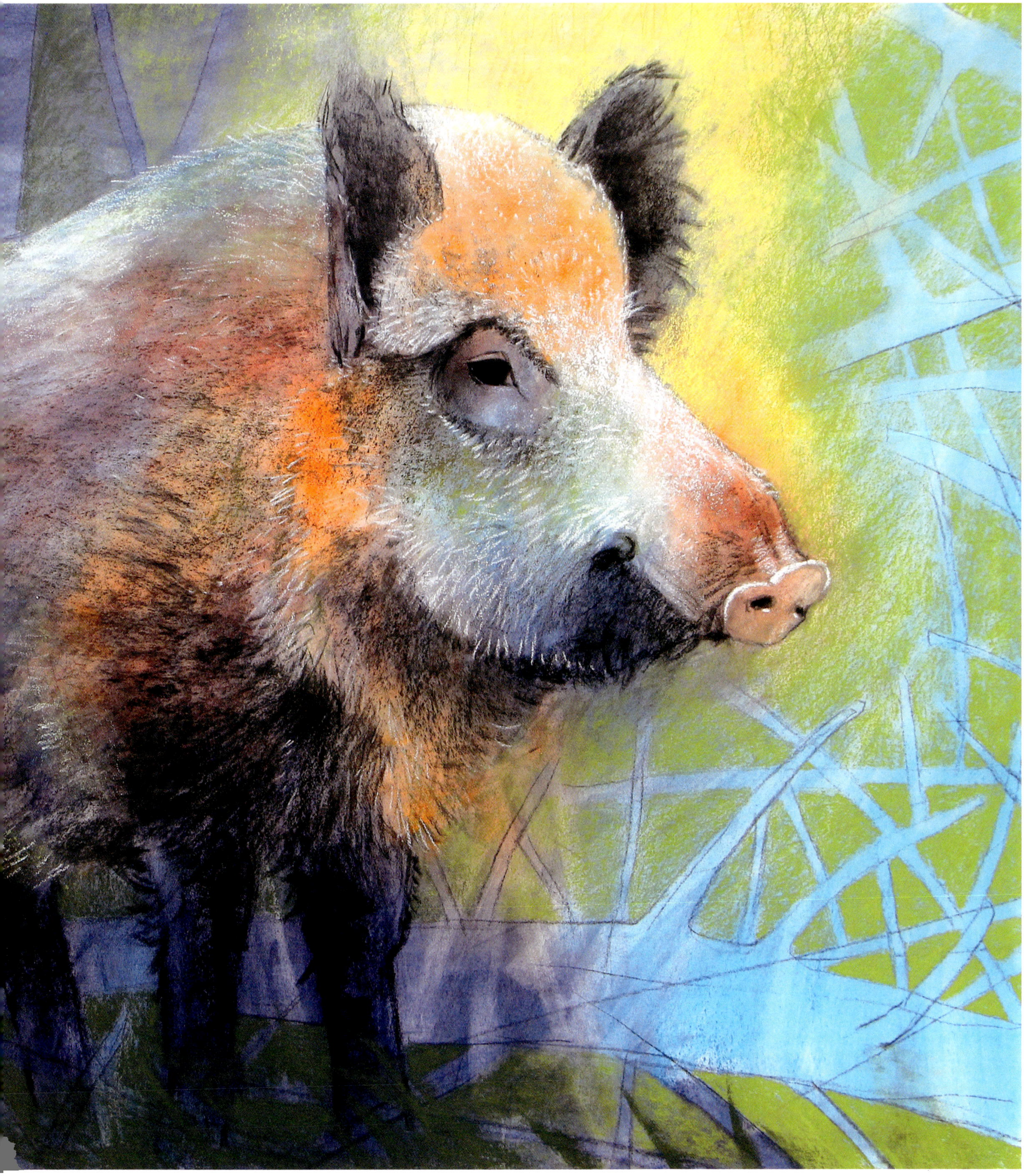

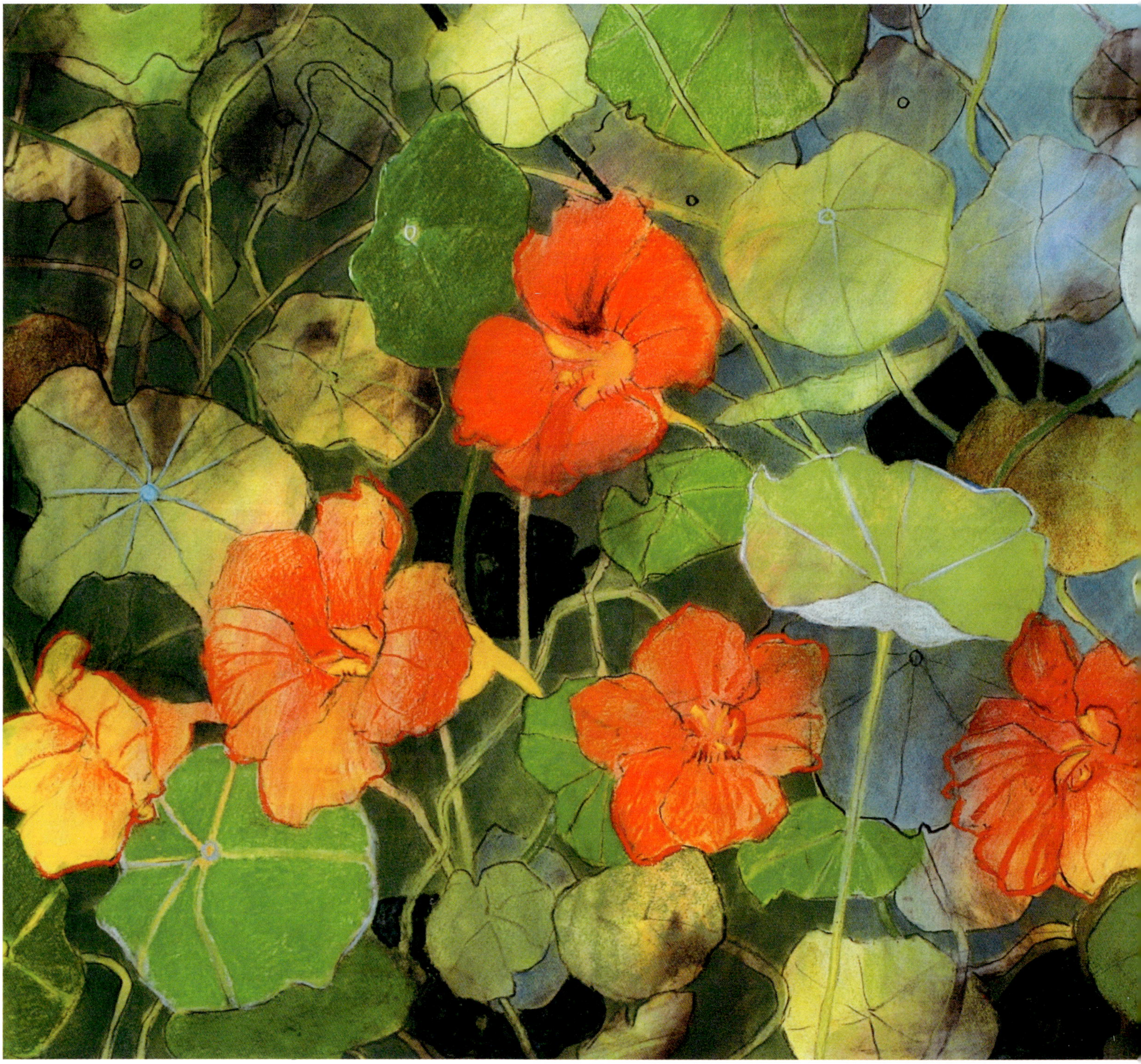

Kapuzinerkresse

Eine Symphonie aus Farben und Formen in einer dekorativen Interpretation mit Pastellstäbchen, Stiften und superweichen Kreiden. Die Partitur liefert die Natur, doch es darf improvisiert werden!

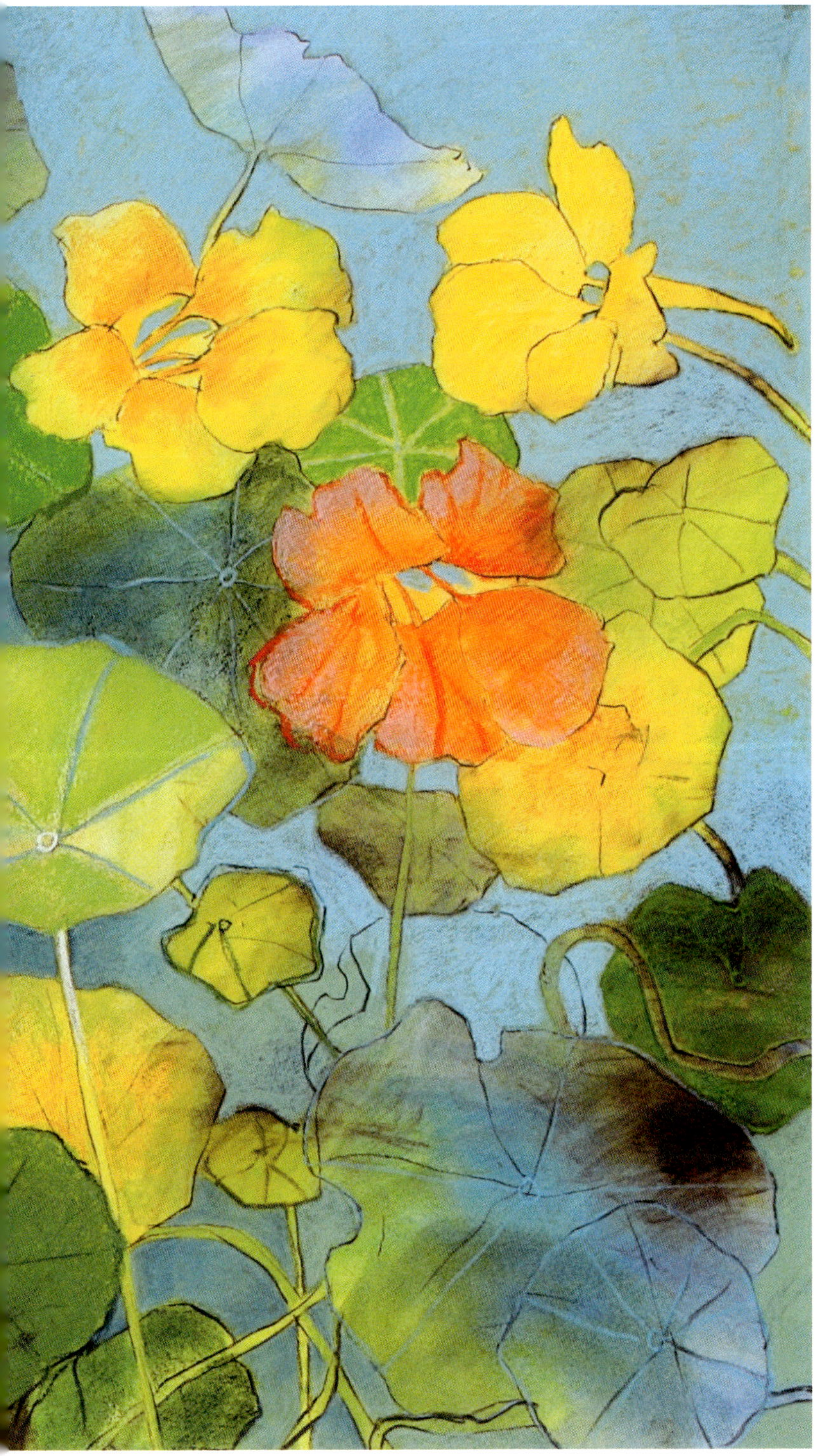

Vom Dunkel ins Licht: Der im linken Bildbereich dunklere Hintergrund hellt sich nach rechts hin zu einem Hellblau auf. Zugleich wird die dichte Ansammlung der Blüten und Blätter immer freier und lockerer. So erhält dieses Pastell eine besondere Lichtstimmung und Spannung.

Den Bildaufbau zeige ich Schritt für Schritt am Beispiel eines kleineren Motivs auf den nächsten Seiten.

Was hier sogleich auffällt, sind die deutlichen Konturen der Blüten, Blätter und Stängel. Denn realistisch betrachtet, haben und brauchen die Elemente keine Umrandungen – in Wirklichkeit setzen sie sich voneinander und vom Hintergrund durch Hell-Dunkel-Kontraste und durch unterschiedliche Farben ab. Üblicherweise verschwindet die Vorzeichnung unter dem Farbauftrag. Hier hingegen ziehe ich die Umrisse ausdrücklich nach, noch dazu in anderen, „fremden" Farben. Mit diesem einfachen Stilmittel lassen sich die Elemente deutlich herausheben. Das gibt der farbenfrohen Malerei den Charakter einer Illustration. Wenn Ihnen dieser dekorative Stil gefällt, sind Sie mit der Kresse an der richtigen Adresse.

Fotomodelle

Blumen zeichne ich am liebsten nach der Natur – wenn sie denn gerade blühen oder beim Floristen erhältlich sind. So können ihr Charakter, ihre Ausstrahlung ins Bild einfließen, und nicht selten blühe ich auch selbst dabei auf. Außerhalb der Saison helfen Fotos, und manche Motive, so wie hier die Kapuzinerkresse, lassen sich weder rechtzeitig noch überhaupt zum Zeichentisch verpflanzen.

Nach Fotos zu zeichnen, das bedeutet jedoch nicht unbedingt, die Motive getreulich abzuzeichnen. Hier hole ich mir aus den beiden Aufnahmen die typischen Formen und Farben der Blüten, Blätter und Stängel, dazu auch Anregungen für das Spiel von Licht und Schatten in diesem wuchernden Ensemble. Das alles kommt später mit den Pastellkreiden ins Bild.

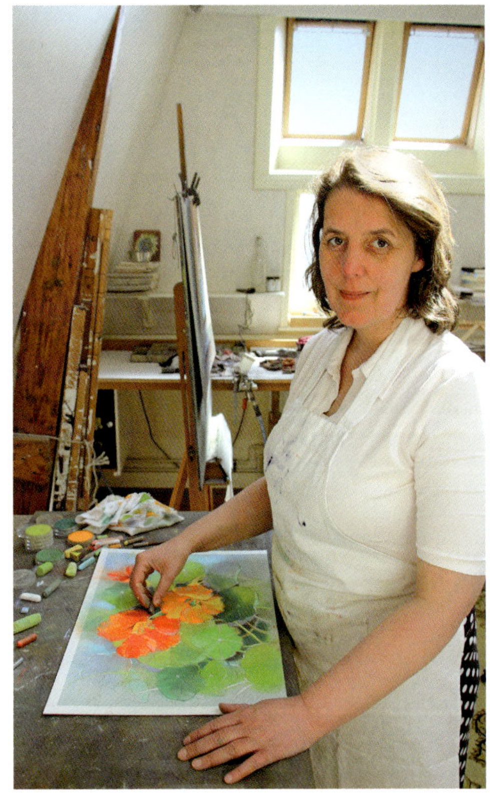

Wenn ich im Stehen arbeite, habe ich einen besseren Überblick über das Motiv.

Im Foto blüht es zu jeder Jahreszeit …

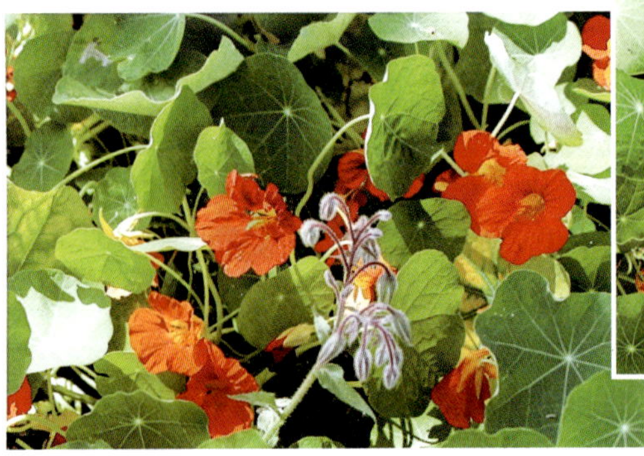

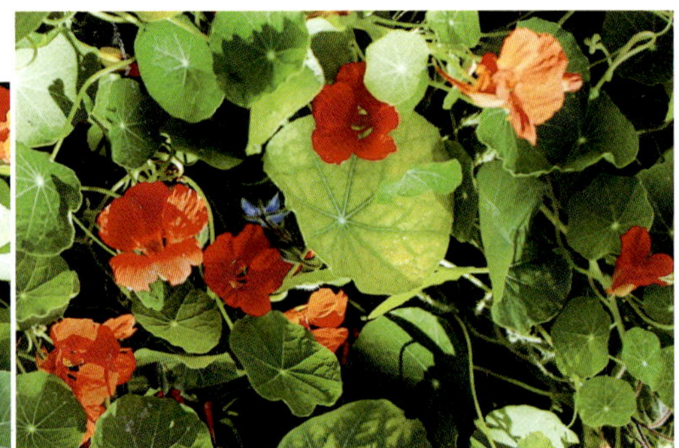

Auch wenn Sie das leibhaftige Modell vor sich haben, wird Sie ein Foto beim Zeichnen prima unterstützen – bei Blumenbildern ebenso wie bei Stillleben (weniger bei Tieren, es sei denn, der Hund ist willig und die Katze schläft …). Als Anfänger können Sie die Konturen abnehmen – das Foto hat die Dreidimensionalität schon auf die Fläche projiziert. Hilfreich ist ein gut ausgeleuchtetes Foto – im Raum bei Tageslicht sind die Licht- und Schattenpartien oft nicht deutlich zu erkennen. Doch in der Zeichnung spielen sie eine wichtige Rolle.

Tipp

Fällt Ihnen das unbekümmerte und lockere Skizzieren schwer? Hier ein kleiner Trick: Stellen Sie sich Ameisen vor, die „suchend" über das Bild laufen – und folgen Sie den Spuren.

Mein Material:

- *Zeichenpapier (Canson Mi-Teintes Touch)*
- *Kohlestifte*
- *PanPastel und Pastellkreiden*

1 ▸

In der Skizze mit dem Kohlestift verteile ich die Blüten- und Blattformen mit leichter Hand: vrij en blij, auf Deutsch: frei und fröhlich.

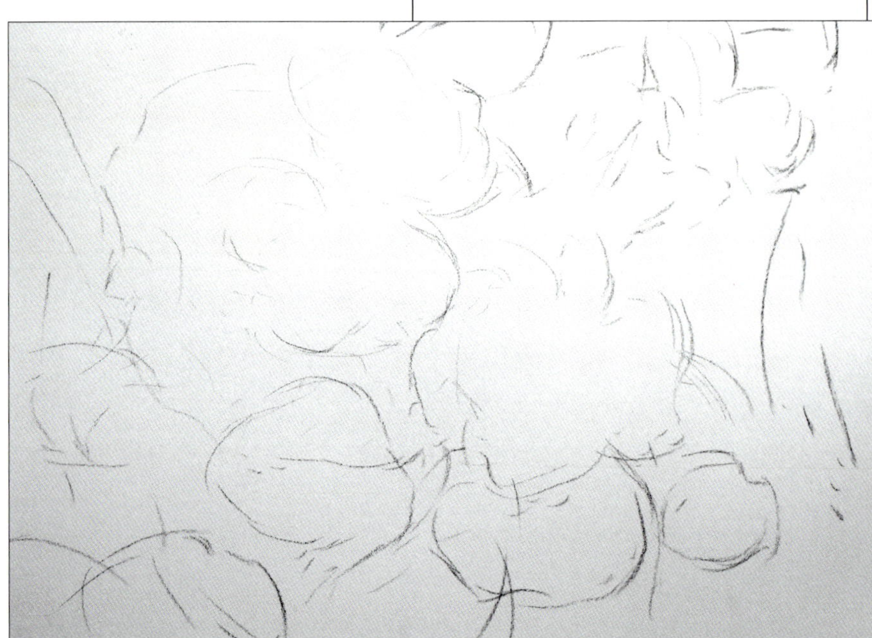

2 ▶

Wohin mit meinen Farben? Das dominierende Rot darf nicht ganz in die Mitte, sonst wird es langweilig. Dazwischen etwas Gelb, ringsum die Grüntöne und außen ein Himmelblau. Dann werden die Farben ein wenig ineinander verwischt.

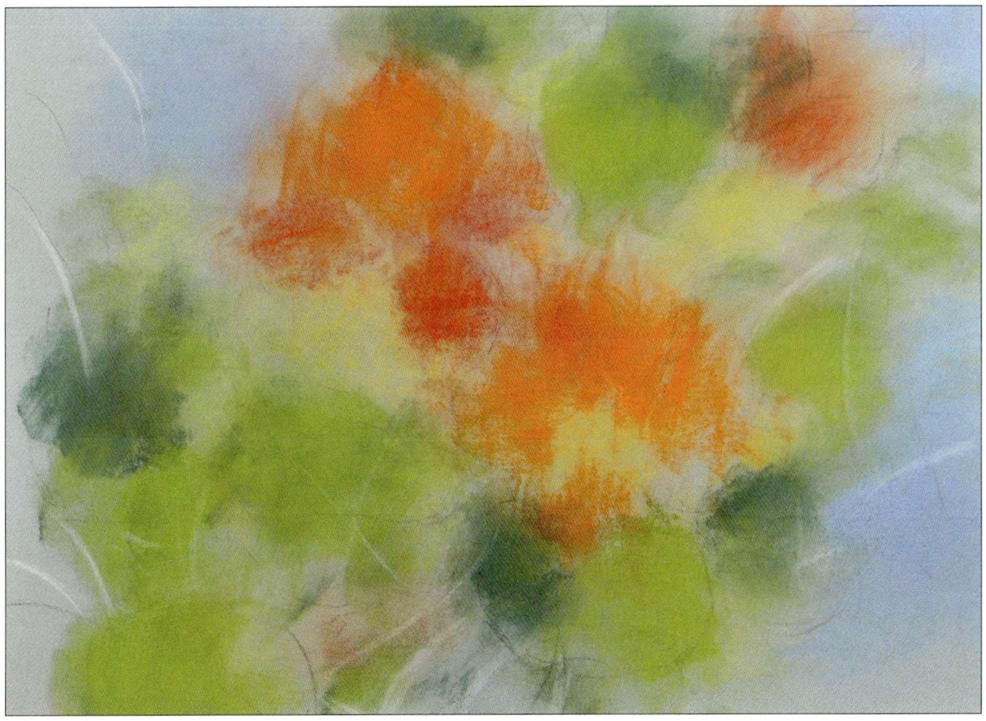

▼ 3

Beim Grundieren sind viele Kohlestriche fast oder ganz verschwunden. Ich zeichne sie mit der roten und grünen Pastellkreide zart und locker nach, nun aber mit klareren Konturen.

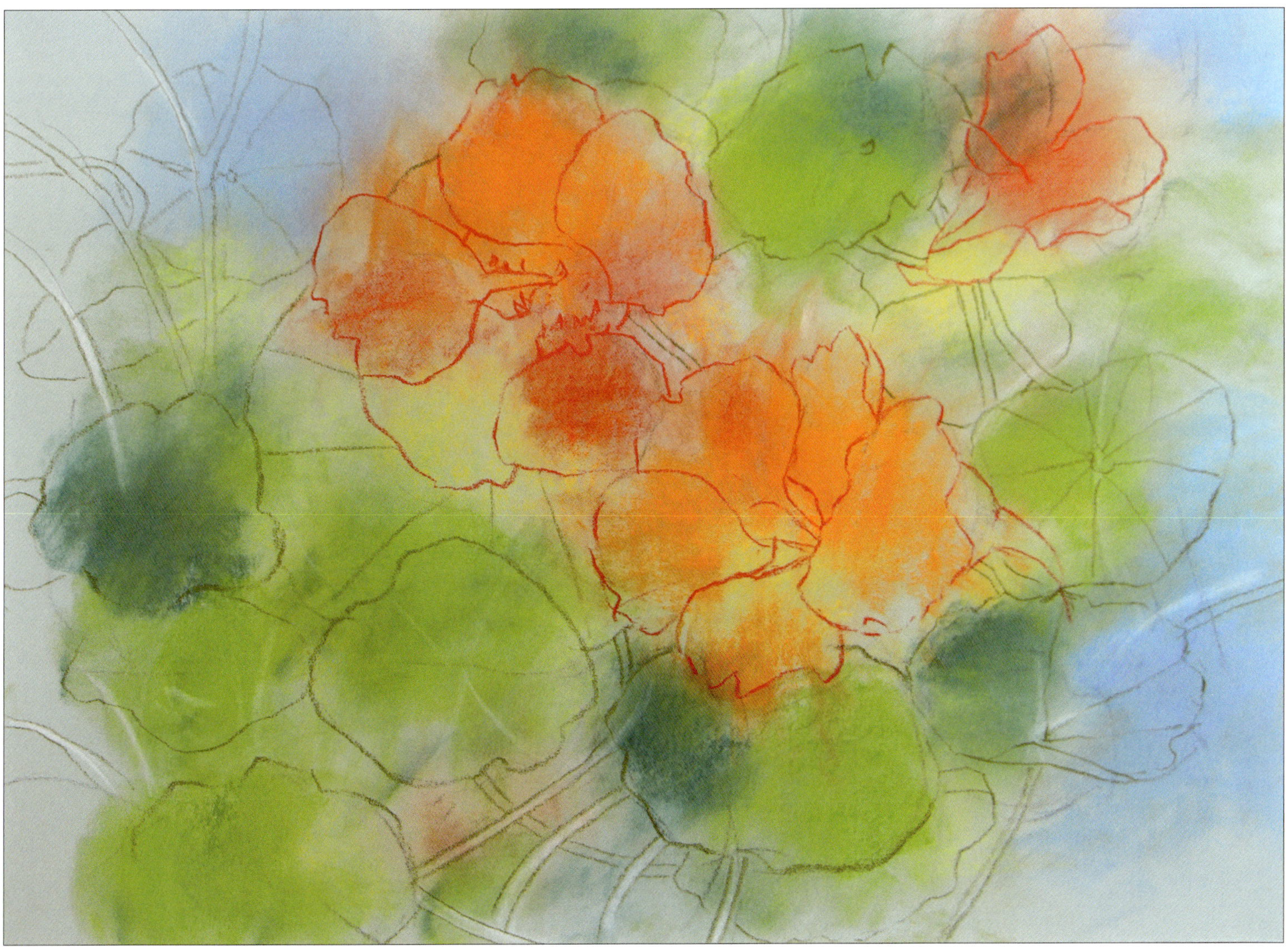

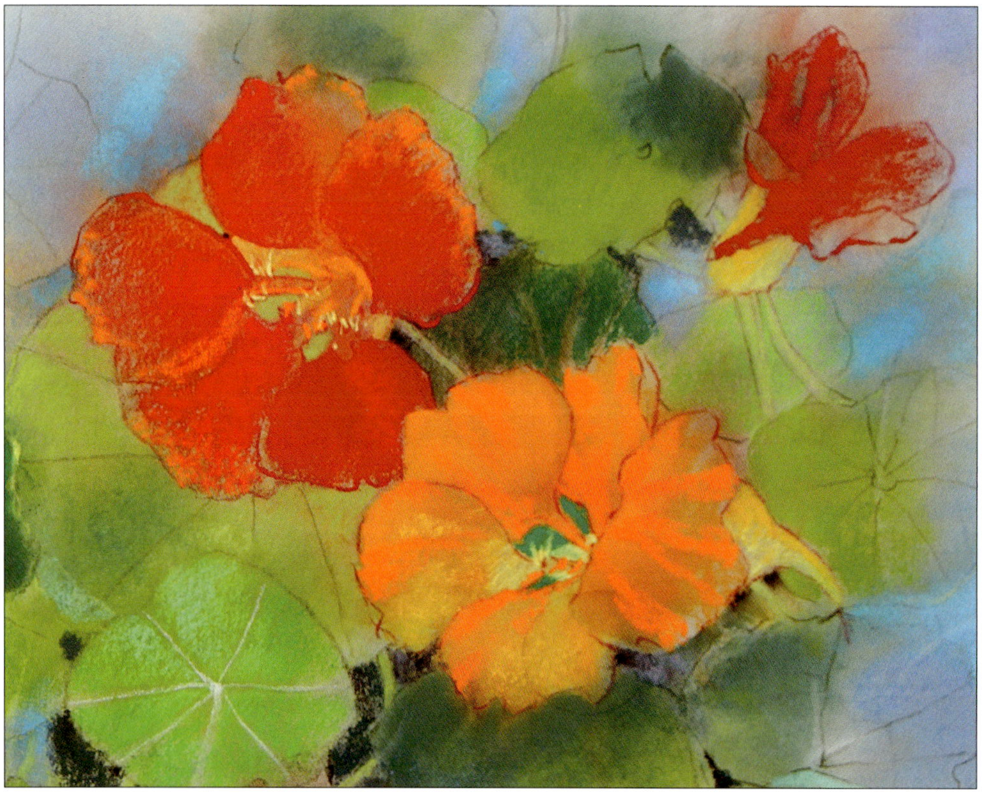

▲4

Die Umrisse waren ein guter Anhalt; beim Farbauftrag bleiben sie da und dort sichtbar, anderswo verschwinden sie. Wichtig sind die lebendigen Grüntöne auch in den Blüten. Auch das dunkle Schattengrün und ein paar wenige dunkelbraune Flecken erzeugen Tiefe.

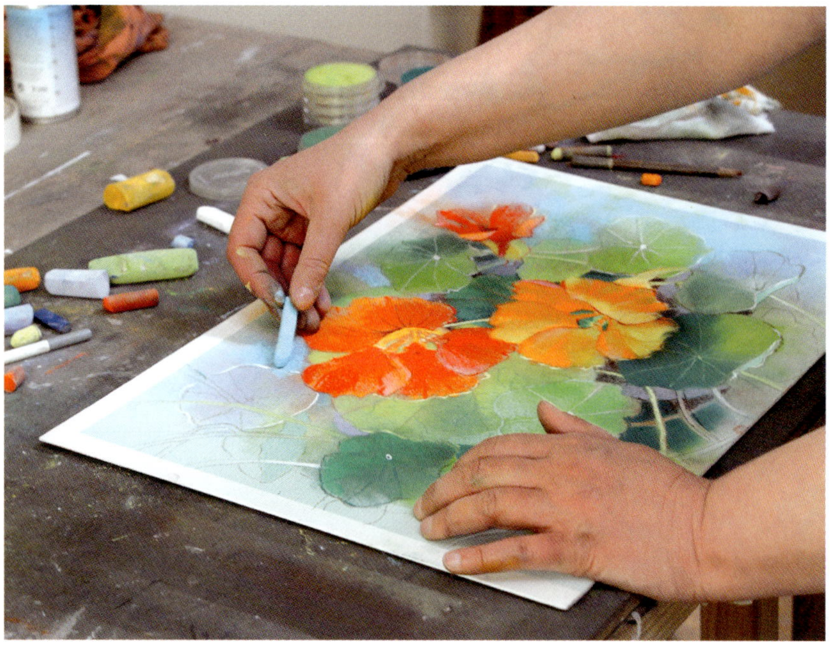

Verwischt werden die Farben nur anfangs beim Grundieren. Später trage ich sie nur noch mit der Pastellkreide auch übereinander auf. So bleiben die Farben klar und leuchtstark.

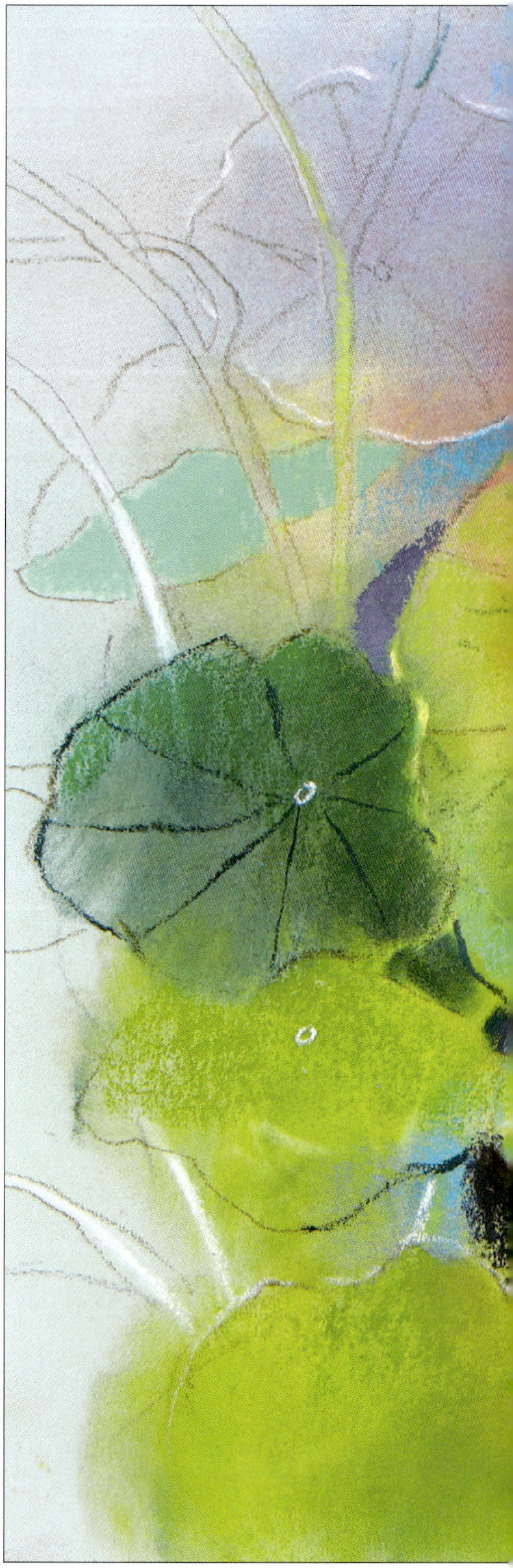

5▼

Nachdem ich die orangefarbene Blüte mit roten Konturen deutlicher ins Licht gesetzt habe, fehlen zur Farbigkeit noch ein paar „fremde" Akzente in Grau und Rosa. Nun die Details verdeutlichen: die Blattadern und die Textur der Blütenblätter.

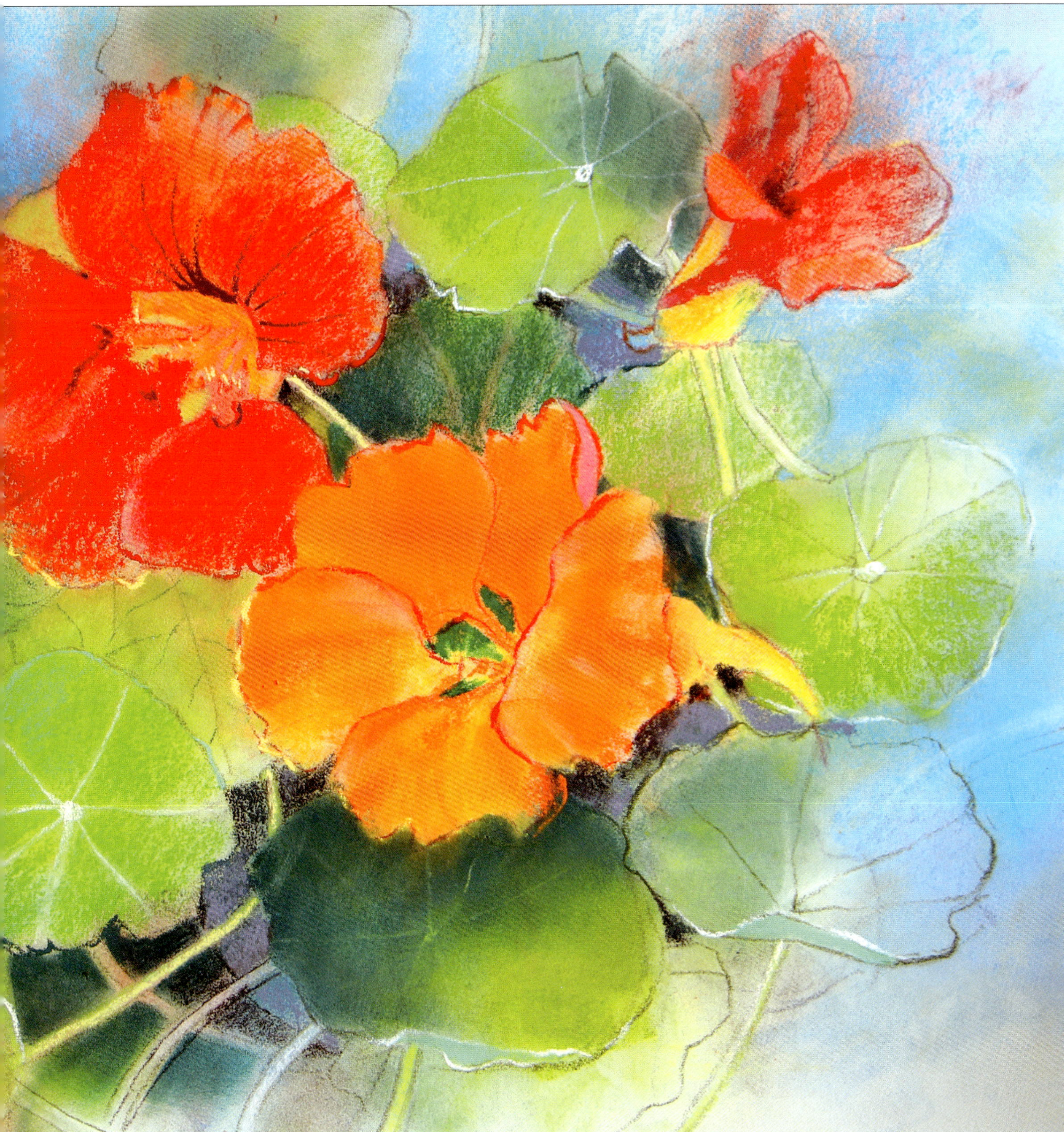

Impressum

Verantwortlich
Claudia Hohdorf

Artwork und Fotos
Loes Botman

Text
Norbert Landa

Redaktion
Norbert Landa, Florian Barth

Layout
Florian Barth

Gesamtproduktion
KiM Verlag

Umschlaggestaltung
Leeloo Molnar

Repro
Cromika

Herstellung
Stephanie Schlemmer

Printed in Slovenia by Florjancic

★★★★★

Sind Sie mit diesem Titel zufrieden? Dann würden wir uns über ihre Weiterempfehlung freuen. Erzählen Sie es im Freundeskreis, berichten Sie ihrem Buchhändler, oder bewerten Sie beim Onlinekauf.
Und wenn Sie Kritik, Korrekturen, Aktualisierungen haben, freuen wir uns über Ihre Nachricht an:
Christian Verlag, Postfach 40 02 09, D-08702 München
oder per E-Mail an lektorat@verlagshaus.de

Unser komplettes Programm finden Sie unter

www.christophorus-verlag.de

Die Deutsche Nationalbibliothek verzeichnet diese Publikation in der Deutschen Nationalbibliografie; detaillierte bibliografische Daten sind im Internet über http://dnb.d-nb.de abrufbar.

Infanteriestraße 11a
80797 München

ISBN: 978-3-86230-413-4

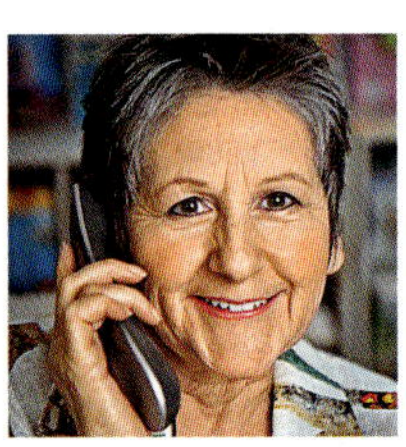

Kreativ-Service

Sie haben Fragen zu den Büchern und Materialien? Frau Erika Noll ist für Sie da und berät Sie rund um alle Kreativthemen. Rufen Sie an! Wir interessieren uns auch für Ihre eigenen Ideen und Anregungen. Sie erreichen Frau Noll per E-Mail: **mail@kreativ-service.info** oder Tel.: **+49 (0) 5052 / 91 18 58**

Besuchen Sie uns im Internet: www.christophorus-verlag.de